融媒体传播产教实践系列教程

融媒体实践流程

主　编　周必勇

副主编　毕春富　刘娅　汤泠　石坚

南京大学出版社

图书在版编目(CIP)数据

融媒体实践流程 / 周必勇主编. -- 南京 : 南京大学出版社，2024. 12. -- ISBN 978-7-305-28652-0

Ⅰ. G219.2

中国国家版本馆 CIP 数据核字第 2025GN6650 号

出版发行　南京大学出版社
社　　址　南京市汉口路 22 号　　　邮　编　210093

书　　名　融媒体实践流程
RONGMEITI SHIJIAN LIUCHENG
主　　编　周必勇
责任编辑　高　军　　　编辑热线　025-83592123

照　　排　南京南琳图文制作有限公司
印　　刷　常州市武进第三印刷有限公司
开　　本　787 mm×1092 mm　1/16　印张 14.75　字数 330 千
版　　次　2024 年 12 月第 1 版　2024 年 12 月第 1 次印刷
ISBN 978-7-305-28652-0
定　　价　45.00 元

网址：http://www.njupco.com
官方微博：http://weibo.com/njupco
官方微信号：njupress
销售咨询热线：(025) 83594756

前　言

“理论是灰色的，而生活之树常青”，歌德的这句名言用在新闻专业教学之中再合适不过，对于特别注重技能训练和能力培养的新闻实践课程来说更是如此。

当前，“新文科”建设是高等教育创新发展、实现中国教育现代化的重要内容和有力支撑。战略性、融合性、创新性是新文科区别于传统文科的主要特征，也是在全球新科技革命、新经济发展、中国特色社会主义进入新时代的背景下培养新型文科人才的必然要求。此外，根据教育部、中宣部《关于提高高校新闻传播人才培养能力实施卓越新闻传播人才教育培养计划 2.0 的意见》(2018)，高校新闻传播专业应全面落实立德树人根本任务，遵循新闻传播规律和人才成长规律，培养造就适应媒体深度融合和行业创新发展的优秀新闻传播后备人才。

因此，为应对全媒时代业态变化，特别是在当前新闻专业教育饱受社会争议的形势下，高校必须面向社会，服务地方经济社会发展，培养适应数字时代媒体融合大势的、学生与家长满意的、企业与社会需要的全媒化复合型人才。这也符合新文科建设促进学科交叉与深度融合的基本理念，以及从学科导向转向需求导向、从适应服务转向支撑引领的要求。正是在这种背景下，三江学院新闻学专业以培养应用型新闻传播人才为目标，持续推进专业建设与改革，大力加强实践教学，构建和完善实务课程新体系，其中一个重要举措就是开设“全媒体新闻实践流程”这一特色课程。

“全媒体新闻实践流程”是一门建构于全媒体新闻制作平台之上，以校媒(企)合作、模拟实训为基本模式，通过实战化、项目化教学方法，将采访、写作、编辑、评论、摄影以及新媒体操作等业务技能集于一身并融会贯通的产教融合型新闻实践课程。在本课程教学中，传统的“老师讲学生听”教学模式被彻底改变，学生的主体性得到了充分体现，积极性得到了充分发挥。在校媒(企)教师团队的组织和指导下，学生以社会热点和行业、企业宣传需求为报道内容，把媒体搬进课堂，将课堂对接社会，深入生活调查走访，互相学习独立思考，全面经历策划、采访、写作、编辑、评论、摄影等主要新闻业务环节，出品全媒体新闻报道若干期，再由专业老师进行讲解和点评。在一次次报道过程中，学生不断经受锻炼和打磨，逐步提高和完善全媒体新闻业务能力，从而可以更好地适应全媒时代新闻工作的实际需要。从教学效果及学生反馈来看，这种实战化、项目化教学模式可以使学生很快熟悉和进入“新闻人”角色，对提高学生实践能力和综合素养帮助很大。学生在期末总结中对本课程也给予了很高的评价，感觉内容充实，获益匪浅。

《融媒体实践流程》是在三江学院新闻学专业建设国家级一流本科专业的背景下编写的，目的是作为“全媒体新闻实践流程”课程的专用教材，使学生在学习过程中有一本可以提供指导和帮助的“实用”资料。即使是实训课程，教材的作用也不可忽视。方汉奇说：“一部好的教材，不仅可以满足教学的需要，培养出一大批人才，而且还可以同时拥有很高的学术含量，推动新闻学研究的发展。”在内容编写上，本教材着重突出“实践性”“融合性”和“前沿性”三个特点，引用了大量鲜活的案例材料，包括学生的亲身经历和实训作品，致力于解决学生学习过程中遇到的最常见、最紧迫的问题，提供其最有效、最实用的技能。

根据全媒型人才的培养目标，本文按照全媒体新闻业务的几个主要环节确立了整体框架，分为全媒体新闻报道概述、选题与策划、采写与制作、编辑与发布、课程介绍及实训成果等六个部分，各章节又分别包括要点概述、实践目标、正文、思考与练习等四块基本内容，第二、三、四章最后还安排了“学生习作点评”作为补充材料，便于学生理解相关知识点和作为参考。全书从目标到手段，从体系到内容都体现了鲜明的“模拟实训”特点，对学生全媒体新闻业务能力的培养具有较高的指导价值，其选材的开放性、内容的实用性以及体例的新颖性对我国高等新闻教育特色教材的建设具有重要意义。

本书在编写过程中虽然已特别注意选材及论述内容的前沿性，但在这个“万物皆媒”的数字化时代，随着人工智能、大数据、云计算等先进技术的爆炸性创新与应用，在不远的将来，本书及全媒体新闻实践流程课程也极有可能滞后于形势的发展变化。希望本教材能够及时得到修订与完善，以跟上时代变迁的步伐，而这有赖于今后教学过程中相关知识和经验的积累。

编写本教材的五位作者皆为或曾经担任本课程的授课教师，对中国当前新闻人才培养存在的关键问题和新闻教育应该遵循的基本规律有着切身体会，部分人员还长期在一线从事新闻工作，具有丰富的教学和从业经验。作为他们的研究成果和教学总结，本书具有相当的开放性和讨论空间，重在抛砖引玉，欢迎各位从事新闻教育的专家、学者以及媒体的朋友提出宝贵的意见和建议。

目 录

第一章

全媒体新闻报道概述

随着互联网的迅猛发展和信息通信技术的进步，人类社会已经进入全媒体时代，新闻生产模式和报道方式也随之发生了巨大变化。在全媒体时代语境下，基于媒体深度融合的融合新闻是各类媒体的首要内容和主要报道形式，而具备融合报道思维、素养和能力的全媒体记者和“全媒型”人才，则为当代新闻事业发展和全媒体传播体系建设提供了智力支持和根本保障。

第一节　全媒体时代的新闻生产

一、全媒体与全媒体时代

全媒体是传统媒体在数字化转型过程中衍生出来的具备鲜明实践性色彩的概念。从 2007 年开始，“全媒体”这一概念正式被传媒业界提出并且受到广泛关注，许多媒体从业者纷纷开展“全媒体战略”“全媒体定位”“全媒体传播”等专题研究，进行了全媒体出版、全媒体广告、全媒体电视、全媒体新闻中心等诸多相关实践。[①] 时至今日，全媒体概念早已深入人心，建构于媒体融合发展之上的全媒体传播格局也被明确为国家层面的战略目标。

全媒体作为媒介形态大变革中一种崭新的传播形态，是在信息通信技术和数字传播技术发展的背景下各种媒介实现深度融合的结果。在表现形式上，全媒体指将视频、音频、文字、图像、动画等进行融合；在传播载体上，全媒体指在不同媒体形态包括电视、网络、手机、广播以及报纸之间进行融合。总之，全媒体通过提供多种方式和多种层次的传播形态来满足受众的细分需求，使得受众获得更及时、更多角度、更多听觉和视觉满足的媒体体验。

在全媒体语境下，面对受众或用户复杂、多元的信息需求，各类媒体要打破传统的单一模式，选择和提供多样化的传播及表达方式，而关于“媒体融合”的创新和实践，则是全媒体时代的主要特征和必然趋势。2014 年 8 月，中央全面深化改革领导小组第四次会议审议通过《关于推动传统媒体和新兴媒体融合发展的指导意见》，使媒体融合发

① 罗鑫：《什么是“全媒体”》，《中国记者》2010 年第 3 期，第 82—83 页。

展正式上升为国家战略。2014 年也被认为是我国“媒体融合”元年。[①] 之后，有关媒体融合的探索在全国范围内铺展开来，随着 5G、大数据、云计算、虚拟现实等数字化、智能化、网络化的新一代信息技术的使用，从中央到地方的各级媒体都尝试和开展了形式多样的媒体融合实践。

媒体融合是对整个社会传播环境的重构，全媒体是媒体融合的目的。[②] 2019 年 1 月，习近平总书记在中央政治局第十二次集体学习时提出了“四全”媒体的概念，指出“全媒体不断发展，出现了全程媒体、全息媒体、全员媒体、全效媒体，信息无处不在、无所不及、无人不用，导致舆论生态、媒体格局、传播方式发生深刻变化，新闻舆论工作面临新的挑战”[③]，要求推动媒体融合向纵深发展，并把建设全媒体和构建全媒体传播体系作为一项紧迫的时代课题。2020 年 9 月，中共中央办公厅、国务院办公厅印发《关于加快推进媒体深度融合发展的意见》，提出建立以内容建设为根本、先进技术为支撑、创新管理为保障的全媒体传播体系的发展目标。2022 年 10 月，党的二十大报告明确提出：“加强全媒体传播体系建设，塑造主流舆论新格局。”党和国家在战略层面的高度重视，加上传媒业丰富的全媒体探索实践，标志着一个崭新的全媒体时代已经到来。

从国家战略角度而言，推动媒体融合的目的是建成全媒体传播体系，最终赋能中国式现代化。在全媒体的时代语境中，建设“四全”媒体是实现这一目标的具体行动纲领，是媒体融合纵深发展必须经历的传播实践，这一概念对全媒体内涵从四个维度进行了全面而详尽的阐释：“全程媒体”指时空维度，媒体借助多种传播载体、平台以及渠道对某一事件的全过程可以进行零时差、多层次、全方位的信息生产和传播；“全息媒体”指技术维度，媒体充分利用多维成像、物联网、大数据等技术，通过图文、视频、游戏、AR(Augmented Reality，增强现实，简称 AR)等多元立体的呈现方式，大幅提高仿真程度，使媒体展现的拟态环境高度还原真实环境；“全员媒体”指主体维度，全媒体时代“人人都有麦克风”，人人都是传播主体，通过新技术、新手段实现信息生产社会化，以开放平台吸引全民参与，可以说是全媒体时代的“群众路线”；“全效媒体”是指效能维度，一方面媒体依托大数据等新技术精准定位用户，另一方面，媒体集成了信息、内容、社交、服务等多种功能，全面满足用户需求，使传播更精准、更高效。“四全”媒体呈现了全媒体的发展大势，揭示了全媒体的发展规律，全面阐释了全媒体的核心内涵，其理念及相关实践是建设全媒体传播体系、塑造全媒体传播格局的关键所在。

当前，我国在“四全”媒体建设上卓有成效，各类媒体尤其主流媒体利用文字、图像、声音、视频等多种媒介手段，实现了全方位、多层次的融合传播，适应了时代发展和受众、用户的需求，但还存在着全媒体人才短缺、优质内容产能不足和体制机制不匹配等突出现象。这是全媒体时代新闻从业者必须正视和加以解决的迫切问题，也是媒体深

---

① 人民日报社：《融合元年——中国媒体融合发展年度报告(2014)》，北京：人民日报出版社，2015 年，第 1 页。

② 何芳、罗跃姝：《融合新闻学》，成都：西南交通大学出版社，2021 年，第 14 页。

③ 《习近平：加快推动媒体融合发展　构建全媒体传播格局》，《人民日报》2019 年 3 月 16 日第 1 版。

度融合发展过程中新的历史任务。

二、全媒体新闻生产

随着互联网技术的更新迭代，特别是 2014 年我国“媒体融合”元年到来之后，移动互联网开始快速普及，新闻生产进入了一个全新阶段，即全媒体新闻生产阶段。这是人类历史上最为显著，影响最为深远的一次媒介变革，短短数年时间，中国乃至全世界的传播格局和媒介生态都发生了翻天覆地的变化。

在全媒体时代，随着新闻生产由专业化走向社会化，受众或用户的信息接收习惯都发生了改变，人们更习惯于在移动端去获取新闻和资讯。传统媒体的垄断地位被打破，发行量、收听率及收视率急剧下滑，舆论引导能力和盈利能力不断下降，面临着话语权和生存发展的“双重危机”。在这一大环境和大背景下，通过媒体深度融合，推动全媒体新闻与融合新闻生产，是传统媒体转型的必经之路。

全媒体新闻和融合新闻是相互联系、互为表里的两个概念。一般来说，融合新闻或融合报道指的是新闻报道作品，侧重的是新闻的具体呈现方式，即由文字、视频、音频等多种形式的素材组成的新闻报道样式；全媒体新闻是指新闻生产平台的全媒体化，即由中央编辑部制作的融合新闻可以发布在报纸、微博、微信及客户端等不同端口上，通过全媒体平台予以展示。全媒体新闻生产是当前传媒业的主导性实践，它不仅是新闻报道呈现方式的变化，还包含了新闻生产机构的再造和生产流程的重塑，是关系到新闻事业发展方向的系统工程。

全媒体新闻生产是媒体融合的必然结果，也是媒体融合发展的一个有机组成部分。本书用“生产”一词来指代全媒体新闻的制作和报道流程，是因为“生产”比“采编”内涵更广。“生产”采纳的是社会学视角，既包括新闻内容的生产也包括经营性的生产，既包括新闻组织内部的生产活动，也包括新闻组织与外部组织及个人的互动关系。此外，“生产”一词本属经济学概念，与其对应的是市场，强调重视和满足消费者需求，这一理念与全媒体时代互联网传播及内容营销中的“受众中心”“用户至上”等观点相契合，更具有宏观性和前沿性。当然，在全媒体新闻生产的各类活动中，内容生产即融合新闻的采编制作是最核心的部分，也是本书的主要内容。

关于全媒体新闻生产，可从三个层面来进行分析，分别如下：①

一是微观层面，主要指全媒体新闻的采写、编辑及发布等一系列环节。和传统媒体时代的新闻生产流程不同，全媒体稿件要适合全媒体平台刊发，因此不能只是纯粹的文字和照片，还要有优质的视频、音频、H5（HTML5 的简称，指第五代超文本标记语言）动图、数据表格等。有了这些原始的全媒体素材之后，通过剪辑和编辑，针对不同的刊播平台制作出不同形式的稿件。

二是中观层面，主要指组织再造和流程重构。为了适应全媒体新闻生产流程，需要改革原来的新闻采访及编辑部门的架构，同时搭建若干个新媒体平台，现阶段“两微一

① 窦锋昌：《全媒体新闻生产：案例与方法》，上海：复旦大学出版社，2018 年，第 5 页。

端”已成为一个媒体机构的最低标配。无论是改组原来的部门设置，还是增设新的平台和组织，都要求媒体机构勇于突破自身，开拓创新。

三是宏观层面，主要指产业开拓和盈利模式重构。全媒体新闻生产不只是采编和内容，还包括全方位盈利模式的探索，牵涉到媒体的整体运营。在开拓多元化盈利模式的过程中，媒体需要打破原来有效运行多年的采编、发行、广告、行政“四位一体”的框架结构，引入文化、金融、电子商务、人工智能等新兴业务板块，以便形成整体媒体业务的良性循环。

本书面向新闻学专业教学，主旨是指导学生的全媒体新闻业务实践，属新闻实务范畴，因此着眼点主要在微观层面，同时兼及中观层面。全书以全媒体新闻的选题与策划、采写与制作、编辑与发布等一系列生产环节为主要内容，同时引入“中央厨房”理念，改造、优化和完善新闻内容的生产流程，指导和组织学生在融合报道及团队协作中进行模拟实训。

需要说明的是，虽然全媒体时代技术的进步日新月异，媒体融合发展也是大势所趋，但在原创采编力量保障下的高品质新闻内容永远是新闻媒体尤其主流媒体的核心竞争力。在大数据和人工智能越来越深刻介入新闻生产的当下，新闻媒体必须处理好传统新闻价值观和算法推送的关系，即内容与渠道、内容与推送之间的关系。无论技术和渠道如何炫目，无论传统媒体如何融合转型，“内容为王”永不过时，真实、客观、独立和公正才是新闻报道的基本原则，“记者在现场”才是新闻媒体最核心、最重要的伦理价值，这是专业新闻机构的基石，是必须坚守的专业主义传统。新闻工作者要坚定不移地做好内容生产，提高内容生产能力，提供优质内容给受众（用户），这也是传统媒体融合发展的底线和根基所在。

第二节　融合新闻的特点及报道流程

如前所述，构建全媒体传播体系与格局是媒体融合的目的和结果，其核心是内容生产，即融合新闻的采编与制作。在全媒体时代，大众传媒及新闻从业者的首要任务和工作就是进行融合新闻报道，融合新闻已成为当前新闻报道的常态，是增强媒体竞争力的动力源泉。

一、融合新闻的特点

关于“融合新闻”的定义，不同国家在不同时间段根据具体新闻实践有不同的界定。综合国内外学者的研究成果，融合新闻的概念可从广义和狭义两个层面进行理解：广义的融合新闻强调一种总体性的新闻观念和实践，指充分利用新媒体技术进行的融合新闻采集、制作、分发的全过程。狭义的融合新闻侧重于内容层面，指基于新兴媒介平台或技术整合，制作而成的融合多种媒介元素的新闻形态，这些媒介元素包括我们熟悉的

文字、声音、图像以及互动方式。①

融合新闻包括两个层面的融合：一是在新闻报道形式上，强调融合文字、声音、图像等多种媒介元素，结合 H5、可视化图表、VR 等形式，实现信息传播的直观化、人性化、便捷化；二是在新闻报道分发上，强调融合多个渠道如报纸、广播、电视、视频网站及“两微一端”等新媒体平台，以满足不同用户群体的需求。融合思维是融合新闻实践的核心精神内涵，集中体现为以用户思维为主导、以多媒融合为标志、以用户参与为目标、以互动呼应为特征，这一全新的新闻观念重构了人们关于新闻的理解和认识，成为未来新闻表达的主流和趋势。

作为一种技术驱动下的新型新闻形态，融合新闻拓展了传统新闻采集和传播渠道的边界，创造了新的新闻呈现的介质方式，更好地满足了用户对新闻多元化、个性化的需求，其包含了如下特征：②

第一，信息来源多元化。新闻报道的来源不再拘泥于政府机构、社会团体、企业组织和各界名人，而是扩展到了广大用户及各类社会化媒体；发布媒介也更加多元，如大众传媒、BBS(Bulletin Board System，网络论谈)、博客、两微一端及视频平台等。

第二，新闻业务整合化。所有媒介形式整合到统一的信息采编平台，实现统一规划、资源共享。在流程上集中媒体集团的力量来采集新闻素材，然后根据集团内各类媒体受众的接受特点进行信息加工，制成不同的新闻产品，最后通过不同的传播渠道传播给受众或用户。

第三，信息载体数字化。新闻信息载体从报纸、杂志、广播、电视扩展到网络手机、IPTV(Internet Protocol Television，交互式网络电视)、iPad(苹果公司的平板电脑产品)以及电子报、电子杂志等多样化的数字新媒体，让人们可以随时随地以不同方式接收所需要的信息。

第四，内容产品兼容化。利用多媒体技术，将文本、图片、视频、音频等元素汇集一体，实现了视觉传达的多样化和兼容性，如网页新闻、H5 新闻、VR 新闻、短视频新闻、数据新闻、动画新闻、新闻游戏、移动直播新闻等新兴的新闻形态。

第五，媒介产品互动化。融合新闻的产品和服务更加注重满足用户个性化的信息需求，汇聚了多媒体化的新闻产品和服务，通过数字化媒介终端进行传播，受众可以根据自己的兴趣、爱好和需求来选择接收信息，并进行分享和反馈。

需要强调的是，融合新闻不只是传播媒介之间的合作模式，还是一种独立运行、流程完整、操作规范的新闻生产模式。蔡雯认为，我们今天所说的全媒体生态实际上就是融合新闻生态。③ 我们在理解融合新闻的内涵及特点时，不能仅仅单纯地从其表现元素的多媒融合来看，更应该从融合新闻生产的过程即全媒体生产流程出发，全面地理解融合新闻生产实践。

① 刘涛：《融合新闻学》，北京：高等教育出版社，2021 年，第 4—5 页。

② 韩姝、严亚：《融合新闻创作》，北京：中国人民大学出版社，2022 年，第 15 页。

③ 蔡雯：《媒介融合前景下的新闻传播变革——试论“融合新闻”及其挑战》，《国际新闻界》2006 年第 5 期，第 31—35 页。

二、融合新闻的报道流程

新闻报道流程是指新闻生产中各个业务环节的运行与衔接以及新闻产品的传递过程。和传统媒体时代新闻生产的四个环节（采访、写作、编辑、刊播）相比，全媒体时代融合新闻的报道流程分为以下几个环节：[①]

1. 记者与用户完成多媒体素材采集。
2. 将采集来的素材存入多媒体素材库，同时制作多媒体新闻初级产品。
3. 深加工成为融合新闻和细分新闻。
4. 用户收受新闻并参与互动。

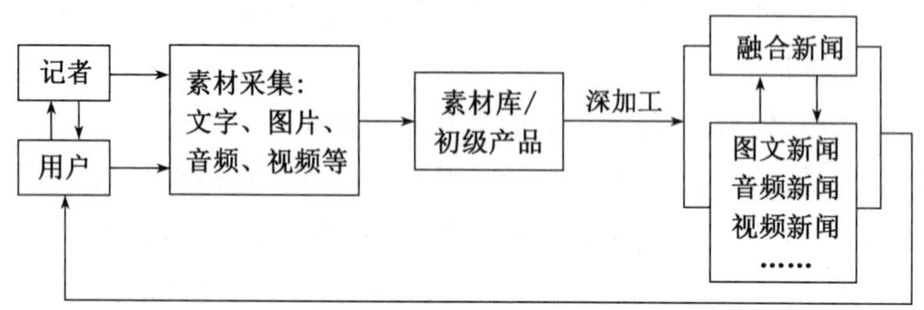

图 1－1　融合新闻报道流程图

当前，各地纷纷成立融媒体中心，它们大多以人民日报“中央厨房”作为样板。2014年，人民日报首创“中央厨房”新闻生产模式，引入互联网思维，设置全媒体指挥中心作为媒体融合的“大脑”，以其为枢纽，形成全流程打通的融合新闻报道体系。所有的新闻产品先从人民日报社所属媒体客户端进行发布，再进一步与国内外主流媒体、新闻网站合作供稿，从而打造“一体策划、一次采集、多种生成、多元传播、统一评价”的融合新闻生产机制，网以海量取胜，端以便捷取胜，报以深度取胜，实现从内容生产到传播流程的再造。[②]

由此可见，融合新闻报道是一种以融合编辑室为枢纽的多元互动、协同分享式的集约化新闻生产流程，呈现出开放、多元、兼容的特点，具体可从策划、采写、编辑、发布与评价等方面进行分析。

（一）策划：融合部门力量，统筹线索管理

新闻报道的质量首先取决于是否有好的选题与线索。对于媒体而言，发现新闻线索不仅要有敏锐的新闻嗅觉，更重要的是要广开来源，拓宽现有的新闻线索渠道，并且对线索进行统筹管理；同时，还要针对各种新闻来源进行甄别、科学整合，选择有价值的新闻线索集中发力，进行全面的深度策划与报道。

融合媒体面对时效性极强的突发新闻事件，尤其应该发挥合力做好新闻报道。记者接到重大突发事件的新闻线索时，及时向总部汇报，接受总部的指令，前方记者、后方

---

① 刘冰：《融合新闻》（第 2 版），北京：清华大学出版社，2021 年，第 35 页。

② 陈伟军：《融合新闻学》，广州：南方日报出版社，2021 年，第 40 页。

编辑各司其职，不间断进行编辑、发布，传统媒体如广播、电视以及新媒体如微信、微博等进行全平台、立体式播报。

（二）采写：完善技能配备，素材采集全面

在全媒体时代，受众的信息需求日益多元化。承认差异，尊重个性，信息从多点到多点的分众传播与大众传播共存成为新闻媒体普遍的生态环境，受众对信息渠道和信息获取拥有了更多的主导权和选择权。与此同时，融媒体下的各类媒体对新闻内容的要求在偏重文字、图片、视频等各类元素上不尽相同，语言上也有短小精悍、严肃或口语化等之分。

在这种情况下，融合新闻报道就需要具备全媒体素养的记者，同时拥有文字、图片、音频和视频等信息采集技能，以及与媒体内部成员协调作战的能力，进行多角度、多层次的全面的信息采集，以满足媒体和受众的多样需求。此外，丰富的新闻素材可以为下一步的编辑工作提供原料与灵感，而建立在大数据技术基础之上的平台资源库，可为其他媒体引用借鉴提供参考。

（三）编辑：多元生成推广，内容受众主导

融合新闻对编辑工作提出了更高的要求。媒体编辑要具有更强的组织与管理能力，在多媒体新闻产品的策划、采集、编辑和发布上，做到策划迅速、决策科学、协调灵活。在新闻素材采集环节，前方记者根据编辑的信息需求采集新闻素材，编辑及时协调前方记者报道的重点和形式，结合平台数据库里的新闻资源，形成个性化的立体报道格局，整个团队资源共享、协同作业，使新闻素材利用最大化；在编辑环节，立足于不同平台的功能特色与受众需求，各部门根据自身的特质，集中精力选择恰当的素材进行深度加工和再创造，形成内容集约化生产、核心资源共享的工作机制，提高传播效果，节约传播成本。

在很大程度上，全媒体时代的新闻内容是由编辑和受众共同主导生成的，编辑的新闻选题是与受众交流的结果。受众从信息接收者变为信息生产者，与编辑之间的互动性加强，参与到报道活动的议程设置中来，受众资源往往由于参与新闻生产而成为新闻线索的来源。

（四）发布与评价：多端精准发布，高效客观反馈

融合编辑室可以在数字化管理平台的统一界面上加工并编发文字、图片、音频和视频等新闻素材，根据集团内各种媒介的不同功能和特色发布多媒体信息，报、网、端多个平台同时发力，最大限度地整合信息、人力、渠道等资源，提高新闻素材的使用率，实现多屏多渠道全面联动的融合报道。另外，随着大数据技术的成熟，智能媒体对受众的数字画像描摹越来越清晰，在算法支持下，信息分发精准推送，可以充分满足受众个性化的需求，扩大受众规模，提升媒体影响力。

此外，融合新闻的报道流程是一个持续循环的过程。新闻发布之后不是结束，而是一个新的开始，通过大数据和新媒体技术，媒体可以对用户数据进行实时监测，评估传播效果，及时优化新闻报道内容，从而为各传播渠道精准定位，调整传播内容，统筹策划、采写、编辑、发布、评价等各个环节提供有力保障。

第三节　全媒体记者的素养与要求

在媒体深度融合发展的形势下，传媒业的人才需求标准也在同步发生着变化，传统的新闻理念、业务技能已很难适应媒体日新月异的发展需要，具有互联网融合思维、掌握多种媒介技能的全媒体记者及“全媒型”人才成为全媒体时代新闻事业发展的重要资源和迫切需求。

全媒体记者是指具备突破传统媒体界限的思维与能力，并适应融合媒体岗位的流通与互动，集采、写、摄、录、编、网络技能运用及现代设备操作等多种能力于一身的新闻人才。全媒体时代新闻产品形态多样，全媒体记者要“提笔能写，对筒能讲，举机能拍”[①]，全面掌握文字、图片、音频、视频采集与呈现技能，因此又被称为全能记者、超级记者或背包记者。虽说术业有专攻，这些“十八般武艺”一般记者很难也不必做到样样精通，但如果在采访报道过程中，一个独立的记者个体能够身兼文字记者、摄影记者、摄像记者、广播记者等数种角色，熟悉多种媒介采编设备与编辑软件，后期胜任文字编辑、图表编辑、音视频编辑等多项工作，能够快速加工相关材料，及时发回融合新闻报道及相关素材，这样的全能型记者无疑是极受新闻单位欢迎和器重，同时也极具职场竞争力的优秀人才。

2018 年 9 月，教育部、中宣部联合发布《关于提高高校新闻传播人才培养能力实施卓越新闻传播人才教育培养计划 2.0 的意见》，提出新闻院校要“加快培养会使善用‘十八般兵器’的全媒化复合型新闻传播人才”[②]。所谓全媒化复合型新闻传播人才，就是适应媒体融合大势，既具备全媒体业务技能，又具备多学科知识背景，理论水平与实践能力完美结合的“全媒型”人才。

具体来说，全媒体记者或全媒型人才应具备以下几方面素质：

一、思维模式：坚持正确导向，形成融合、创新的思维方式

不论媒介环境如何变化发展，坚守正确立场和导向永远是中国新闻工作者的第一原则。新闻工作者必须始终保持政治敏感和政治定力，用马克思主义新闻观武装自己，加强理论学习，树立社会责任意识，恪守新闻职业道德，以报道事实、传播真相、追求真理、维护正义、弘扬社会主义核心价值观为职责和使命，做好舆论引导和新闻宣传工作，筑牢意识形态阵地。

在坚持正确政治方向、舆论导向和价值取向的前提下，“融合思维”是数字时代新闻工作者从事新闻报道、应对科技进步与形势变化的基本理念，即从新旧媒体融通性的角

① 《守正创新　有“融”乃强——党的十八大以来媒体融合发展成就综述》，新华社 2019 年 1 月 26 日。

② 《教育部　中共中央宣传部关于提高高校新闻传播人才培养能力实施卓越新闻传播人才教育培养计划 2.0 的意见》，《教育部公报》2018 年第 10 号。

度产出新闻和考虑问题。融合新闻产品不是纸媒内容的数字化转换，也不是传统的报道内容和新传播形式的生硬拼接，而是在考虑传播内容本身特质的基础上选择合适的媒介技术形式呈现给受众，使媒介形式与内容真正做到相“融”而非简单相“加”，达到“1＋1＞2”的效果。此外，在注意力资源稀缺的互联网时代，新闻业需要不断推陈出新，加强传播能力建设，使新闻报道入眼、入脑、入心。新闻传播人才只有具备创新思维和探索精神，方能充分挖掘题材新意和亮点，推进新闻故事的创造性表达，增强新闻传播的亲和力和实效性。

二、知识结构：拥有“T型”知识结构的专家型人才

当前，传媒业对“专家型”新闻传播人才的需求极为强烈，即具有“T型”知识结构的新闻人才更符合全媒体时代新闻事业发展的需要。新闻人既需要有广博的知识面，又需要对某一垂直领域有深刻独到的见解，“博”与“精”在“横”与“纵”两方面构成一个“T型”。新闻人应与时俱进，学习新媒体相关知识，科学把握媒体融合背景下的内容生产规律与传播规律，提高新闻报道能力及舆论引导水平。

美国学者詹姆斯·凯瑞认为，新闻学和文学联系，才能提高新闻专业人才语言和表达能力，并使其深刻理解叙述的方式和哲学联系，由此确立自己的道德基准和历史联系，在此基础上建立自己的意识和直觉。① 文史哲知识作为通识类知识，对陶冶人的情操大有裨益。学习文史哲知识，培养自身人文情怀，对于新闻工作者来说至关重要，新闻报道要有人文关怀才能打动人心。此外，新闻传播人才在知识获取方面不仅要广为涉猎，还要对某一垂直领域深入钻研以获取专业性知识。从近年来各大媒体的招聘情况来看，财经、体育、农业、科教、法律记者等专业性强的岗位人才较为稀缺。在受众细分的多元化时代，媒体记者更应具有并发挥专长，以满足特定领域读者(用户)的阅读需求，这也是未来新闻人发掘自身潜力、实现自身价值的发展方向。

三、业务能力：成为掌握全媒体技能的“背包记者”

背包记者在记者主导型融合新闻报道中占据核心位置，发挥主导作用。之所以叫“背包记者”，是因为其在装备上有一个形象的做法，即将方便与互联网连接的笔记本电脑、数码相机、数码摄像机、录音笔等新闻采录设备集中装在一个背包里，当新闻事件发生或报道任务到来时，记者可以迅速带上这样的背包奔赴新闻现场，采集并传播多媒体信息。背包记者应具备以下业务能力：

(一) 练好采写编评基本功，打造精品内容

优质内容是媒体生存发展的核心竞争力，“内容为王”永远是新闻工作的第一定律。记者只有做到寻找优质新闻线索，讲好新闻故事，呈现精品内容，才能真正打动人心，赢得受众的关注和喜爱。扎实的采写编评能力是成为优秀新闻人才的基本功。

当前，互联网及众多新媒体平台成为新闻线索的重要集散地，于是一些记者更多地

① James W. Carey：《新闻教育错在哪里》，李昕译，《国际新闻界》2002年第3期，第8—11页。

依赖网络爆料，不再深入一线现场，这是不可取的。脚下有泥土，笔下才有真情，新闻报道才能接地气。[①] 记者必须深入基层，亲身体验，捕捉真实的细节，写出动人的故事。新闻工作者“要转作风改文风，俯下身、沉下心，察实情、说实话、动真情，努力推出有思想、有温度、有品质的作品”[②]。

（二）掌握多媒体技术手段，提升受众阅读体验

在全媒时代，新媒体技术层出不穷，短视频、网络直播、H5、无人机等新技术手段在新闻生产中大量应用，不断丰富新闻人讲故事的手段和新闻产品的呈现形式。新闻工作者仅凭传统的采写编评基本功，已难以适应信息革命的发展浪潮。记者需要掌握多种媒介技术手段，以互联网思维将新闻文本内容与媒介技术灵活、有机地融合，实现新闻的可视化，充分调动受众感官，提升受众阅读体验。同时，面对新形势下舆论环境的变化，新闻工作者要研究受众的阅读习惯，学会与受众对话而非说教，适当引用“网言网语”，增强新闻的趣味性以吸引受众。

（三）提升数据挖掘和分析能力，实现信息适配

面对网络上的海量信息，用户凭借自身能力往往难以辨别信息的可靠程度，很容易在虚假、无用信息中迷失方向。作为信息传播的“把关人”，记者的工作不仅仅是提供信息，更需要在纷繁复杂的信息海洋中为用户提供真正有价值的内容，满足用户的个性化、差异化需求。这需要新闻工作者提升数据挖掘和分析能力，一方面利用算法等人工智能技术分析用户的阅读需求和喜好，另一方面利用数据挖掘软件对海量信息进行搜索、筛选和甄别，为用户提供精准有效的真实信息，提升传播效果。

需要指出的是，虽然理想中的全媒体记者集文字采写、图片采制、音视频采编等多种技能于一身，是融合新闻报道的重要职业主体，也是全媒体时代传统媒体记者转型发展不可回避的技能模范和学习参照对象，但这并不意味着新闻人才的培养方向和融合新闻报道的职业主体模式就只能固守于此。融合新闻的采制报道还有团队组合方式：一方面，有的新闻采集与编制还离不开团队的力量，很多融合新闻产品尤其是大规模的、复杂的报道任务需要团队成员的共同努力；另一方面，并非所有记者都能顺利转型成为全媒体记者，即使付出了很多努力，一些人还是更擅长于运用某种媒介元素，而对其他元素的运用则相对要逊色很多。从业界融合新闻的实践来看，团队作战的重要性也越来越突出，“在全媒体中心，团队作战上升到前所未有的重要程度”。因此，全媒体记者并不是新闻工作者唯一有效的职业发展目标，在更多时候，全媒体新闻生产必须重视将在不同领域各有所长的记者组合起来，周密部署，通力协作，取长补短，充分发挥团队作战的优势，从而产出高质量的融合新闻作品。

---

① 毕玮琳：《脚下有泥土，笔下有真情——如何写好接地气的新闻报道》，《青年记者》2017 年第 32 期，第 36—37 页。

② 《习近平在党的新闻舆论工作座谈会上强调　坚持正确方向创新方法手段　提高新闻舆论传播力引导力》，《人民日报》2016 年 2 月 20 日第 1 版。

思考与练习

1. 全媒体新闻“生产”这一概念包含哪几层含义？
2. 简述融合新闻报道流程各个环节的工作内容及要求。
3. 全媒体记者应如何处理好知识与技能“全”与“专”的关系？

第二章

全媒体新闻的选题与策划

在全媒体新闻采访的准备阶段或者说采访的前期流程中，相关工作环节特别是确定选题、新闻策划和访前准备，较之传统媒体发生了许多变化。记者需要根据传统采访工作一般的流程安排、工作要领与工作方法，结合全媒体新闻的特点，充分运用各种新技术手段，遵循全媒体新闻产品的文本要求和生产规律，做好采访前期流程的各项工作。

第一节　寻找新闻线索

要点概述

本节详细说明了条口记者获得新闻线索的来源渠道，重点介绍了全媒体记者运用网络媒体平台及自媒体工具寻找新闻线索的主要方法，并对记者发现新闻线索后如何进行筛选、记录、验证、汇报和运用做了详细说明。

实践目标

1. 掌握运用网络媒体平台及自媒体工具寻找新闻线索的主要方法。
2. 掌握处理和运用新闻线索的基本方法。

获得新闻线索是采访的第一步，决定着采访的成功与失败，对采访工作的效率也有很大影响：找不到好的线索，就做不出好的新闻、挖不到大的新闻。在实际工作中，记者有时独自寻找新闻线索，有时则向通讯员、信息员索取新闻线索，这两种情况都有。相对来说，记者在不依靠通讯员的情况下，独自寻找新闻线索更为重要。新闻记者如果没有独自寻找新闻线索的能力，完全依赖通讯员，事实上便失去了相对独立的地位。

在全媒体时代，新闻线索的来源渠道、验证方式等均发生了变化，记者需要适应新的变化，才能更有效率地开展新闻采访工作。

一、新闻线索的定义

新闻线索一般简称线索，是新闻工作中经常使用的专业术语。很多新闻媒体专门开设的“爆料热线”中所谓的“料”，对于媒体记者来说就是新闻线索。

新闻线索是指提示新闻发生的某些简单的情况。从作用来说，新闻线索向记者提示某个新闻发生，甚至提示大约在何地、何时发生，为记者寻找新闻指明了大致的方向、范围，点明了开展采访的时间和介入点。

从记者获取线索的来源渠道来说，记者有时是在新闻现场的附近，亲眼发现某些线索，然后开展采访。这属于未经中间环节、直接获取新闻线索。但大多数情况下，记者是通过新闻媒体的报道、官方文件材料、通讯员、读者、观众等间接渠道，发现新闻线索，然后开展采访。

新闻线索并不是完整的新闻事实本身，而只是新闻事实的片段、苗头、预兆、信号，恰如瓜之长藤、豹之一斑、大鱼在水中游动时产生的浪花。新闻线索往往呈现为简单、孤立、零碎的形态。

二、新闻线索的来源

现以省级新闻媒体的“交通条口”的记者为例，使用举例的方法，开列出“交通条口”记者获取新闻线索的来源：

1. 交通运输部官网以及交通运输部新近制定的法规、出台的文件
2. 交通运输厅官网及交通运输厅新近制定的地方性法规、出台的文件
3. 交通运输厅新近的会议简报、会议中形成的文件
4. 交通运输厅领导干部最近的指示、批示、讲话
5. 交通运输厅以及交通运输厅的业务部门里的通讯员
6. 交通运输厅直辖的国有企业中的通讯员、信息员
7. 交通运输厅主管的民营企业中的通讯员、信息员
8. 省会城市交通运输局的官网
9. 省会城市交通运输局新近的会议简报、会议中形成的文件
10. 省会城市交通运输局领导干部最近的指示、批示、讲话
11. 省会城市交通运输局以及交通运输局的业务部门里的通讯员
12. 省会城市交通运输局主管的大型国有企业中的通讯员、信息员
13. 省会城市交通运输局主管的大型民营企业中的通讯员、信息员
14. 省会城市火车站、机场、码头、公路场站的通讯员
15. 省及省会城市交通方面的行业协会及有关负责人或通讯员
16. 省及省会城市交通方面的科研机构的专家
17. 省及省会城市交通方面的高等院校的专家学者
18. 省及省会城市交通方面的职业培训机构中的通讯员
19. 省会城市普通的交通从业人员

20. 权威的综合性新闻网站、流量较大的网络传媒平台
21. 交通方面的专业期刊、专业报纸
22. 省会城市的报纸新闻版、电视新闻节目、电台新闻节目
23. 省政府官网、省会城市市政府官网
24. 记者所在媒体开通的“新闻(爆料)热线”
25. 记者所在媒体的官网、官微
26. 记者个人开设的自媒体账号、记者个人日常交际和生活
27. 官方机构开设的新闻线索库

记者可以根据工作的经验，确定通过其中某些来源，能够获得较多、较好的新闻线索，在广撒网的前提下，保证有重点、更高效地搜集新闻线索。

近年来网络传播以及政府机构的官网官微发展迅速，成为某些自媒体可以利用的线索来源，其力量较官方媒体虽稍显单薄，但基本上也足以维持一定规模的新闻传播。自媒体在线索来源方面的缺陷，不在于数量较少，而在于自媒体运营者与政府机构之间缺少即时获取最新消息的业务联系。官方媒体的记者可以通过政府机构的通讯员，即时获取最新的消息。

三、寻找线索的方法

掌握基本的、常用的寻找线索的方法，是非常重要的。兹以案例说明各种基本方法。

(一) 做后续、做跟踪

2022 年 10 月 31 日，河南省新郑市第三中学高一年级历史教师刘韩博被发现在家中身亡。在当事人身亡前的最后一节网课教学过程中，发生了极其恶劣的“网课爆破”。

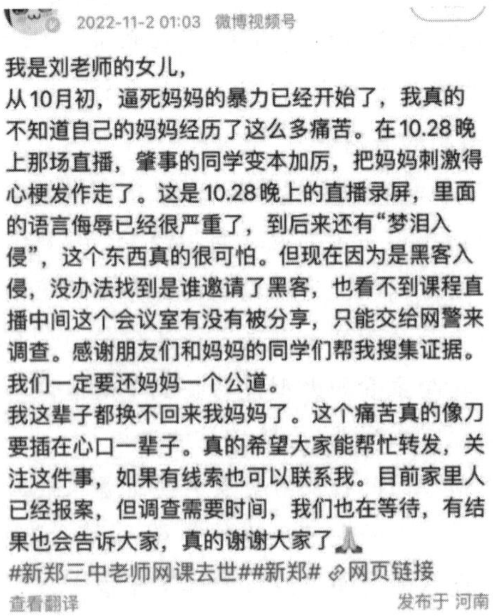

2022-11-2 01:03 微博视频号

我是刘老师的女儿，
从10月初，逼死妈妈的暴力已经开始了，我真的不知道自己的妈妈经历了这么多痛苦。在10.28晚上那场直播，肇事的同学变本加厉，把妈妈刺激得心梗发作走了。这是10.28晚上的直播录屏，里面的语言侮辱已经很严重了，到后来还有“梦泪入侵”，这个东西真的很可怕。但现在因为是黑客入侵，没办法找到是谁邀请了黑客，也看不到课程直播中间这个会议室有没有被分享，只能交给网警来调查。感谢朋友们和妈妈的同学们帮我搜集证据。
我们一定要还妈妈一个公道。
我这辈子都换不回来我妈妈了。这个痛苦真的像刀要插在心口一辈子。真的希望大家能帮忙转发，关注这件事，如果有线索也可以联系我。目前家里人已经报案，但调查需要时间，我们也在等待，有结果也会告诉大家，真的谢谢大家了🙏
#新郑三中老师网课去世##新郑# 网页链接
查看翻译 发布于 河南

图 2-1 当事人刘韩博女儿的微博截图

据刘韩博家人回忆，此前因多次遭受“网课爆破”，刘韩博的精神状态受到极大影响。11月2日凌晨，其大女儿为收集相关证据，在微博平台发布了求助信息。由于微博平台的公开属性，任何一个记者都可以通过微博平台获得这条新闻线索。

目前能够找到的、第一家完整报道刘韩博“网课爆破”事件的媒体，是《辽沈晚报》的官微。11月2日下午4时44分，该报官微发布了《女教师上网课遭网暴后猝死？警方已介入》一文。报道主要是对基本事实的罗列，包括“网课爆破”的现场资料、刘韩博猝死和“网课爆破”是否有直接关系尚待确认、“网课爆破”可能涉及违法犯罪等等。虽然《辽沈晚报》介入采访的速度很快，但并未涉及对当事人的采访。

11月2日下午5时许，新郑市教育局在官网发布了相关情况的通报。该通报不仅进一步确认了这个线索的真实性，还提供了更多相关的事实信息。

女教师上网课遭网暴后猝死？警方已介入

辽沈晚报　2022-11-02 16:44　辽宁　听全文

11月2日凌晨，网友@小小沼泽酱 在微博发文称，她的妈妈姓刘，是河南新郑市三中的一名历史教师。10月28日，刘老师上完网课后，独自倒在了家里，两天后被发现并确认因心梗去世。2日早上，刘老师的遗体被火化。

图2-2　《辽沈晚报》官微截屏图

关于新郑三中教师网课后意外离世的情况通报

10月28日，新郑市第三中学教师刘韩博在家上完网课后意外离世，我局深感惋惜和痛心，第一时间向公安机关报案，并成立善后工作专班，现将有关情况通报如下:

经公安机关调查反馈，排除刑事案件可能。针对网传刘韩博老师遭遇网暴事件，公安机关已经立案侦查，调查结果会第一时间向社会公布。

刘韩博老师是我市第三中学高一年级历史教师，刘老师一向谦虚谨慎，对工作认真负责，得知刘老师突然离世的消息，全校师生以及教育系统深感痛心，目前我局正在全力做好家属的安抚工作。

互联网不是法外之地，我们代表广大师生家长呼吁相关部门严厉打击网络暴力网络违法犯罪行为。

新郑市教育局

2022年11月2日

图2-3　新郑市教育局通报

11月3日，《中国新闻周刊》记者周雨萌首先采访到刘韩博的女儿和丈夫，同时采访了新郑市教育局相关人员、相关律师、“爆破手”李洋（化名）。当日12时14分，该周刊官微上报道了本案新的进展——刘韩博的死亡已排除刑事案件的可能，若情节严重（比如“网课爆破”导致被害人死亡，或网暴帖子转发量有5 000次以上），则当事人触犯刑律，要承担刑事责任。

11月3日，微博上一名自称“网课入侵者”的网民表示：“朋友说骂人就有钱拿才进去的，抱歉啦，我只是开玩笑骂了几句而已，没想到会有人死。哈哈哈哈。”这条信息迅速引发了全新角度的后续报道。3日15时2分，“中新经纬”官网发布《经纬快评：遏制“网课爆破”，平台要做的还有很多》指出：“这类‘网课爆破’似乎已形成了某种灰产。”随后，一个名为“老板联播”的微博账号发布了一条视频，介绍一单爆破一般在10元内，揭露了潜在的“爆破灰产”。

任何重大的突发事件，其在第一时间的简短报道，都是记者可以利用的新闻线索。记者可以根据提示，前往相关的地点或在网络平台上发送私信，寻访当事人，跟踪报道该事件的后续进展。突发事件的类型包括刑事、民事及经济案件，交通事故及生产安全事故，环保事件，突发的自然灾害，战争、暴动及骚乱等。越是重大的突发事件，其后续进展也越值得跟踪报道。

以突发事件的第一时间报道为线索，及时介入采访，报道后续进展，是职业记者常用的寻找线索的方法之一。一旦有所发现，往往新闻价值较大。

（二）寻因溯源

追查重大事件、重要社会问题的前因，是寻找线索的另一种方法。从旧闻中、从习以为常的社会问题中，探寻主要原因所在，可以做出很有价值的新闻报道。

例如，食品安全问题由来已久，社会高度关注，媒体也时有报道。2009 年 6 月，《食品安全法》开始施行。同年 7 月，《江西日报》记者林雍从工商部门的朋友那里了解到，虽然新法实施多日，但走访南昌多家超市却发现食品安全问题依然严峻。于是，林雍进行了深入的采访调查，写了《食品裸卖令人愁》一文，刊发于 7 月 15 日的《江西日报》。稿件刊发后引起了有关部门的高度关注，随后三个星期，江西全省工商系统开展了“食品安全专项整治活动”。

寻因是从逻辑链条的上游去找新闻，溯源是从物品的转运链条、从商品的销售链条去找新闻，两者其实是一回事。在环境污染、有毒有害食品大规模销售扩散等类型的事件中，寻因溯源是政府部门的必然操作，也是新闻媒体必须关注并报道的题材。

再以水体污染为例，河流、耕地、自来水被污染后，受害群众往往会向媒体爆料。当记者了解到某地发生了水体污染，只要确认无误，第一反应就应是立即赶到发生污染的地点，然后向上游找寻污染来源。央视《焦点访谈》栏目 2012 年 3 月 26 日播出的《河水污染，春播无望》就是一个典型案例：栏目组记者通过群众举报得到线索，从受污染的汾阳市南浦村出发，沿着文峪河向上游找寻，一直找到吕梁市文水县冀周村附近，才发现排放污染的源头。

（三）做期日

做期日是寻找线索的一种常用方法。期日是法学里的一个术语，这里借用过来，是指一方当事人计划、决定于未来某个具体的时刻做某件事，或者双方当事人、多方当事人约定于未来某个具体的时刻做某件事，当事人计划、约定未来做某项事情的具体时刻。

对于寻找线索的记者来说，期日提示了某些人将于未来某个具体的时刻，做某些事情，只要当事人做的事情有新闻性，期日自然就是介入采访的时间点。此外，政府机构时常宣布实施新的政策、措施，在宣布时往往一并宣布开始实施的时间点。由于政府行为涉及公众利益，因此对于这种期日需要给予高度的关注。

例如，2015 年 4 月 25 日，新华社受权发布了新的修订后的《中华人民共和国食品安全法》，主席令第二十一号宣布该法自 2015 年 10 月 1 日起实施。这一时间点对于记者来说，就是一个重要的期日。果然，到了 10 月 1 日前后，一大批新闻媒体的采访报道，都是围绕这个期日来做新闻的。只是由于媒体性质与报道目的各不相同，记者制作的报道或产品也各有侧重。

央视网于 2015 年 10 月 1 日报道一批新法规于 10 月开始实施，其中突出报道了新的食品安全法。于此时发布这篇稿件，是传统的或者说是专业的节奏。

新闻　　国内 | 国际 | 经济 |

一批新规10月实施 最严食安法保障舌尖上的安全

央视新闻客户端　新华网 2015年10月01日 00:05　A- A+　我要分享

网购食品出问题可找第三方平台先行赔付、电商促销不得限定退货条件，用人单位聘用残疾人比例不达标将缴纳保障金……10月，中国一大批新规将开始实施。

图 2－4　央视网截屏图

同样是到时提醒一下，有些新媒体做得就稍早一些。如微信公众号“高明农业农村”同年 9 月 30 日中午就发文提醒了。

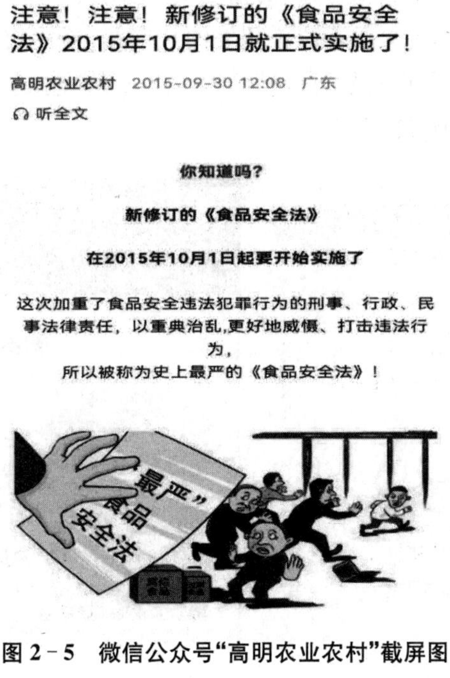

注意！注意！新修订的《食品安全法》2015年10月1日就正式实施了！

高明农业农村　2015-09-30 12:08　广东

听全文

你知道吗？

新修订的《食品安全法》

在2015年10月1日起要开始实施了

这次加重了食品安全违法犯罪行为的刑事、行政、民事法律责任，以重典治乱，更好地威慑、打击违法行为，

所以被称为史上最严的《食品安全法》！

图 2－5　微信公众号“高明农业农村”截屏图

同年 9 月 28 日，《海峡都市报》旗下的手机闽南网摘编《工人日报》短消息，提前提醒的节奏丝毫不下于新媒体。

闽南网 新闻 泉州 晋江 漳州 厦门 福建 国内 国际 教育 娱乐 科技

闽南网 www.mnw.cn 福建主流媒体

闽南网 > 新闻中心 > 国内新闻 > 正文

新《食品安全法》10月1日起实施 新增内容50条

来源:工人日报 2015-09-28 09:58 http://www.mnw.cn/ 海峡都市报电子版

[摘要]对保健食品、网络食品交易、等当前食品监管中存在难点问题都有涉及

新《食品安全法》将于10月1日起正式实施，其法律条文从原来104条增加至154条，新增内容50条，70%的条文进行了实质性修订，一些重要的理念、制度、机制和方式融入其中。该法对保健食品、网络食品交易、食品添加剂等当前食品监管中存在的难点问题都有涉及，让损害消费者利益的商家承担连带责任，这些都是该法修订的最大亮点。新版《食品安全法》明确了国家建立食品安全全程追溯制度，这也就意味着食品安全追溯已经成为法定条款，也明确了消费者在网购时的权益和维权办法。

图 2－6 《海峡都市报》手机闽南网截屏图

《中国教育报》《经济日报》网站分别于同年 10 月 14 日、17 日刊发了相关报道。学校食品安全是重中之重，《中国教育报》的报道主要着眼于研判形势、推进校园食品安全工作。《经济日报》在网站首页显著位置刊发图片新闻，督促相关部门加强食品安全工作。既然不是提醒，时间节点自然可以稍微迟一点，但总的来看，记者介入采访、撰写报道，还是以 10 月 1 日作为基准节点。

中国教育报

2015年10月14日 星期三

上一篇 下一篇

史上最严的《食品安全法》于10月1日正式实施——

捍卫校园“舌尖”安全任重道远

■本报记者 李小伟

新修订的《食品安全法》于今年10月1日起正式实施，这部史上

经济日报

2015年10月17日 星期六

精彩瞬间

图 2－7 《中国教育报》官网、《经济日报》官网截图

时隔一年，2016 年 9 月 26 日，中国健康传媒集团主办、《中国医药报》社、中国食品药品网承办的新食品法实施宣贯一周年高峰论坛举行。这种由新闻媒体策划出来的高

端论坛活动，可以被认为是基于一系列重大报道的新闻衍生品，而其出品时间，仍然是以 10 月 1 日为基准节点。这个期日对各家媒体的记者采访工作的引导、引领作用，一览无余。

国家的新法律、新政策、新措施以外，地方政府新建的公园将要开放、新建的大桥将要通车，这类民生方面的资讯里，必定有期日，值得记者及时介入采访报道。春节、国庆、五一等新旧节日，中小学校开学、高考、考研、征兵的时间点，党政机关常年举行的一些重大会议、重大活动的时间点，都是期日。此外，以集中客流、直接促进销售为目的的商业广告里，必定也有期日。记者可以结合自己的条口，全面盘点，做好自己条口的期日备忘录。

此外，近年来不少新媒体热衷于围绕网民关注的时间节点做文章，如爱耳日等，做得非常碎，由此产生了大量高度贴近网民关注点的话题资源。这实际上是把传统媒体做期日的做法，无限制地剁碎、放大，以支撑起大规模的信息传播，或者单纯地吸引流量、植入广告，从而形成自媒体的一种生态类型。

做期日这种寻找线索的方法，其优点是记者介入的时间点非常清楚、具体，采访到新闻的概率比较大，并且期日也容易寻找，只要关注预告性报道即可，预告性报道里必定有期日。

（四）质疑、辟谣

2023 年 7 月 8 日，央视财经频道播出了一期节目——《培训 3 天就能拿证，“高考志愿规划师”靠谱吗？》，节目针对某培训机构声称缴费考了“高考志愿规划师”证书后可“快速找到高薪职业”的说法进行了调查核实，采访了多个部门，最终揭露了这一骗局，指出其实质是炮制假证“贩卖”焦虑，属于虚假宣传。

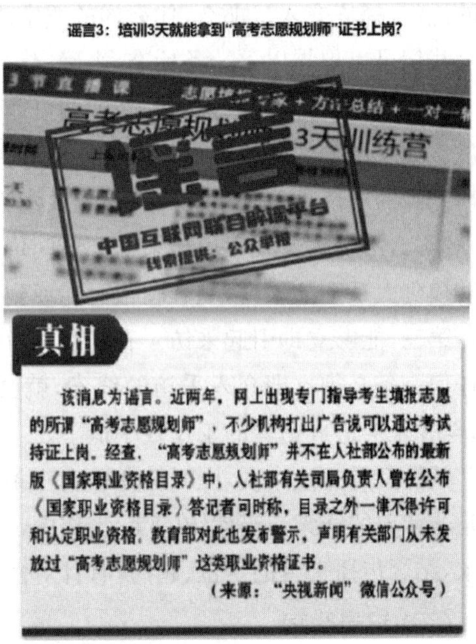

在这一事件报道中，央视记者所依靠的线索，就是记者发现不少机构在网络上打出诱人的广告语，推广“高考志愿规划师”的培训考证。凭着新闻记者职业的质疑精神，记者展开了调查，结果发现所谓的“高考志愿规划师”持证上岗纯属虚构。后来，这篇记者调查还在“央视新闻”微信公众号上发布，并且登上了《中国互联网联合辟谣平台 2023 年 7 月辟谣榜》。

谣言3：培训3天就能拿到“高考志愿规划师”证书上岗？

真相

该消息为谣言。近两年，网上出现专门指导考生填报志愿的所谓“高考志愿规划师”，不少机构打出广告说可以通过考试持证上岗。经查，“高考志愿规划师”并不在人社部公布的最新版《国家职业资格目录》中，人社部有关司局负责人曾在公布《国家职业资格目录》答记者问时称，目录之外一律不得许可和认定职业资格，教育部对此也发布警示，声明有关部门从未发放过“高考志愿规划师”这类职业资格证书。

（来源：“央视新闻”微信公众号）

图 2-8　中国互联网联合辟谣平台 2023 年 7 月辟谣榜截图

记者应当富有质疑精神，对于任何含有不确定性的消息、传闻，只要其内容涉及重大公共安全或公众利益，都应当在第一时间予以质疑、求证，搜集并报道更多的情况和更权威的意见，帮助公众了解真相。这也是寻找新闻线索的一种有效方法。

在全媒体时代，质疑具有新的意义。全媒体时代是资讯爆炸且鱼龙混杂的时代，虚假新闻对公众的困扰前所未有，人们非常需要辟谣性报道。对于记者来说，质疑往往是采写辟谣性报道的第一步。在辟谣榜上，目前我们看到出面辟谣的更多是政府的官网、官微，新闻媒体在辟谣方面付出的努力还很不够。在这种情况下，我们应特别强调用质疑的眼光度量一切资讯。

四、新闻线索的处理与运用

发现新闻线索以后，记者需要对新闻线索的优劣进行评判，把那些有价值的新闻线索记录下来，对那些需要验证的线索进行必要的验证，有时还须在一定的范围内向所在新闻媒体汇报自己掌握的新闻线索，然后才是介入采访，运用新闻线索。也就是说，在发现线索之后、运用线索之前，还有多个处理环节。

（一）筛选线索

记者不仅需要线索，而且需要从已寻找、获得的诸多线索中，筛选出较好的线索，这样才能确保在一定的时间内采访到较大较好的新闻。在筛选的过程中，我们须评判线索的优劣，择优介入。那么，什么样的线索才是好线索呢？

我们可以根据以下三条标准，来确定一条好线索：

第一，沿着这条线索采访到新闻的可能性较大。线索只是线索，顺藤不一定能够摸到瓜。如果说顺着藤摸到瓜的可能性比较大，这条线索就是比较好的线索。如果顺着藤摸到瓜的可能性比较小，那么，这条线索就不是什么好线索。

第二，沿着这条线索可能采访到新闻价值较大的新闻。线索只是线索，顺藤不一定能够摸到大瓜。如果说，顺着藤很可能摸到一只大瓜，那才是好线索。

第三，能够立即引起采访。有的线索，可以立即引起采访。反之，假如记者手上没有任何一条必须立即介入采访的线索，就会处于没活可干的状态，从而造成时间的浪费，至少也会造成记者的工作效率低下。

从评判的方法来说，同时符合以上三条的，是最好的线索。如果三条全部不符合，那是非常差的线索。当然，在实际工作中，新闻记者总是需要结合自己工作岗位的实际要求，结合传播平台的定位、趋向，有针对性地寻找新闻线索。

（二）记录线索

传统的方法，是将线索简要地记录在单独的工作簿上，并将作为线索的来源文件，以剪报的方式剪贴在工作簿上。在网络化办公时代，则可以将线索简要地记录在单独的 Excel 文档中，Excel 为记录日期提供了极为便利的操作功能，记者可以用它形成自己的工作日历。

作为线索的来源文件（多为 Word 文档格式，有些是 png 或 pdf 文件），可以汇总到一个单独的文件夹内，保存在电脑或手机里。为了日后运用便利起见，作为线索来源的那个 Word 文档，可将具有线索意义的字、词、句设定为红色，png 或 pdf 文件则采用红圈标注。在少数极端情况（如揭露性报道）下，记者可能需要对自己从网络上获得的信息，用截图工具作截屏处理，并记录截屏的精确时间。

（三）验证线索

线索只是新闻事实发生的信号、前兆、苗头，并不是新闻事实本身。有时，一些所谓的线索只是不实的传闻；另外还有一种情况，即当记者顺着线索去摸的时候，情况已经发生变化。在运用线索时，记者须注意对线索进行必要的验证。

一是直接验证，记者可以直接联络候选的采访对象，对线索进行验证；二是实地考察，记者进入新闻现场，通过实地考察来验证线索；三是侧面验证，记者联络采访对象的上级组织或下级单位，或者访问与采访对象比较熟悉的知情人士，或者查阅其他的相关报道，从侧面了解情况，进行验证。

在互联网时代，记者还可以通过网络对线索进行验证。记者在网络上寻找相关的资讯，在众多相似、相关的资讯中，进一步评判线索的真实性。随着互联网自身的发展，记者可以在官方的新闻线索库证实，在辟谣网站、综合性网站的辟谣栏目里证伪。

（四）汇报线索

在很多新闻媒体的编前会上，记者按照工作要求，须向编辑汇报现已拟定的采访选题，没有选题的，如果有较好的新闻线索，也可以在编前会上汇报，以便编辑给予业务指导。一般来说，记者手上有线索，应在编前会上及时地汇报。如果手上的线索引起的采访，可能会做出重大的揭露性报道，记者则应在更小的范围内，向资深编辑汇报。

因为参与编前会的记者、编辑往往人数较多，编前会一般只有一个小时的时间，所以记者在会上汇报线索，用时应严格控制，汇报须简明、清晰。

（五）运用新闻线索

运用新闻线索，应注意以下几个事项：

1. 一边介入，一边验证，及时调整

介入采访的过程中，应注意在摸情况时，对线索进行验证，并注意根据实际情况，适时调整自己寻找新闻的方向、范围。线索只是一些简单的情况，记者根据不完全的信息进行分析判断，从而确定介入采访的方向、范围，但记者坐在办公室里作出的分析判断，未必正确，在实际工作过程中，不应拘泥于既定的介入方向、采访范围，而应该根据实际了解到的情况，在有必要的情况下及时作出调整。

2. 该“抢”则“抢”、该“养”则“养”

新闻采访的基本要求之一是及时，“抢”新闻是一般要求，记者按照线索指示进行采访，也应该按照“抢”的要求及时介入采访。但在采访事项与公共安全、公众利益并无直接关系的情况下，有时可以采取“养”的办法。“养”新闻大致有两种情况：一是为了寻求更好的报道契机；二是等待事情的发展出现质变、出现拐点。

3. 合理安排,不要齐头并进

记者在同时面对多个新闻线索时,应根据介入的时间要求,根据线索的优劣、难易等具体情况,予以适当的处置。必须在当天尽快介入的、较好的线索,应当优先考虑;虽然较好但介入时间可以向后延搁一段时间的线索,可以暂且放一放,先近后远,先易后难。总之,应合理安排,不要齐头并进。因为人的注意力、时间精力是有限的,多个线索齐头并进,往往会使采访因记者时间精力不够而流于表面,蜻蜓点水,结果只能做出一般化的报道。

第二节　确定采访选题

要点概述

本节主要阐明采访选题的概念,介绍确定采访选题的原则以及具体操作过程中的若干要领,说明选题论证的场合、形式,以及记者进行选题论证的要领。

实践目标

1. 明确寻找线索与拟定选题之间的联系。
2. 掌握通过网络平台汇报采访选题的基本技能。

一、采访选题的定义

在出版社做编辑,需要上报出版选题;在新闻媒体做记者,需要上报采访选题。当确定了某个采访事项后,为了完成采访报道任务,记者需要深入并且迅速地思考:如何采访报道此事?采访的重点是什么?从什么角度采访报道?谁是最佳的采访对象?候选的采访对象是怎样的人?采访之后能做出怎样的新闻报道?是一篇消息还是一组新闻报道?是否必须配表格或图片?等等。

记者会考虑这一系列的问题,形成一些初步的构思、方案。一旦产生了某种构思,记者就会将其作为自己的工作目标与指针,指引自己的采访工作。所谓采访选题,就是指作为工作目标与指针的,记者对于选定的采访事项如何采访报道的初步构思或初步方案,也就是做采访报道的选题构思。确定采访选题是采访业务流程中第二个工作环节,也是非常重要的工作环节之一。

很多教材、论著对采访选题有着不同的界定,在新闻工作的实践中,采访选题在不同的语境下也有不同的意思,有时是指记者选定的采访事项,有时是指记者对于选定的采访事项如何采访报道的构思,不能一概而论。笔者以为,采访选题是指记者选定的采访事项,以及记者对已选定的采访事项实施采访的初步构思、初步方案。

（一）选题与标题、题材、主题的区别

我们在理解何谓采访选题的时候，应注意不要将选题与标题、选题与题材、选题与主题混同起来。

1. 选题不是标题

确定选题或形成选题构思，是寻找线索之后的第二个工作环节，而标题则是采访结束后写作的新闻作品的题目，选题与标题是在不同工作阶段使用的不同术语。选题是指外在的对象或者内在的思想，而标题则是思考以后的表达，从性质上看，两者也不能混为一谈。

2. 选题不是题材

题材是人为分辨出来的领域，比如说“职场 996”是个题材，“乡村振兴”是重大题材。题材作为领域，其范围总是比较宽广的，而新闻是对具体的事件、社会问题、社会现象的报道。所以，选题作为记者选定的采访事项，总是比较具体的，范围比题材小得多。

3. 选题不是主题

主题与选题虽有相同之处，但主题多为一般性的、长期存在的某种理念、观念，如反贪、主张人与自然的和谐、宣扬因果报应等；而选题作为构想来理解的时候，它指的是具体的构思，或者临时出现的某种方案、某种点子。

（二）发现新闻线索与确定采访选题：前后两个环节的联系

这两个环节，在时间上和在逻辑上都是前后相继的。发现新闻线索是确定采访选题的前提条件，是形成采访选题的基础。从工作的时间来看，从来就没有确定选题在前、发现线索在后的案例，发现线索总是在前，然后记者才会确定选题。

用形象的方式来说，发现线索是找米下锅，确定选题是有米好做饭。在发现线索的阶段，能否找到米都很难说。而到了制定选题的阶段，则是需要考虑有了米是做稀饭还是做干饭，是酿酒还是做汤圆。记者只有到了已经确定某项新闻事件确确实实发生了或者铁板钉钉将要发生，才会考虑如何采访报道这个事件。记者确定某项新闻事件已经发生或即将发生，这是前后两个工作阶段的分界线，也是前后两个环节联系的节点。

在 2000 年阿拉斯加航空公司波音 737 客机坠毁事件的报道中，美联社洛杉矶分社社长约翰·安在克成功地组织了采访报道工作。他在美国联邦航空总局通过电视通报这起事故的第一时间，就确定这起事件确已发生，并及时组织多名记者投入采访工作。他回忆当时的工作情形说：“（联邦航空总局发出的）消息完整，事故的原因清楚，没有任何像‘我们认为’‘我们正在核实’等模棱两可的词。”[①]从工作流程来看，在确定某个新闻事件是否发生这个节点上，那些老资格的新闻工作者是非常重视的，且做得非常细致。

---

① ［美］杰里·施瓦茨著，曹俊、王蕊译：《如何成为顶级记者——美联社新闻报道手册》，中央编译出版社，2003 年，第 2 页。

二、确定采访选题的原则与要领

确定采访选题这个环节，其主要内容和任务是明确采访事项以及如何实施采访，这个环节做得好不好，对记者采访新闻的质量与效率影响极大。记者在拟定采访选题这个工作环节，需要注意遵循若干基本的原则和工作要领。

（一）确定采访选题的基本原则

1. 可操作性原则

所谓“可操作性”，是指记者所在的新闻媒体，采访报道某一事项，必须具备外部的、内部的若干先决条件。如果具备这些条件，即有可操作性，反之，即无可操作性。

新闻媒体能否采访报道某一事项，要看新闻政策、新闻法规和一般的社会伦理道德准则是否允许。这些是外部条件。

新闻媒体能否采访报道某一事项，要看这家新闻媒体是否拥有必要的资金、技术设备、人力资源。这些是内部条件。

只有当外部、内部条件均具备时，新闻记者及其所属的新闻媒体，才能选定这一采访事项，开展采访报道工作。

2. 尊重新闻价值规律、遵循报道思想统筹兼顾的原则

新闻价值规律是商业性媒体新闻工作的普遍规律。一般自媒体往往会不自觉地运用新闻价值规律。即使是党报，在采访报道过程中，为提高新闻宣传的效果，也应当自觉地、批判性地运用新闻价值的理论与方法，选择更适合的新闻事实、报道重点和报道角度，采用更加生动活泼的表现手法，更加贴近广大受众的功利性需求与审美性需求。

确定采访选题必须兼顾所在媒体近期的报道思想。编辑部策划的采访报道选题，直接体现了编辑部意图。如果是记者自主提出的采访选题，也应当顺应编辑部近期组织新闻报道的指导思想，围绕新闻宣传工作的主要目标和重点方向，力求取得符合编辑部意图的报道效果。

3. 媒介与受众定位的导向原则

不同的媒介有其特殊的传播特性，使用不同媒介的受众，其社会地位、文化层次、社会心理等方面或多或少会有一些差别，对同一事件的关注点及关注程度也会各不相同。

在明确采访选题的过程中，特别是在选择采访报道的重点、范围、角度等方面，需要遵循媒介与受众定位的导向原则，避免内容同质化，争取在各自设定的目标群体中获得优势地位。

（二）确定采访选题的若干要领

1. 准确把握采访报道的重点

把握采访报道的重点，既要依据采访事项的特殊性、新闻事件自身发展的阶段性，记者在主观层面也要求新求变，避免千报一面或老调重弹。

2018年，为庆祝改革开放40周年，中宣部部署的专栏名称是《壮阔东方潮　奋进新时代》；而在2019年，为庆祝中华人民共和国成立70周年，中宣部部署的专栏名称是《壮丽70年　奋斗新时代》。无论《壮阔东方潮　奋进新时代》还是《壮丽70年　奋斗新时代》，都属于纪念年份的主题报道。

对于浙江省诸暨市这样一个县级市来说，此类重大成就报道要涉及的典型案例是屈指可数的。诸暨市店口镇的五金产业和山下湖镇的珍珠产业在改革开放40周年报道中是重点选题，在庆祝中华人民共和国成立70周年的报道中也同样是重点选题。当地广播电视台在两次宣传报道中，对于这两个选题重点的把握，非常精准细微。

庆祝改革开放40周年，诸暨市广播电视台做的专题节目《店口镇：小五金托起"浙江资本第一镇"》，重点展现了五金产业的转型升级；而庆祝中华人民共和国成立70周年，其做的专题节目则是《店口镇：因"铜"而兴　城乡融合发展新样本》，重点聚焦当地立足五金产业的发展，70年间从小村庄变为小城市的面貌巨变。

同样，对于山下湖镇的珍珠产业，诸暨市广播电视台庆祝改革开放40周年重点聚焦的是当地珍珠产业的发展，而庆祝中华人民共和国成立70周年则关注珍珠产业大发展后所面临的环境问题，报道了当地通过对珍珠产业的转型升级来实现"既要绿水青山，又要金山银山"的生动实践。①

2. "做大、做深、做足"，还要"做全"

"做大、做深、做足"是传统媒体强调的选题要领之一。所谓"做大"，是指大新闻要做得足够大，不能把大新闻做小；小新闻则要深入挖掘，尽可能做大，当然也不是小题大做，采访报道的力度要恰如其分。所谓"做足"，是指关于某个事情或问题，能够写的文章你都做了，以至于别人想做什么文章都无法做了，这就算是做足了。所谓"做深"，是指在能够深入挖掘事件的原因、背景的情况下，尽可能深入挖掘，向读者提供更具深度的报道。

在互联网传播环境下，新闻价值要素的内涵大为拓展，时效性扩展为全时性，接近性异化为利益关联，重要性从受众出发，显著性旨在凸显自身特点，趣味性追求阅读的愉悦体验。记者评判新闻价值的高低，更强调从受众的阅读需求、阅读体验角度判断，更加重视新闻的显著性、趣味性。我们按照以往的惯例来判断，认为已经做得够大了，但在全媒体时代很可能还不够大；我们按照以往的惯例来判断，认为消息、现场、花絮、评论都已经做足了，但在全媒体时代很可能还不够足，还可以做做周边阅读、延伸阅读，甚至是数据新闻。

在全媒体时代，很多采访报道不仅需要记者在选题阶段力求"做大、做深、做足"，而且还要求记者把新闻"做全"，同步生产多种新闻产品，分别通过报纸、广播电视、网络等多种媒介发布出来。近年来，随着"中央厨房"新闻生产模式的逐步推广，记者高效集中采集海量信息，新闻素材二次加工、多层开发，新闻产品多媒体化、适合报刊广播电视互

---

① 胡正涛：《同题报道的差异化采编路径探析——以庆祝中华人民共和国成立70周年纪念报道为例》，《视听新闻》2019年第3期。

联网多介质传播，从而实现高效率的全媒体新闻传播。当代记者需要树立"做全"的意识，在选题阶段，要特别重视那些适合多介质传播的新闻，争取做到一个新闻、多介质传播。

据江苏《现代快报》总编辑梁波介绍，《现代快报》前几年就要求旗下记者汇报采访选题时，必须同时上报相关的视频新闻编导方案，如果没有，编委会拒绝接受记者的选题，即"无视频，不新闻"。这说明那些走在传统媒体转型发展前列的新闻媒体，在确定采访选题这个环节上，非常严格地响应了全媒体时代的要求。

3. 追求采访报道的速度，兼顾采访报道的深度

新闻报道的基本要求之一，就是一个"快"字。在进行选题构思的过程中，首先要立足于及时报道新闻，然后兼顾报道的深度。

在重大突发事件的采访报道中，记者最早进行的采访报道，一般都是第一时间急电、快报(往往是一句话新闻)，然后记者再做动态消息，再根据事件与受众的关系，有选择地做现场新闻，一般要到比较晚的时候，记者才做新闻综述、新闻分析等相对较有深度的新闻报道。采访报道的深度，或体现在采访报道的面更为宽广，或体现在观察事物的立足点更高，或体现在观察事物的视野更开阔，考察更长的发展过程，考察更复杂的联系。

由于新闻事件发生、发展的固有规律，一般来说，在新闻事件刚刚发生的时候，记者应当求"快"，客观地、快速简练地报道事件本身；当新闻事件发展渐趋定型，有深入报道的可能时，记者再考虑采访报道的深度。"快"与"深"之间的分寸，须根据新闻事件本身的实际情况，根据记者介入时新闻事件所处的不同发展阶段而定，不能一概而论。从选题构思角度来说，该求"快"的时候，不能顾虑过多、贪求深度；该追求深度的时候，就得思虑周密，确实深入进去，不能片面强调"快"字。

4. 选择适宜的采访报道角度，力求新颖

"角度"一词源于摄影，是指拍摄者在拍摄人物或景物时选择的角度。角度的选择，与拍摄对象的特点有关，也与拍摄者的特殊要求有关。新闻角度的选择也是如此。复杂的事件，难以运用新闻文本进行全景式的、平铺直叙的报道，而且在采访过程中，采访对象不配合甚至拒绝采访的情况时有发生，即使记者想铺开来做，有时也行不通。所以，记者必须预先设定适宜角度，大致确定能采得到、能做得成，并且这个角度还必须比较新颖。

2023 年 2 月 19 日，曾因染粉色头发而被网暴的杭州女孩"鸡蛋姬"郑灵华，在大年初二因为抑郁症而结束了自己的生命。一石激起千层浪，公众对此事的探讨达到了前所未有的高潮。澎湃新闻、冰点周刊、南方都市报、南风窗、北青深一度、钱江晚报等媒体对郑灵华网暴维权、抑郁症等话题都进行了集中报道。"北青深一度"记者李一鸣采写的《直到网暴的潮水将那朵粉色吞没》(2023 年 2 月 23 日 16 时，"北青深一度"微信公众号)，选题角度新颖独到：李一鸣不是从网暴的受害者郑灵华的角度，而是从以网民"杭州土匪"为代表的网暴者的角度来叙述整个事件的来龙去脉，非常具体地报道了"杭

州土匪”与郑灵华多次网上交锋的情况，并进一步述及“杭州土匪”在郑灵华去世后的几天里，他自己也遭遇网暴的最新事态。“杭州土匪”与郑灵华开始网上交锋时，“杭州土匪”自承“你把头发染回来，就没这个事了”，他不知道在网络的那边，坚持把头发染成粉色是自己正当权利的郑灵华，此时已经把头发染回了黑色。这种颇具戏剧性的细节，透彻地说明了作为网暴产生背景的网络交往的特殊生态。

直到网暴的潮水将那朵粉色吞没 | 深度报道

原创　北青深一度　**北青深一度**　2023-02-23 16:00
北京　听全文

记者/李一鸣 实习记者/黄思韵 刘奕岐 林珂莹 王小璐

编辑/杨宝璐

郑灵华在画画

2月19日，网友“熊猫控小唯”发布微博：自己的朋友，那位曾因染粉色头发而被网暴的女孩“鸡蛋姬”郑灵华，因为抑郁症结束了自己的生命。

网暴，被确认为导致她抑郁的最主要原因。从去年8月到今年初，郑灵华一直试图从网暴的漩涡中走出

图 2－9　微信公众号“北青深一度”相关报道的截图

湖北广播电视台记者李鹏、胡芳、屈晓平、刘莹、李琪采访制作的《“兴发”转型：从按“吨”卖到按“克”卖》，在诸多重大主题报道中脱颖而出，荣获第三十二届中国新闻奖一等奖。记者从湖北省宜昌市兴发集团研发的第一万吨高性能电子磷酸蚀刻液即将发往上海，成为国产芯片的重要组成部分开始，讲述了兴发转型的故事，从普通工人、科研人员、管理人员、政协委员那里探究出了兴发集团如何壮士断腕，如何将产业转型之路越走越宽，并从点到面，报道宜昌沿江 134 家化工企业已全部实现了“关改搬转”，并向化工新材料、高端精细化方向转型，湖北段长江水质优良率达到 100%。该报道经全媒体播出后，获得高点赞率、高回看率，当天电视收视率与市场占有率全网名列前茅，引起强烈社会反响。业内专家认为，该作品切口小，角度新，以民生视角扣准主题主线，实现了主流声音的全新表达。

图 2－10　中国记协网展示的获奖作品《“兴发”转型：从按“吨”卖到按“克”卖》

以上案例说明，无论是重大突发事件，还是重大主题报道，在适宜的前提下都应追求新颖的报道角度。记者在进行选题构思时，应该非常重视这个要领。提高新闻业务水平，提升新闻报道的质量，优化新闻传播的效果，就要追求更新的采访报道角度。

5. 创新性、创造性地呈现新闻事实

传统媒体在实践中，早已总结了创新性、创造性地呈现新闻事实的一些操作手法。比如，如何报道交警在烈日下辛苦工作？有的记者带着鸡蛋和沙子，来到交警执勤的圆形台基下，把鸡蛋埋在沙子里：交警执勤的地方热到什么程度？煮给你看！

又如，在经济、医疗卫生、科技等专业报道中，经常报道权威统计机构发布重要的统计数据。记者在做这种类型的报道时，往往会刻意寻找一个人的故事，如某个美国商人如何向银行借钱炒房，因为房地产市场出现严重的泡沫，这个曾经富有的商人目前已负债累累。记者寻找这样的事情，来说明美国权威机构最新发布的房地产市场极度低迷的数据。

随着互联网技术的发展，虚拟演播、VR（Virtual Reality，虚拟现实技术）等技术逐步运用于新闻传播领域，比如央视近年来用虚拟演播技术直播重大航天活动，给观众身临其境般的感受。《中国青年报》2021年用VR技术做的《点亮事实孤儿的未来》报道，大大加强了报道的可视化、交互性和自主性，获得了第三十二届中国新闻奖应用创新三等奖。记者在选题阶段就考虑到了这些技术手段，并在采访过程中有意识地收集相关数据或资讯，从而使这些技术手段在后期得以顺畅运用。

6. 初步明确采访对象

采访对象往往因采访事项而生，记者在选定某个采访事项时，往往会在同时设定某个具体的人会成为将要采访的对象。有时候，记者只是明确必须采访某个政府部门或企业，并不能确定某个具体的人作为自己的采访对象。

无论如何，在酝酿选题构思的过程中，对于采访对象是哪个人、哪些人，须有所考虑，要结合采访重点、范围、角度以及采访报道的力度等，形成一个选择采访对象的初步方案。在访前准备阶段，记者可以依据这个初步的方案，进一步做好选择采访对象的工作。

7. 初步设计采访形式

关于选定的采访事项，是否有新闻现场，是否需要暗访，记者在酝酿选题构思的过程中，也应形成初步的设计。虽然在访前准备阶段以及在采访过程中，可能存在种种变数，但在形成选题构思的时候，对采访形式仍然应有所考虑。

8. 大致预计新闻报道

在进行选题构思的时候，对采访后能够写出什么样的稿件，往往不能形成准确的预计，但做些初步的预计还是有可能的，也是有必要的。可能会是什么体裁？写出来的报道篇幅大致多少？是否有可能、有必要在一天之内做多篇报道？是否有可能、有必要做连续报道或系列报道？在实际工作中，应根据实际情况，对后期制作的新闻报道有所预计。目标越是明确，记者越是易于驾驭采访工作。

在全媒体时代，记者需要在限定时间内完成适合不同媒介的多个新闻产品的生产，因此记者除了关注拟收集材料的性质和数量外，还需要从相关材料是否适合多介质传播来做判断。

在新闻工作的实践中，确定采访选题、形成选题构思，是非常复杂的，相关的研究也较少，以上八条仅供参考。

三、采访选题的论证

记者发现了某个采访事项，并拟定了初步的选题构思，这是确定采访选题的步骤之一；而选题论证则是紧接于后的另一个步骤，编辑部对已提出的采访选题进行论证，以确定记者是否做某个选题的采访报道。

(一) 选题论证

从时间周期来看，选题论证分为两种，一是日常的、每天进行的选题论证，即对第二天拟刊发怎样的新闻报道进行论证；二是计划性的选题论证，用来大致确定最近一个星期甚或更长时间的报道选题。与记者采访业务关系较为密切的，是日常的、每天进行的选题论证。

1. 论证的场合

选题论证一般是在每天召开的编前会上进行的。

在编前会上，资深编辑召集记者开会，在会上，记者须汇报目前掌握的线索以及目前拟做的采访选题，编辑则对记者提出的选题构思进行论证，做出决定。

2. 论证的形式

在记者汇报目前拟做的采访选题时，有的媒体规定记者采取口头汇报的方式，也有一些媒体规定记者须采取书面汇报的方式。编辑一般会面对面地对记者提出的选题构思，口头反馈意见，认为可行或不可行，甚或提出某些指导性的意见。

近年来，随着各地“中央厨房”式融合新闻报道系统的建立和采用，利用媒体内部的网络平台申报选题的做法，也开始流行起来。

(二) 记者进行选题论证的要领

1. 尽可能汇报选题

如果记者目前已经形成某个选题构思，不要因为不够成熟而羞于启齿，应该尽可能地汇报。因为记者汇报了，编辑才有可能予以指导。选题在编前会上一经确定，记者按照选题构思采访写出的稿件，编辑一般不会拒绝刊发。有些欧美的教材，甚至将选题论证视为“你向编辑兜售报道选题的途径，所以你需要使它听上去像是一条重要的新闻报道或者是引人注目的选题”。

仅仅从职业工作的角度来说，上述做法都是无可厚非的，职业记者必须确保每个星期、每个月有足够的发稿数量，而其前提则是须有足够数量的采访选题通过了编辑部的论证。

2. 简明扼要

记者在做选题论证(包括汇报线索)的时候,一般要求简明扼要。因为参加编前会的记者、编辑往往有几十名之多,而会议时长仅仅一小时左右,如此紧张的时间,不允许记者做冗长的阐述。并且,因为是同行之间的交流,即使话语简短,也足以充分地传达信息。

下面的例子是美国劳德代尔堡《太阳—前哨报》的交通条口记者巴迪·内文斯所做的书面汇报形式的选题论证:

步行者

布罗沃德是全国步行者死亡率最高的地区之一。其中一个因素在于这里的马路并不是为行人设计的,许多马路因为资金紧缺都没有人行便道和人行横道。为了解决这个问题,有哪些措施正在实施呢?

附图表:统计图表、最糟糕路段的地图

如果采用口头汇报的形式,最多只要一分钟甚至半分钟的时间即可完成。所谓简明扼要,一般要按这样的尺度来做:在选题论证时,记者往往从一个标题或短标题开始,然后用几句话简单地描述报道的主要内容。以这种形式表达,效率更高且同行易于理解。新闻学专业的学生在学习、练习的过程中,为了便于交流,可以用两分钟或更多一点的时间,充分说明自己的选题构思。

3. 个别特殊选题的论证场合、方式应特殊处理

某些重大的揭露性报道,由于涉及某些敏感信息,记者不宜在编前会上提出论证,而应该向编辑部的资深编辑(往往是总编、副总编)汇报,在较小的范围内进行论证。

某些独家新闻的采访报道选题,由于其极具轰动性,可以预料其他媒体势必跟进,从而形成竞争关系。此时,记者为确保自己所在媒体能够在该独家新闻的报道上步步领先,采访报道选题的论证应在更小范围内进行。至于不可预见的突发事件,其采访选题是无法预先论证的,媒体只能寄希望于记者的快速反应能力,在仓促之间快速地确定采访的重点、范围等。

第三节　融合报道策划

要点概述

本节主要介绍新闻策划的基本知识,结合各种经典案例讲解融合新闻报道策划的依据、目标、策略和传播效果等,以帮助新手更好地理解融合报道策划,执行融合报道的策划方案。

实践目标

1. 明确记者在新闻策划中的地位与作用。
2. 初步具备理解与执行各类融合报道策划的基本能力。

一、新闻策划

新闻策划是传统媒体时代新闻采编工作中的重要环节之一。正确认识新闻策划的重要性以及记者在新闻策划中的地位与作用，是我们理解和做好融合报道策划的前提。

（一）新闻策划的重要性

就新闻采编而言，新闻策划是对新闻采访与报道所做的策划，是新闻工作者在一定时期内，为充分挖掘客观事物的新闻价值，达到最佳的新闻传播效果，对新闻采访报道所做的具有独创性的设想和规划。

在新闻采编的流程中，新闻策划作为一个工作环节，其位置并不固定。有时是在记者选题论证时，资深编辑与记者一起开展选题策划；有时是媒体编委会先行议定某项新闻策划方案，然后交由记者执行。

新闻策划的重要性不言而喻。例如，在重大事件的报道中，新闻媒体需要进行充分的策划，确定报道的主题、角度、方式和时机等，以确保报道的准确性和及时性。同时，新闻策划还需要考虑受众的需求和兴趣，选择最能吸引受众的内容和形式，以提高报道的传播效果。

（二）新闻策划的主体

在传统媒体的新闻工作实践中，新闻策划的主体是多层次的：

第一层次是总编辑策划。总编辑重点抓带有全局性的策划，绝大多数的大型新闻策划，或者直接来自总编辑，或者是总编辑在策划形成过程中占主导地位。经由这类新闻策划做出来的报道，一般持续时间长，占用的新闻版面多，体裁往往是重大主题活动宣传报道，或者是跨周、跨月甚至跨年的连续报道或系列报道。

第二层次是部主任策划。各个新闻部的部主任针对各自分管的报道范围内的重大事件或重要活动，提出本部门的新闻策划方案。

第三层次是记者策划。记者所做的新闻策划分为两类：一是记者在执行总编辑、部主任的新闻策划过程中，对采访及报道工作进行二次策划、二次创意。二是记者在日常的采访报道中独立形成并付诸实施的新闻策划，比如思考和寻找新颖的报道角度、叙事方式和表现手法，使自己做的报道技压同行，获得更好的传播效果。

二、融合报道策划的案例讲评

如前所述，融合新闻具有媒介符号多样、新闻业务整合、信息载体数字化、视觉传达形象生动、受众参与度互动性高等特点，是一种技术驱动下的新型新闻形态和新闻生产模式，其在策划、采写、编辑、发布和评价等方面和传统的新闻工作方式相比有很大不同。下面我们通过一系列典型案例，详细介绍各类型融合报道策划的依据、目标、策略和传播效果。

（一）融媒体连续报道的策划

2021 年 11 月 27 日，荆州融媒体中心“荆州融媒”通过其视频号“江汉风”发布《外卖小哥救落水老人不幸遇难》，该条新闻及后续报道合集（截至当年 11 月 28 日共计 14 条视频）一天之内浏览量破 3 亿，总点赞 300 万＋，单条点赞过 200 万，评论过 20 万。合集当中的单条《这份青椒肉丝外卖永远无法送达》（11 月 27 日）进入当日热榜第 19 名。

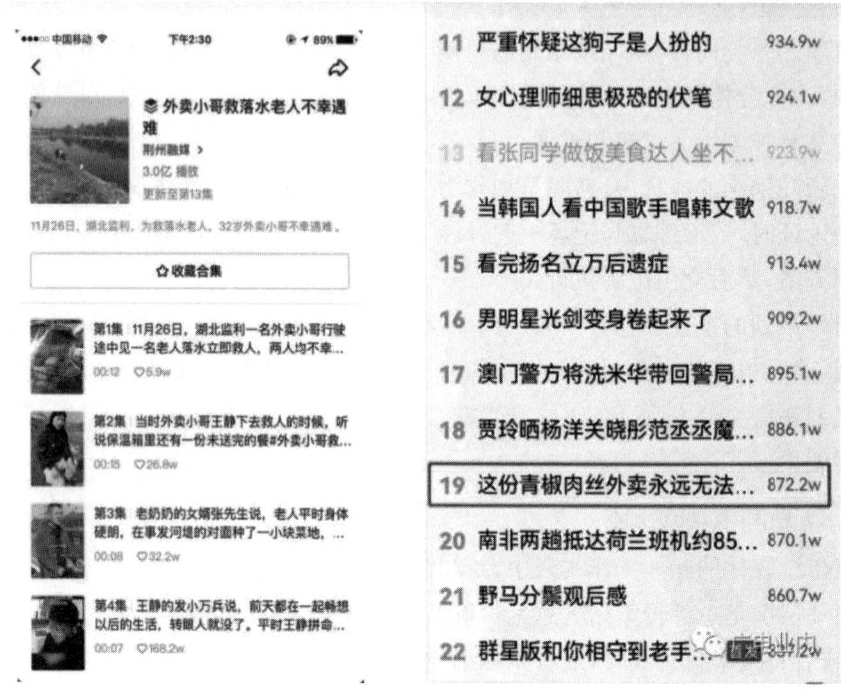

图 2－11　微博热搜榜截图

从 11 月 27 日事发的最新消息开始，在荆州融媒体中心做的连续报道中，老人亲属、外卖小哥王静的同事、王静的亲人、王静所在的公司美团、万千市民、地方党和政府的领导、社会各界的代表先后出场，感谢、哀伤、送别、抚恤捐助、褒奖致敬，一幕幕真实而感人的新闻故事依次上演。到 2022 年 4 月 3 日报道王静的妻子扫墓，整个连续报道基本上拉下帷幕，共计发布视频 40 期（条），相关图文报道通过荆州广播电视台的官网、荆州新闻网等新媒体平台发布。

2022 年 5 月，外卖小哥王静上榜 2022 年一季度“中国好人榜”，意味着“荆州融媒”的连续报道不仅获得市场的认可，也获得了党和政府、社会各界的广泛认可，有效地激发了正能量，对网络舆情发挥了积极引导的作用。

荆州融媒体中心取得超高的阅读量，其所调用的采编资源也仅仅是日常全媒体记者，一线采编人员只有四五人，并没有突破媒体宣传的常规。其能够取得如此骄人的业绩，与其策划做得好有关，主要亮点如下：

1. 跟得紧、跟得全，思路开阔，锲而不舍

从第一条消息开始，荆州融媒体中心步步紧跟事件发展，第一时间发布老人亲属的感言，第一时间联系捐助方并发布报道，直播送别场景。无论是公众想得到还是想不到的，只要是公众可能关注的点，都会及时采访报道出来，如第一天就发布了《村里的一处监控录像中，记录下了王静此生最后的痕迹》。

图 2－12　荆州融媒抖音号"江汉风"播发的荆州市民自发集会送别英雄场景

2. 全力突出最能催人泪下的元素

在第一天发布的视频报道《这份青椒肉丝外卖永远无法送达》中，现场记者在节目中说："对于点外卖的人来说，可能永远等不到这份延时送达的外卖。对于王静的家人来说，也永远等不到他们最爱的人。"而在发布时，则以《一份青椒肉丝，再也无法送达的外卖》为标题。外卖小哥是深受关注的人群，自带流量，外卖无法送达是足以引起广大受众关注的异常情形，后方编辑突出这些元素，无疑是有意识地去触碰亿万网民的泪点。在此后的报道中，"这份青椒肉丝外卖永远无法送达"字样 7 次出现在视频小图标旁的提示语中，还有 1 次是出现在标题中——《点青椒肉丝的郭师傅：点外卖的他很心痛！》。

3. 适时借助意见领袖的力量破圈引流、引导舆论

荆州社科联副主席谢葵（也是荆州广电特约评论员）在融媒体中心发布消息后就加了关注。在送别王静后，"荆州融媒"又约请谢葵发表评论，谢葵盛赞这位平凡人的"高贵的人性"。具有一定知名度的区域意见领袖的关注，以及这些人随即接受采访、发表具有引导力的评论，并在新媒体端得到实时展现，使"荆州融媒"的报道形成时时刷新状态。

4. 既跟踪事件发展，又引领事件发展

荆州融媒体中心发布第一条消息后，马上就有武汉的企业家主动联系，要求捐款。融媒体中心随即要求前方记者联系当地民政部门，建立捐助通道。同时要求记者第一

时间联系美团相关部门负责人，美团相关部门负责人以极快的速度启动了骑手关怀计划。28 日媒体又把《平台将为骑手女儿承担学费生活费至 18 岁》及时发布出来。通过企业捐助、党和政府及社会各界的褒奖致敬等报道，后来才会出现线下万千市民夹道送别的群众性场景、线上数百万的点赞和评论。

在做这组连续报道的过程中，荆州融媒体中心既跟踪事件的自然发展，又通过自己的努力和公开报道，引领事件的发展过程，加强了报道的参与度和互动性，有效地激发了市民、网民参与这一事件的热情，激发了正能量。

（二）融媒体专题报道的策划

2021 年 2 月，《中国青年报》用 H5 结合 VR 技术制作的公益新闻《点亮事实孤儿的未来》，通过中国青年报客户端发布后，以其在融合报道领域令人耳目一新的形式，以及巨大的正面反响，获得社会各界好评，并获得第三十二届中国新闻奖应用创新三等奖。

图 2－13 《中国青年报》制作的 H5《点亮事实孤儿的未来》首页与数据新闻截图

“事实孤儿”即事实上无人抚养的儿童，一般指的是未满 18 周岁的，受父母重度残疾、服刑、重度疾病、失踪、弃养等影响，理论上有监护人，却得不到妥善抚养并且也无法纳入孤儿保障体系的儿童。目前，全国“事实孤儿”的人数有 50 余万人。

2021 年新春走基层期间，《中国青年报》记者前往江苏省 7 个城市、7 个不同年龄段的事实孤儿家庭，进行深入采访，采用融合新闻的方式，报道了“事实孤儿”这一特殊群体。该作品共由 7 篇网稿（Vlog）、1 篇记者手记（Vlog）、1 个 VR 报道、1 篇深度报道（文字）、1 篇数据新闻构成。在 H5 上以一张地图的形式集合 Vlog、VR、深度报道、数据新闻以及网民互动、慈善公募等跳转链接等。Vlog 部分生动呈现了事实孤儿的生活状况，以质朴情感唤起读者的感动与共鸣。深度报道从法律、社保、教育等多方面深入报道了应对“事实孤儿”工作的困局及解决问题的方向。数据新闻则以文字结合图表的形式，向读者提供了“事实孤儿”的基本情况、分布区域、受教育程度等相关数据。借助 VR 报道，读者能够沉浸于孤儿阳阳的“梦想小屋”，全景式地展现阳阳居室内外的实际情况。

报道刊出后，有全国人大代表关注到这个特殊群体，通过走访调研撰写的相关建议引起有关部门领导高度重视；有上市公司负责人看到报道后，捐款 1 000 万元支持公益行动；有一些企业、网友通过 H5 链接的公募平台等捐款 444 余万元（截至 2024 年 3 月 30 日）；国家女排队员张常宁等名人专门录制视频鼓励孩子们。在互动页面“点亮心愿”的人数超过 245.9 万人次（截至 2024 年 3 月 30 日），微博话题阅读量达 1.2 亿。

《点亮事实孤儿的未来》这组专题报道，在新闻策划方面主要的亮点如下：

1. 在媒介符号的高度融合方面做到极致

《点亮事实孤儿的未来》专题报道在 H5 上集合了 Vlog、VR、文字、数据、地图、图表、背景音乐、互动按钮、网络超链接等媒介符号。运用媒介符号数量之多极为罕见，而且多而不乱，井井有条。尤其是包含江苏省内七个地区的地图，每点击一个地区就会以文字加视频的形式，给用户交代每个“事实孤儿”的背景及帮助“事实孤儿”改造梦想小屋的过程，让七篇看似不相交的故事有了相交节点，彼此融为一体。

2. 高度的互动性

“点亮心愿”和“更多助力”的交互页面的设计，方便受众跳转至互动、公募链接，互动性、应用性大大增强。受众可以通过“点亮心愿”按钮，了解到每一个孩子希望得到怎样的礼物，并做出相应的捐物操作。通过“更多助力”按钮，受众可以实时看到“梦想小屋”关爱计划的介绍、进展、执行以及项目的筹款和公众捐款记录，同时受众也可以参与捐助。

受众就新闻报道公开发表意见，只是一般的互动，能够促使受众参与到报道的事里面来，则是更高程度的互动。从数据来看，通过 H5 链接的公募平台捐款的数额以及在互动页面“点亮心愿”的人数众多，充分说明这组报道在互动性上已经达到非常高的程度。这也进一步显现了融合新闻报道的特点，即不再是冷峻、高高在上的自说自话，而更重视受众情怀的表达以及受众与新闻当事人的互动。

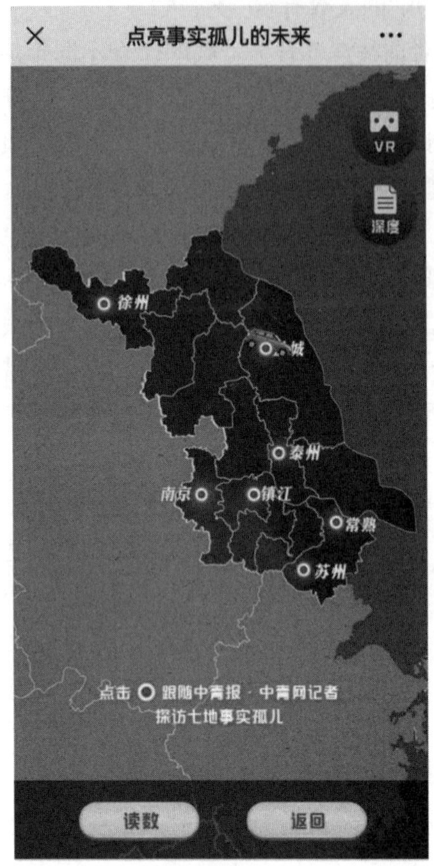

图 2-14　H5《点亮事实孤儿的未来》截图

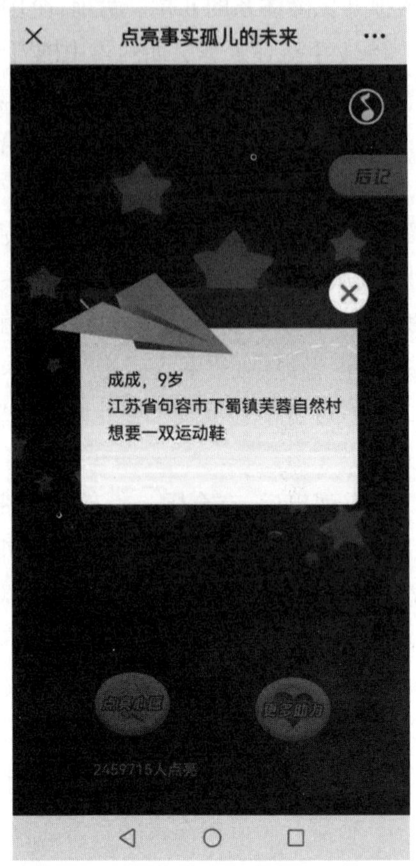

图 2-15　《点亮事实孤儿的未来》“点亮心愿”截图

3. 沉浸式新闻带给读者特别的阅读体验

阅读《点亮事实孤儿的未来》这组报道，很多读者的直观感受就是“像在亲历”。在对七地事实孤儿进行探访的过程中，记者专门拍摄了第一视角的 Vlog，跟随记者的镜头，读者可以了解事实孤儿的情况，倾听工作人员、监护人的声音。同时，通过 VR 技术增加深度沉浸式体验，点开“事实孤儿”的“梦想小屋”，受众的目光可以随着手指触摸屏幕来回在房间中移动，感受孤儿所处的生活环境。

4. 用新的技术呈现点与面的结合

在这组融合报道的 VR 中，还隐藏了“彩蛋”——四条相关报道的超链接。读者沉浸于“梦想小屋”的同时，还可以点击超链接，了解到江苏省将一年建设 5 000 个“梦想小屋”纳入政府工作报告等新闻报道，拓展了受众对于这个社会问题的认知。如果说七个孤儿的故事是点，那政府工作报告等新闻就是面，点面结合，加深了新闻文本的深度和层次感。

（三）融媒体新闻专栏的策划

专栏是传统报刊新闻采编使用的术语，指每天或固定时间出现在固定版面上的栏目。在全媒体时代，借助网络技术，新闻媒体可以每天24小时在新闻客户端的专栏中发布相关资讯。获第三十三届中国新闻奖应用创新三等奖的“看见”，就是融媒体新闻专栏中颇具代表性的一个专栏。

2022年，湖州市新闻传媒中心利用“新媒体＋电视、报纸、广播”的全媒体传播优势，在“南太湖号”客户端推出了“看见”全媒体监督应用平台。新闻传媒中心抽调采编、技术骨干组建“看见”专班，突出新闻主业，给予用户实时参与反映问题、直观感受新闻报道、全程跟踪问题解决、客观参与效果评价的良好体验。平台设置了提问曝光、即时办理、民声大数据、专题报道、百姓评议等模块，通过新闻栏目与“互联网＋”有效结合，较好地融合了公众、媒体与政府对应的圈层和数据。专栏中的电视监督报道20时播出，有关部门21时必须研究怎么整改，事不过夜、立竿见影，在提供优质媒体服务、化解社会矛盾、提升治理能力方面提供了新的解决方案，是“新闻＋政务＋服务”的创新打法。

图2-16　湖州“南太湖号”客户端“看见”专栏的首页截图

“看见”专栏推出后，受众参与广泛，仅运行半年就累计收到提问8 891条、转交8 645条，曝光问题3 501个并及时处理，收到分享37 386条，网友评论超25万条，共60多万人参与互动，全网总浏览量超2亿。专栏重点报道的水波港污水横流、朝阳月河交叉地权责不清等一批老大难问题得到有效解决，成为媒体积极参与社会治理的示范案例。平台受到各方广泛关注，成为新华社大型政论片《中国的民主》第五集《有力的监督》典型案例，人民网、澎湃新闻等纷纷转载其报道，南方周末、浙江宣传等媒体平台几度关注。

融媒体新闻专栏“看见”在新闻策划方面主要的亮点如下：

1. 用户生产内容引导专业生产内容，创新内容生产方式

“看见”作为融媒体平台，采取一般平台运营的方式，由用户生产内容。“看见”的用户可以用文字、图片或短视频，对政府治理或公共服务方面存在的问题予以“曝光”或“提问”。政府有关部门受理后，用户还可以视其反应快慢、整改好坏，在平台上投票评分，系统自动形成分县区、分政府部门、分话题领域等项动态的数据新闻。一个个用户的“曝光”或“提问”，以及汇总所有用户意见形成的动态数据新闻，构成“看见”平台的主要内容。

图 2－17 “看见”专栏上的重点报道截图

作为新闻舆论监督的创新形式，“看见”平台是以往“电视问政”的网络版，而且，它完全打破了“电视问政”由媒体主导内容生产的方式，转向以用户生产内容为主，并以此

为旗帜引导专业生产内容。栏目组从用户发布的“曝光”或“提问”，以及汇总的动态数据中筛选线索、确定选题，对用户反应强烈、集中的问题，进行重点报道，以视频报道的形式在“看见”平台发布，并根据实际情况做追踪报道，在平台上报道有关部门整改是否及时、积极、全面、有效。

2. 看见政府，也看见媒体

在以往的新闻舆论监督中，相关线索、选题的筛选和确定过程，受众实际上是不可能介入和监督的。而在“看见”平台上，作为线索来源的所有的“曝光”或“提问”，都公开在平台上；哪些问题比较集中，哪些问题用户反映比较强烈，哪些部门的整改工作不力，动态数据都有显示。媒体确定的选题是否符合一般用户公开表达的意见，一般用户完全可以根据这些公开的资讯，做出自己的评判，表达自己的意见。

“看见”栏目的公开报道过程包括“媒体报道—民众评价—政府整改—满意度评价”四个环节，节目内容及对节目的评论、热议和回应均在全媒体端透明、公开地呈现，体现了“你想看见的，看见”栏目宗旨。媒体在发挥新闻舆论监督功能的过程中，一并将媒体自身的业务活动，完全公开出来，接受公众监督，这是“看见”平台在开展新闻舆论监督方面的重大进步。

图 2-18　“看见”专栏的数据新闻截图

3. 高度的交互体验

传统电视问政的互动渠道是场外连线、场内观众互动，时空受限、互动性差，而移动客户端以“即时互动”见长。作为一项全媒体融合问政专栏，“看见”将客户端作为传播主阵地，打通政府部门与用户的信息互动路径，让用户获得了随时随地参与社会治理全过程的交互体验，也提供了用户之间相互交流、共同推动社会治理的交互体验。

在“看见”的3个子栏目“我要曝光”“我要提问”“我要分享”中，均设置了交互功能菜单，用户主动的社交行为成为栏目内容，用户在互动中拥有了作为行为主体的时空在场感和获得感。子栏目中的“热聊话题”，引导舆论监督的问政议程，如“湖州哪里最堵”，让民众主动参与话题，曝光城市交通堵点。此外，“看见”不仅把自己看作新闻舆论监督平台，还从根本上重视用户更为广泛的需求，表现出对于全媒体的深刻理解。用户不仅通过自身的社交行为表达了对社会治理的不满与期望，而且在此过程中获得了满足感、成就感。

三、融合报道策划方案的执行

1. 全能型记者才能执行融合报道策划方案

执行融合报道策划方案的记者，必须拥有全能型记者的能力与素养，这是不可或缺的前提条件。即使是在传统媒体中，往往也提倡一个记者就是一个团队的理念，记者必须能写、会拍，前期、后期都能熟练掌握，乃至能够熟练运用VR、H5等各种最新的网络传播技术。

2. 结合报道事项特点，掌握策划方案的基本框架和操作要点

系列报道、连续报道、专题报道、新闻专栏各有其特点，采访报道的事项或面上展开，或线性发展，或点面交织，或为建设成就，或为日常舆论监督与舆情呈现，各不相同。记者需要根据其特点，认识和理解媒体制定的策划方案，这样才能充分掌握其内在的逻辑框架，理解当下和下一步的采写拍等工作在整个报道流程中的轻重缓急、前后关系和目的意义所在。在此基础上，记者才能选择合适的采访形式、报道重点、叙事方式等等。

3. 敢于和善于二次策划

媒体制定的融合报道策划方案，一般注重中观层面，即在各个主要的时间线或逻辑线上，分别准备做怎样的报道、做哪些报道。在微观层面，媒体相对来说很少进行具体规划。记者在实际工作中，应该敢于进行二次策划，在理解策划方案的操作要点和基本框架的前提下，就采访对象的选择、采访形式的选择、报道角度的选择、内容呈现形式的选择等问题，善于提出具有独创性的意见，甚至提出某些具体的采访事项供领导、同事考虑。

不仅是在执行媒体制定的融合报道策划方案中，记者在日常采访报道中也应加强融合报道的独立策划。目前这方面的成功案例还很少，这也是当代新闻工作者在现在和未来的采编工作中需要加强的一个重要方面。

第四节　做好访前准备

要点概述

本节主要介绍访前准备的各项工作，包括如何选择采访对象，如何剖析与把握采访对象的临访心理，如何拟写调查纲目，联系采访具体应如何实施，访前相关设备的准备工作应如何去做，等等。

实践目标

1. 能够通过网络从正面或侧面去了解采访对象。
2. 能够较准确地判明采访对象的临访心理。
3. 能够按照基本要求拟写书面调查纲目。

笼统地说，记者在采访前需要做很多准备工作。稍加分类，可主要分为务虚与务实两类：选择采访对象、了解采访对象、把握采访对象的临访心理、拟定调查纲目或采访计划，这些属于务虚的；联系采访、准备采访必备的器材设备和交通工具等，这些属于务实的。总体来说，务虚在前，务实于后。但在实际工作中，这两类工作的多个工作事项，往往交织在一起，记者应根据实际情况，决定工作的先后顺序。

一、选择采访对象

在有些情况下，记者限于采访选题的要求，并不存在选择采访对象的问题。如人物专访、新闻人物访谈、情节简单的突发事件的采访报道等。但多数情况下，记者需要根据选题构思设定的大致方向，在一定范围内选择采访对象。比如，我们采访报道油价的新一轮涨价，了解专家与民众的意见，这就需要做采访对象的选择了。

（一）采访对象的选择

关于采访对象的选择，艾丰曾经提出三条原则：有情况、愿意谈、善表达。

1. 距离事实真相最近，或所谈意见具代表性、权威性

了解事件真相的可能有多人，记者需要尽可能找到距离事实真相最近的人，这样的采访对象是最佳人选。

绝大多数新闻是对事实的报道，但少数情况下，也需要了解有关方面的意见、观点。在这种情况下，记者应尽可能找到具有代表性、权威性的意见人士。

总之，在有多个人选的情况下，最好的采访对象应具有不可替代性。

2. 愿意谈

同样是事件的现场目击者，有的人愿意谈，有的人不愿意谈。在采访中，记者应尽

可能及时作出判断，选择那些愿意做访谈的人进行采访。

记者在日常工作中，要注意那些经常在大众媒体上出现的人，并把他们的姓名、职务等个人信息记录下来。这些人都是很愿意接受采访的。

3. 善表达

记者在选择采访对象时，应尽可能选择那些表达能力良好的采访对象。如果记者所做的采访报道，涉及复杂的人际关系、含有复杂的故事情节，或涉及专业性较强的内容，记者应特别留意候选的采访对象表达能力如何。

（二）材料搜集与采访对象的选择

从材料搜集的角度来说，记者选择采访对象还需要注意以下几点：一是按照选题构思的基本要求，在既定的范围内选择采访对象；二是能否向受众清晰地展现事实真相，是判定采访对象的人选是否合适，采访对象的人数是否足够的标准；三是记者在选择多个采访对象时，应尽可能寻找立场、观点不尽相同的采访对象，应尽可能寻找彼此之间无直接、间接社会关系的采访对象；四是记者选择的采访对象，能够充分提供新闻报道所需的骨干材料、细节材料和背景材料。

在全媒体时代，记者还可以运用网络技术，快速找到适合的采访对象。记者根据选题构思设定的大致方向，完成关于采访对象基本特征的描述，然后运用网络检索工具、微信群、QQ 群等，“按图索骥”。

当前，借助现代网络工具，记者选择采访对象非常便捷。记者队伍内部也可以如上述案例一样做些分工，如资深记者列出采访对象的基本特征，新手或实习生负责网上找人，这样工作效率会更高。

二、了解采访对象

在有些情况下(如记者在突发事件的现场采访目击者)，记者在采访之前并不需要对采访对象有所了解。但在某些情况下，记者需要预先对采访对象有所了解。

（一）需要预先了解的采访对象

1. 人物专访、专家访谈

一般人物专访会谈得比较深入，访谈的时间也比较长，如果记者对采访对象缺乏必要的了解，很容易造成采访失败。相反，在人物专访前，深入研究采访对象，则易于做好访谈的开局，取得意想不到的成效。

20 世纪 80 年代，意大利记者法拉奇采访过邓小平。在采访之前，法拉奇阅读了很多有关邓小平的图书和文章，进行了深入的了解。在采访的时候，法拉奇第一句话是祝贺邓小平生日快乐。邓小平说，像我这么大的年龄，还有什么生日不生日的。法拉奇接着说：“如果我对我爷爷说出这样的话，我爷爷会给我一个大嘴巴。”邓小平听了之后笑了起来。这样，访谈就在很好的气氛下展开了。

没有准备，不要采访专家，这是新闻工作实践中的一般经验。做专家访谈之前，记者需要对约谈专家的供职机构、职称、职务、研究专长、学术声望等情况有相当的了解。

2. 报道内容涉及公共安全或公众利益

在做涉及公共安全或公众利益的事件、社会问题采访报道时，记者往往需要采访有关部门的政府官员、相关的专家学者，以及有关企业、事业单位的高级管理人员。这样的采访对象，他们的公开言论、职务行为，可能会对公共安全、公众利益产生或多或少的影响，因此记者在采访前需要有所了解，特别是要了解其职责、立场观点、利益关系等。

3. 揭露性报道

当采访对象揭发他人丑闻的时候，记者需要对采访对象做深入的了解。有的报料人向媒体提供“猛料”，却不肯与记者见面，也不愿向记者透露任何与自己身份有关的资料，这样的“揭露者”，记者需要保持高度警惕。记者需要充分了解这种类型的采访对象在丑闻中扮演什么角色，其利益关系、立场观点甚至社会背景，切忌一时冲动，偏听偏信。

（二）把握采访对象的临访心理

采访对象的临访心理，是指采访对象在接受采访约请之后的心理状态，包括采访对象对约他访谈的记者本人、记者所在新闻媒体的认知和情绪状态等。

采访对象的临访心理可能因具体的采访事项而异：如果是正面的采访报道，采访对象可能对访谈持积极欢迎态度，反之，则可能持消极排斥态度。采访对象的临访心理也可能因前来采访的记者而异：如果是名记者上门约谈，采访对象可能会有兴趣；如果前来采访的记者以前曾经做过一些“不地道”的报道，采访对象可能会抱有戒心。

采访对象的临访心理，与其先期性心理也有关系，即其在接受采访约请之前，对于新闻工作、新闻机构、新闻记者及新闻采访的一般性的认知与情绪状态。比如，采访对象的父母从事新闻工作，因此从小就喜爱新闻记者，这种心理状态就是先期性的。先期性心理是采访对象早已形成的长期稳定的心理状态，与具体的采访事项或前来采访的记者为何人没有关系。但先期性心理对临访心理有基础性的、重大的影响。一个向来重视新闻工作、欣赏新闻记者的企业家，即使面对前来做负面报道的记者，也有可能保持相对平和的心态。

不同的采访对象，其临访心理亦大不相同，按照配合采访程度的高低来划分，大致可分为三类：一是积极配合型，即采访对象按照记者的要求畅所欲言，主动提供记者可能需要了解的各种情况或意见；二是一般协作型，即采访对象对记者不冷不热，一副公事公办的面孔，表现出敷衍了事、漫不经心的态度；三是蓄意应付型，即采访对象态度生硬冷漠，经常拒绝回答问题，甚至与记者唇枪舌剑，挖苦嘲笑记者。

对于既已选定的采访对象，记者需要认真剖析其临访心理，尽可能准确地把握其临访心理，做到知己知彼，这样才能确保采访成功，提高访谈效率。

三、拟定调查纲目

调查纲目也称为访问提纲、问题清单，它是记者所要提问的大纲细目，也就是记者拟提问题的大纲细目。从新闻工作的实践来看，并不是每一次采访都需要拟定调查纲目。

按照经验，采访较为简单的突发事件或社会趣闻，由于时间仓促，不需要或不可能事先拟定调查纲目。但当记者准备做比较复杂的问题性报道、现象性报道、批评性报道，或者做人物专访或专家访谈，以及其他比较重大的可预知事件报道时，必须事先拟定调查纲目。

（一）拟定调查纲目的作用

拟定调查纲目，主要有三方面的作用：

1. 稳定记者自己的情绪

记者准备充分，心里有底，自然情绪稳定。记者本人的心理状态，对采访的成功与否有很大的影响。

2. 以示重视、引起重视

调查纲目一般放在采访对象能看到的地方，以示记者对这次访谈的重视。并且，记者也用这种方式，尽可能引起采访对象对这次访谈的重视。

3. 引导采访对象的谈话

当采访对象由于紧张或其他原因，谈得比较乱或跑题的时候，记者可以根据事先准备的“清单”，对采访对象进行及时的引导。

一般情况下，记者不需要将调查纲目事先发给对方。但在特殊情况下，比如采访国家元首或访谈非常高端时，记者会应对方的要求，把调查纲目事先发给对方。另外，采访对象如果事先得知采访内容，还可以提前进行准备。例如，三江学院新闻学专业与国网宜兴市供电公司长期合作开展党建宣传报道。一次，师生二人通过微信群视频采访宜兴生态农业公司的经理和国网的一位基层员工。这是二对二的线上访谈，双方彼此都是陌生的，并且要求谈得比较深入，最后的成品是一篇通讯。当时师生就把调查纲目提前发给对方过目，结果访谈做得非常顺畅，因为采访对象事先有大约一整天的准备时间，并且对记者想要收集材料的框架有了一定了解。

（二）拟定调查纲目的具体要求

1. 不漏问题

调查纲目应全面、详尽，不遗漏重要的问题。虽然某些情况下记者也可以进行补充采访，但毕竟费时费力，而且时过境迁，记者即使联系到采访对象也未必能谈出第一次采访的状态和效果来。

2. 顺序合理

调查纲目上的一系列问题，先后顺序应该合理。这里讲的顺序，既指调查工作的逻辑顺序，也指访谈过程的组织顺序。先了解基本情况再了解重要的细节，先了解后果再追问事发的原因，这些是调查工作的逻辑顺序。而先易后难、先引导铺垫再深入探究等，则是访谈过程的组织顺序。拟定调查纲目的时候，需要兼顾这两方面的顺序。究竟以哪一个顺序为主，可视记者本人驾驭谈话过程的能力，以及采访对象的临访心理等情况而定。

3. 数量足够

如一次专访预约 30 分钟，记者所列问题的数量要足以谈 30 分钟以上，也就是说必须保持一定的冗余。

有教材称，西方有些记者是以十倍的数量来准备问题的，这种说法似有自我炒作之嫌，因为问题清单如过于冗长烦琐，反而不便于记者使用。

四、联系采访

联系采访是正式访谈之前重要的准备工作，具体包括交底、商定适宜的访谈时机两个步骤。

（一）交底

所谓交底，是指记者向采访对象说明采访事项及采访的目的与意义。记者形成某个采访选题之后，向采访对象交底，商定适宜的访谈时机，然后开始访谈，这样的工作流程是常见的，也可以说是常规的。

在大多数情况下，记者在做访谈之前需要向采访对象交底，如电话采访、电子邮件采访、人物专访、开座谈会等，事先都需要交底。但在有些情况下，交底这个环节是可以省略的，比如在火灾现场，记者可以直接询问事件的当事人或目击者。记者是否需要交底，主要看两点：一是记者的采访事项、目的、意义，对于采访对象来说，是否是显而易见、不言自明的；二是记者是否有必要特别强调此次访谈的重要性，以争取采访对象更大限度的配合。

交底的内容包括说明采访事项、采访目的和意义。一般情况下，记者往往只需向采访对象说明采访事项，即可完成交底。记者把采访事项说得非常清楚了，采访目的、意义也就不言而喻了。而交底时说明采访目的、意义，则主要用于记者需最大限度地争取对方配合的情况。

记者与采访对象之间以往未曾有过交流的情况下，交底是记者与采访对象的第一次接触、第一次交谈，尤为重要。在这种情况下，记者在交底时说的每一句话，都会精心设计，谨慎从事，其认真程度并不亚于正式访谈，甚至交底的时机都会进行特别的选择（如考虑采访对象的职业习惯等）。

关于交底的原则，新闻界有句行话，叫作“交底清”，意思是说，要把采访事项、采访目的与意义向采访对象说得清清楚楚，以便引起重视、赢得信任与配合。而交底的策略，则视采访事项与人际关系的具体情况，或者和盘托出，或者有所保留，或者隐藏采访事项、隐蔽采访目的。如果采访报道是正面的，或者记者与采访对象非常熟悉、关系良好，记者往往和盘托出。如果采访报道是负面的，或者记者与采访对象完全陌生或关系不好，记者往往采取有所隐瞒的方法。

在传统媒体时代，交底绝大多数是通过电话来进行交流的。记者交底前深思熟虑，交底时拿着电话，字斟句酌，这样容易出现差错或表达不好的情况。而在全媒体时代，记者要善于运用各种新型媒介工具，如微信或 QQ，发送文字信息，这样可以避免发生上述问题。

（二）商定适宜的访谈时机

在交底之后，记者约请采访对象做正式访谈，与采访对象商讨什么时间、什么地点进行正式访谈，这个步骤就是商定适宜的访谈时机。从工作流程来看，交底与商定访谈时机往往是在同一次交流中（如在一次电话交谈中）完成的。一般来说，如果访谈的内容政策性、专业性强，访谈的气氛比较严肃、正式，花费时间较长，这样的访谈需要记者与采访对象之间商定适宜的访谈时机。

及时性原则是记者商谈的底线。采访对象可能采取拖延时间的策略，也可能会“踢皮球”——让记者去采访其他部门或其他人。对于记者来说，既然已经选定了采访对象，就必须按照新闻采访的及时性原则，采访到必须采访的人。记者在谈不拢的情况下，甚至可以不请自到、堵到办公室门口，想尽一切办法接近采访对象。新闻记者应当明确：新闻记者有权接近新闻人物、公众人物，有权接近新闻现场；记者与采访对象商定访谈时机，只是为了确保访谈成功、提高工作效率的策略性选择，记者可以选择与对方商谈，也可以不商谈。当然，记者也应该尊重采访对象的合法权益，尽可能通过协商的方式，完成这个工作步骤。

在和采访对象的商谈过程中，记者可以运用以下策略：

1. 请对方选择一个时间

按一般经验，如果己方主动提出会谈的时间、地点，对方同意后践约的概率较低；而请对方提出会谈的时间、地点，由对方掌握主动权，则对方践约的概率较大。记者在商谈的过程中，可以有意识地运用这项策略。

2. 有意识地选择对方空闲的时间

比如，记者应当事先了解到：餐饮企业的高级管理人员，大多夜生活丰富，不可能早起。中餐、晚餐的时间是高级管理人员很忙的时候，中餐以后、晚餐前（大约下午两点至四点之间）才是他们比较空闲的时间段。记者要联系这样的采访对象，在商谈中可以主动提出此时间段去做访谈。当然，运用这项策略的前提是记者必须对采访对象有深入的了解。

3. 与采访对象生活、工作一段时间，然后再约定访谈时间

有些不擅长谈话的采访对象，或者对采访抱有很强戒心的边缘、灰色人群，也是很难谈妥的。对于这种类型的采访对象，记者可以试着接近他们，与他们生活或工作一段时间，等到彼此有点熟悉，再与他们约定正式访谈的时间。这里讲的生活工作一段时间，有可能是一两个小时，也可能是一天甚至更长时间。

在记者认为适当的情况下，可以使用视频通话来约定访谈时机。有时候这可能是视频新闻节目制作本身的要求。另外，按照常理，运用视频通话约请对方做访谈，更接近于面对面、红口白牙，对方履约的可能性相对高一些。

五、准备设备

在外出采访之前，应准备好摄录、通信和交通设备，并检查、确保这些设备状态良好，可以正常使用。

（一）摄录设备

一般而言，摄录设备包括摄像机、照相机、手机、录音笔、纸、笔等。记者可以根据所在新闻媒体的具体情况，携带必要的摄录设备。所携设备以及相关的配件（如充电器或电池等）均应做认真检查，确保可以正常使用。

需要说明的是，当前随着通信技术的快速发展，无人机越来越多地出现在各个新闻事件的现场。可以说，熟练掌握无人机使用技术，已经成为职业记者的必备素养。由于需求量比较大，我国经济发达地区的省市级新闻单位，大多拥有无人机队。如果记者判断某次采访需要使用无人机，就应当在出发前准备好无人机，并对零部件以及相关配件做认真检查，确保可以正常使用。

目前，无人机技术已经比较成熟，从近年来新闻工作的实践来看，不仅仅是突发事件，大型的户外集会、节日庆典、重大工程建设、洞穴探险等采访事项均可在相关政府部门同意后，在非限制区域使用无人机，就连在拆除违建之类的问题性报道的采访过程中，都可能需要出动无人机。

（二）通信设备

媒体记者常用的通信设备仅限手机，而电视媒体则可能包括卫星转播方面的设备。记者出发之前应检查手机的状态是否正常、电池电量是否充足、相机功能是否正常、手机是否拥有必要的相关软件（如导航、定位应用等），并做好在突发事件发生时手机通信不畅的情况下，及时与媒体保持通信联络的预案。

（三）交通设备

在现有的条件下，记者常用的交通工具多为公车或私车。在出发之前，记者应对车辆的状态，能否正常行驶预做检查，确保能够及时到达新闻现场。

思考与练习

1. 在全媒体时代，条口记者的新闻线索来源渠道发生了怎样的变化？

2. 试着从互联网报道中，发现一个采访事项并拟定选题构思，然后在微信群或QQ群里，用最多120个汉字向老师和其他同学说明自己的选题，并将与选题相关的链接发到群里。

3. 对近期国内媒体所做的影响较大的融合报道策划案例进行评析，说明媒体策划方案的目的、策略、成效，以及策划的政策背景或社会背景。

4. 从最近的新闻报道里寻找一个新闻人物做人物专访，请拟写一份调查纲目。

5. 在全媒体时代，当发生重大突发事件后，记者在做访前通信设备的准备工作时应注意哪些问题？

【学生习作点评 1】

刘建君:"炮兵班长"显神威

这个班长不寻常

刘建君,在宜兴国网供电公司大名鼎鼎,无人不晓,人称"炮兵班长"。

此炮兵非彼炮兵,军队炮兵需要在战场上用大炮发射炮弹,而电力企业的"炮兵"操作的则是"激光炮",发射的是肉眼看不见的"激光炮弹"。

初识刘建君,便是在旷野高压输电线下的激光炮操作现场。只见身高一米八的他身如铁塔,眼似铜铃,身着米色工作服,头戴蓝色安全帽,用那双大手操作着激光炮的控制器,捕捉、瞄准、调距、按钮、发射,数秒钟之内,一束肉眼看不到的激光瞬间迅疾发射而去,一连串动作一丝不苟,一气呵成,挂在高压输电线上的风筝自燃落地。

这个电力巡检班班长不寻常。

图 2-19 刘建君(左一)在操作激光炮

善射会飞智能人

在宜兴国电,刘建君被誉为能人。

他多才多艺,不仅会发射"大炮",而且还能驾驶"飞机"。

"刘班长不单炮打得准,飞机也开得好,别看他五大三粗像个山东大汉,心思就像江南绣娘一样,细腻着呢。"巡检班工人马一村如是说。

图 2-20　刘建君(中)在接受采访

马一村在这里指的飞机，其实就是无人机。

在电力系统，最苦的活莫过于线路巡检了。

小小宜兴，输电线路可不短。全长 1 640 公里，绝大部分都处于丘陵和旷野之中，光高压杆塔就有 4 528 基，星星点点分布在上千公里的线路上，范围之大，条件之苦，绝非一般人可以想象。

过去，巡检全靠工人们一双铁脚板走过“千山万水”，一双千里眼搜寻高空线路上的故障。

现在，随着科技的日新月异，检测手段也有了巨大飞跃。

图 2-21　激光炮夜晚作业

工人训练也由步行、骑自行车到骑摩托车和坐工程车；整个巡检班，也从没有一辆车到有了第一辆车，直到现在的五辆车；观测线路由过去的肉眼、望远镜到无人机；消除线路异物由人工高空操作、坐高空轮滑车到激光炮。

上千公里的线路和四千多基杆塔，最怕的就是异物缠挂和鸟儿筑巢，这是造成停电的最大隐患。

刘建君外表粗犷，面色黝黑，常年的野外奔波使得刚满40岁的他看起来比同龄人成熟不少，但他的内心细如发丝，操作起来一丝不苟，是驾驭无人机和激光炮的高手。

随着巡检班引进无人机，刘建君带领全班人积极学习新技术，不仅要会"使火炮"，而且还会"开飞机"，地空结合，立体化作战，全方位覆盖。过去靠肉眼、望远镜侦察"敌情"，现在变成了无人机"侦察"。到故障现场，输入指定程序，放出无人机排查，发现"敌情"后，再架设激光炮击落目标。

图2-22 刘建君工地作业

风雨之夜忙抢修

无人机巡检也并非无所不能，高科技尚有高科技的盲区。有时，也有无人机识别不了的故障。更糟糕的是，遇到雷雨天气，无人机难以操作，江南多雨，而雷雨天又恰恰是事故多发天。

风雨天里，发射出去的激光，遇到雨水会出现折射现象，造成的后果：一是难以瞄准目标；二是容易对其他物体造成伤害；三是雨水进入激光炮，会导致几十万元的高技术设备报废。

图 2－23　刘建君(左)、马一村(右)

故而，线路巡检在现阶段仍以人工巡检为主，智能设备为辅。

“刘班长是个老党员，他就是我们班的一面旗帜，哪里有困难就出现在哪里！”马一村感慨地说。

随着马一村的侃侃而谈，一个普通共产党员的高大形象渐渐在我们眼前浮起：

一个夏夜，大雨滂沱，狂风呼啸，电闪雷鸣。“叮铃铃”，随着一阵急促的电话铃响，刘建君获知张渚镇输电线路出现重大故障。这时已是晚上九点多了，刘建君二话没说，穿了件雨衣夺门而出。临出门时给妻子甩下一句话：“张渚镇那边出现一些小麻烦，我得去一趟！”随即，他的身影便消失在茫茫黑夜之中。

刘建君率领全班十名工人，驾车向张渚镇疾驰而去，雷雨交加，豆大的雨点打得车窗噼啪作响，前路一片迷茫，根本看不清。

经过四十多分钟的艰难行驶，来到现场，才发现故障现场离公路还有一公里多，车子开不进去。他们只好抛下车子，步行而去，头上大雨如注，脚下一片泥泞，大家不知摔了多少个跟头，才来到现场。刘建君爬到铁塔上，才发现绝缘体被雷电击穿。经过一个多小时奋战，排除了故障，刘建君又接到告急电话，又有四条线路出现重大故障，他们顾不上休息，又带领工人向下一个现场奔去。

直到东方露出鱼肚白，刘建君才拖着疲惫的身体回到家中，人早已变成落汤鸡。妻子看到，心疼不已，忙催促刘建君洗澡换衣，给他端上热气腾腾的饭菜。

刘建君这才发现，经过一晚上的奋战，肚子早就饿了。

而这种经历，对于刘建君和他的工友们来说，早已习以为常……

——本文摘自三江学院与国网宜兴市供电公司产学研合作项目专刊《蜂采》2021年第1期，撰写：王熙娟，指导教师：石坚

附:学生摄制的视频作品(抖音发布)的截图

图 2-24 “@媒界潮玩社”抖音链接:电力巡检激光炮打鸟窝

教师点评:

《刘建君:“炮兵班长”显神威》这篇人物通讯,是三江学院新闻学专业开设的省级产教融合型一流课程“全媒体新闻实践流程”的学生实训成果。2021 年 3 月,学生跟随任课老师到宜兴参与产学研合作项目实训,帮助国网宜兴市供电公司开展党建宣传专题报道,在老师指导下完成了一系列作品,采访先进人物刘建君便是其中一项工作任务,最终作品包括一篇 1 700 多字的人物通讯和一则时长 12 秒的短视频作品。

这组稿件的主要亮点有二:一是集中体现了全媒体时代采访报道的特点,学生记者访前准备充分,文字报道与视频报道相结合,符合融合新闻报道选题策划的要求;二是善于抓故事、抓细节,而且是在神奇的“激光炮”上做文章、做视频,体现了指导老师和学生对新闻价值敏锐的判断能力。

在采访前的选题策划会上,指导老师就预判这个“炮兵班长”应该很有故事可挖,并且“激光炮”既神奇又有场景,完全可以在做人物通讯的同时,再拍摄制作一条视频新闻。因此,老师在会上就要求学生做好准备,在采访时一边收集文字材料,一边注意拍照拍摄,特别要关注那些可以用来做视频新闻的场景和情节。从结果来看,人物通讯图文并茂,场景鲜活;视频新闻短而劲爆,短短 12 秒却有 3 个爆点,娱乐公众的同时,也生动展现了供电企业的正面形象。

【学生习作点评 2】

人物专访|南京红山森林动物园园长沈志军：动物园属于动物

理想的动物园

应该以公益性为主

以服务动物为中心

动物是动物园的“主人”

游客则是动物园的“客人”

记者|邓媛媛

编辑|邓媛媛　周赛娅　贺中豪

人物简介

沈志军，现任中国动物园协会副会长、科普教育委员会主任，南京红山森林动物园园长。

2008年，37岁的沈志军加入了南京红山森林动物园（以下简称“红山动物园”），成为全国最年轻的动物园园长。

2020年7月，沈志军在《一席》中的“求报复”演讲，让当时因受疫情影响而举步维艰的红山动物园瞬间成为网络的关注焦点，也让公众看到了红山动物园的追求。

图 2－25　公众号推文截图

记者因多次参加红山动物园组织的志愿活动结识了沈园长，在记者说明来意后，沈园长同意并安排了时间接受记者的电话专访。

动物园是理想花园

“在我心目中，理想的动物园应该以公益性为主、以服务动物为中心，动物是动物园的‘主人’，游客则是动物园的‘客人’。”

12 新华关注·调查观察 新华每日电讯 2021年10月12日 星期二

在这里，动物是主人，游客是动物“家里”的客人，引导公众以友好方式与自然相处

南京市民心中，有家动物园叫“南京温暖”

它们终有一天能离开这里

盛夏有甜点，冬日有地暖

这才是动物园该有的样子

图 2 - 26 《新华每日电讯》对红山动物园的报道|图源：网络

红山动物园对于沈志军来说更像是一个孕育行业理想的花园，在这里，他播种下了自己对于建设优秀的现代化动物园的美好理想，为生态保护工作奉献着自己的热情。

在沈志军的引导下，红山动物园在行业中发挥着“领路人”的作用。

红山动物园成为国内许多动物园由“传统”向“现代”转型的范本，被列为“全国野生动物保护科普教育基地”，获得了“中国动物园协会保护教育先进单位”的称号，被网友们称为“最有人情味的动物园”，科普作家花蚀也曾在自己的书中把红山动物园评价为“华东地区乃至全国最好的公立动物园之一”。

沈志军认为，动物园不是陈列动物的场所，而是进行野生动物保护、物种研究的场所。他会鼓励员工们去做“科学家”，在全面了解动物需求的同时也能提升自身的价值。

“红山动物园的两百多个物种当中，有大部分的物种在研究领域仍处于一片空白，所以我一直希望员工们在各自的领域中工作到极致，开展各类调查研究，针对不同个体的情况，提供个性化的服务。”

理想和现实之间总是存在差距的，红山动物园既要承担起相应的社会公益职能，又要面对资金困难、运营管理等一系列挑战。

“既然我想要扮演好一个现代化动物园园长的角色，那么我就必须坚定地去直面每个挑战，在现实和理想之间搭起一座‘桥’。”

即便是在最困难的时期，沈志军也能凝聚起团队的力量，带领着团队朝共同的方向去努力。

在沈志军看来，社会对于红山动物园的关注是一个向公众传递现代化动物园理念的契机，同时能提升团队成员对自身工作的认同感。

图 2 - 27　沈志军和动物|图源:红山动物园

2022 年 1 月,沈志军与国内知名书籍设计师、南京师范大学书文化研究中心主任朱赢椿合作出版了书籍《红山动物园是我家》,阐述了红山动物园的饲养员关于动物与场馆的“独家记忆”。

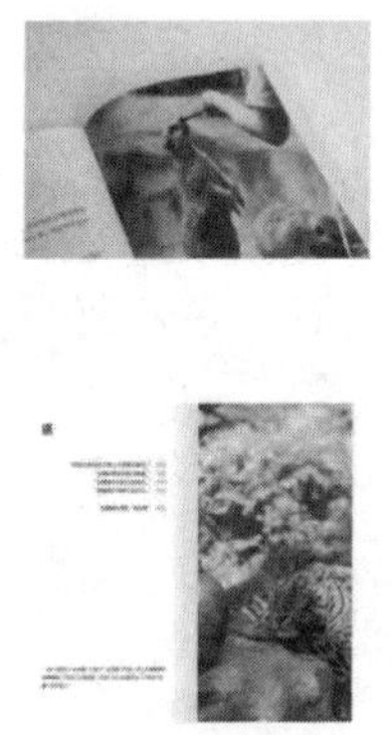

图 2 - 28　《红山动物园是我家》|图源:红山动物园

“我想要员工们知道,社会各界都在关注着我们,我们几十年的付出是有收获的、是被认可的。动物的精神面貌也会反映出我们对于动物的照顾的情况,这些都是会被公众感知到的。”

动物园是临时家园

“动物园存在的意义在于物种的保护,就像一个诺亚方舟,将一些濒危物种的基因保护下来。”

沈志军深知,自然才是动物们真正的家,来到动物园的动物都肩负着教育公众的使命。

为延续濒危物种的基因,红山动物园不断尝试改善动物的生存环境、为动物创造繁殖条件，在动物的繁衍与保育工作中取得了许多成就。

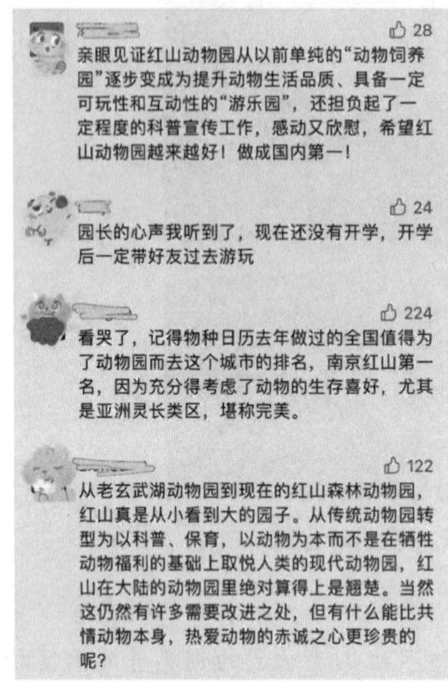

图 2-29　网友们对于红山动物园的评价
|图源：网络

图 2-30　红山动物园救助的豹猫
|图源：徐天旸

图 2-31　刚出育儿袋的考拉宝宝抱着妈妈|图源：红山动物园

沈志军总是将动物福利摆在首要的位置。

在场馆的设计上，沈志军和团队巧妙地利用红山原有的山地地形，尽可能地还原动物原有的栖息地环境。

“动物园不是娱乐动物的地方，动物更不是被关在笼子里的困兽，我们应该尊重它们的野性，根据它们自身的条件去设计场馆，让它们充分表达出自然的天性，还原每个动物个体最真实的样子。”

图 2－32　在沙池里玩耍的亚洲象|图源：红山动物园

在日常的工作中，沈志军要求饲养员通过各式各样的“丰容”活动保持动物的野性。

“在未来，如果野外栖息地得到恢复和保护，保持野性的圈养个体才得以有机会反哺野外，回到群体中绽放生命价值。”

图 2－33　正在水里捕鱼的棕熊|图源：徐天旸

动物园是科普乐园

“向公众传递野生动物及其栖息地环境的信息也是我们工作的重心之一，我们希望建立起公众对于‘人与自然和谐共生、永续发展’的认知，在生态教育和环境保护方面奉献自己的价值。”

沈志军始终坚信，动物园应成为公众与自然的联结点。

于是，沈志军带领团队通过策划各种寓教于乐式的体验活动，向游客传递生态保护的信息。

图 2－34　沈志军与志愿者向游客讲解|图源:红山动物园

图 2－35　游客在观看“大自然小剧场”手偶剧|图源:红山动物园

“我们尝试开展了红山动物园的线上直播活动,让公众知道我们在疫情期间如何照顾动物。此外,我们发起的动物爱心认养活动,也得到了来自全国以及海外的一些爱心人士的响应与支持。我们希望游客能感受到我们的自然理念,积极参与到生态保护的行动中来。”

沈志军希望来到红山动物园的游客不只是“过客”,更有可能成为“常客”。红山动物园的场馆历经数次改造,从几平方米的水泥地,到植被丰富的“小森林”,场馆每一次升级都会给游客带来不同的惊喜。

“游客获得‘沉浸式’的游园体验,才能更全面地了解到动物的生存环境,才会对动物有更深刻的认识。”

传统动物园基本不会选择展出身体有缺陷的动物,而沈志军却选择将一只三条腿的豹子“越越”展示在游客眼前。

在沈志军看来,动物园是大自然的缩影和写照,是能让人产生与生命共情的地方。

图 2-36　悠然自得的白虎|图源:邓媛媛

图 2-37　金钱豹“越越”|图源:徐天旸

“动物在野外也会打架,也会受伤,这是动物具有野性的表现,只有坚强的个体才得以存活。动物和大自然是人类的镜子,当游客们看着越越在新场馆里自在地上蹿下跳时,必定也会感受到越越的坚强,这是动物与人之间的情感交流,也是我选择展出越越的意义所在。”

每个人的童年里都有一座动物园,沈志军希望红山动物园成为一个“自然教育学校”,启蒙孩子们认识自然的思想。

“留什么样的地球给孩子,取决于我们留什么样的孩子给地球。现代化动物园应该加强对孩子们的引导、教育和培养,建立起孩子们的同理心,让孩子们知道如何和生命相处、和身边的人相处。”

在沈志军的办公室书柜前,摆放着一幅南京太平巷幼儿园大一班的孩子们送给他的画,画里写道:“谢谢你把小动物们照顾得这么好……”

图 2-38　孩子们送给沈志军的画|图源:红山动物园

“现在的红山动物园是否已逐渐接近您心目中的理想动物园?”

“我和我的团队在努力地把现实和理想一点点地拉近,现在的红山动物园和以前相比有了很大的进步,但和世界上一些优秀的动物园相比还是有很大差距,我们还需要付出更多的努力。”

图 2-39　图源南京和平论坛

2021 年的南京和平论坛上,沈志军向世界表达了自己对于红山动物园的希冀:“我们想让每一位走进动物园的人都心怀善良和美好,让红山动物园成为南京这座博爱之都点亮世界的星星之火。”

排版:戴莉

图片:徐天旸　邓媛媛　南京红山森林动物园　南京和平论坛

指导老师:周必勇　毕春富　刘娅　王瑞　石坚

出品:三江学院“全媒体新闻实践流程”课程

——本文摘自“全媒体新闻实践流程”课程实训平台“青年瞭望者”微信公众号 2022 年 6 月 6 日

教师点评:

《人物专访|南京红山森林动物园园长沈志军:动物园属于动物》这篇报道,由三江学院新闻学专业学生邓媛媛独立采写,于 2022 年 6 月 6 日发表在“全媒体新闻实践流程”课程实训平台“青年瞭望者”微信公众号 F2 报道组板块。指导老师全程作了指导。

这篇报道最初的线索和选题是由学生记者提出的。邓媛媛同学此前多次参加红山动物园组织的志愿活动,结识了沈志军园长、野生动物摄影师徐天旸等人,因此对红山动物园近年来的情况比较熟悉。学生记者最初提出的选题构思,较多侧重于沈志军园长的管理理念方面,对访前准备的各个环节认识尚不够清晰,准备工作显得不太充分、细致。

指导老师帮助学生记者调整了选题的重点,问题清单里增加了具体的管理措施尤其是取得了什么效果等方面的问题。指导老师要求学生记者尽可能访前多多收集采访对象的生平简历、近期管理理念与工作方面的具体材料，从而提高问题清单里拟提问题的针对性，以及拟提问题与访谈重点的契合度。由于报道发布的平台是微信公众号，这个选题适合并需要大量的图片，并使用一些短视频，指导老师也要求学生记者从多渠道收集相关图片、视频。

在老师的指导和帮助下，学生记者一次性成功地完成了对沈志军园长的电话访谈，并从沈园长处获得了有价值的图片、视频。从作品的情况来看，学生记者在采访中提出的问题较为全面，“动物园是理想花园”“动物园是临时家园”与“动物园是科普乐园”三方面的内容设计覆盖了选题框架的各个主要方面，且重点突出，而沈志军园长给予的回答也比较详细，甚至主动提供了大量资料，配合积极，符合访前的预想，说明访前准备工作做得较为充分。

其实，用电话采访的形式做人物专访是有相当难度的，本次专访是因为学生记者与采访对象比较熟悉，并且访前准备比较充分，才能做得如此顺利。学生记者从野生动物摄影师徐天旸处以及互联网收集相关资料也很顺利。从收集的材料类型来看，以电话访谈形成的文字材料为主，适用的图片足够多，也有适合的短视频可供使用。其中，由沈志军园长提供和野生动物摄影师徐天旸拍摄的照片都比较专业，为最终的作品增色不少。

第三章

全媒体新闻的采写与制作

全媒体新闻的采写与制作，是融合新闻报道的核心环节和主要工作内容。传统的文字新闻的采写、视频新闻的摄制，一方面要坚持传统的行之有效的业务规范，另一方面也应根据技术装备的进步与采编流程的变化而相应调整和优化，不断适应全媒时代融合新闻报道的发展需求。而移动新媒体写作和时评创作更是要顺应融媒环境下新的信息生产与传播方式，以互联网思维和创造性表达来构思与创作优秀新闻作品，赢得读者、用户的认可与关注。

第一节　全媒体新闻的采访

要点概述

本节主要介绍采访如何实施，详细说明访谈的方法及其适用场合，从每一个具体问题的提问方法、访谈氛围把控以及访谈过程中的人际交流三个层面，系统介绍访谈工作应遵循的若干基本要领。此外，本节还对如何理解新闻现场作了全面的阐述，介绍了进入现场、开展现场观察可以使用的主要方法和要领。

实践目标

1. 掌握各种提问的方法，明确其运用场合以及可获得的材料。
2. 掌握访谈的基本要领。
3. 掌握现场观察的基本方法。

在采访的实施过程中，记者主要运用访谈、现场观察两种方式，来搜集新闻事实材料。

一、访谈

（一）提问的方法

提问的方法很重要，在不同的情况下，采用适当的方法提出问题，有助于访谈取得

成功，有利于提高谈话的效率。提问的方法主要有以下几种：

1. 正面提问

直截了当、不做任何技术处理，有什么问题就问什么问题，这是正面提问。一般来说，采访对象与记者比较熟悉，或者采访对象是政府官员、专家学者之类的人，记者往往采取正面提问方式。

2. 侧面提问与闲聊法

又称迂回提问，即旁敲侧击，不是正面提出问题，而是采取迂回的办法，从侧面入手，逐步、有序地进入记者设定的正题。

侧面提问只是纯粹的提问题的技法，记者先提出问题 A、B、C，然后再抛出真正的问题 D，A、B、C 与 D 之间在逻辑上是有联系的，而非风马牛不相及。

闲聊法则主要是访谈过程中的一种谈话技巧，记者在闲聊中提出问题 A、B、C，然后再提出真正的问题 D。A、B、C 与 D 之间往往没有逻辑上的联系，只是为了营造谈话的气氛闲聊片刻而已。

3. 错问法与激将法

叙述与真实情况相反的情况，或者叙述某些未经证实的传闻、流言，然后向采访对象求证，这是错问法，亦称为“以误求正法”。从人际交流的经验来看，人在给出否定答案的同时说出否定的依据，这样的情形发生概率较高；人在给出肯定答案的同时说出肯定的依据，概率较低。

记者采用错问法时并未显示任何立场，其目的在于诱使对方否定或澄清，从而获得更多材料。从效果来看，采用错问法时，对方的答案必定在记者的预料之内。而激将法则是记者将人际交流的规律运用到提问中来，有意识地站在相反的立场提出问题反激对方，以便了解到更多的、更新的情况。从效果来看，记者运用激将法得到的答案往往超出记者的预料。

采用错问法提问，其句式往往是“……是这样吗？”“……能否澄清一下？”“……对此你有何评论？”。采用激将法提问题，其句式往往采用“怎么可能呢？”“真的有效吗？”“除了成功的经验，难道一点儿负面教训都没有吗？”等。从形式上看，激将法与错问法有明显区别。

4. 设问

这是一种就新闻事实进行假设提问的方法。从文本形式来看，设问常呈现为“假如(或如果)……你会怎样做(或怎么想)”。这种提问方法可以拓宽采访对象的思路，从而谈出更多的情况或想法。

5. 追问

打破砂锅问到底，这是新闻记者应有的职业精神。记者有时为了寻找真正的原因而追问，有时为了搜集细节性极强的材料而追问；在跨文化的语境下，记者有时需要追问某些行为或某些言语的真正含义。

在形式上，追问有时呈现为记者步步紧逼，记者与采访对象一问一答，那是一种零敲碎打式的追问。有时追问则呈现为记者要求采访对象完整地叙述整个事件，叙述完了，记者要求对方再完整地叙述一次，这种追问称为整体式追问。叙述复杂的事件，叙事者叙述的细节每一次都是不完全相同的，因此在采访报道复杂事件时，运用整体式的追问，有利于记者搜集细节性极强的事实材料。

（二）做好访谈应注意的若干要领

写文章要讲究句法，字斟句酌；要讲究文法，精心谋篇布局；要讲究心法，用真情求真理。做访谈与写文章是有相通之处的：在个别问题层面，记者需要运用一定的方法提问，遵循提问题的基本要领；在整个访谈层面，记者需要精心筹划，对整个访谈的过程和气氛，进行有效的组织管理；记者在访谈过程中处理人际关系、开展人际交流，一样要抱着用真情、求真理的心态。

1. 提问要具体、明确

试比较以下两例：

“你们公司明年有一些什么打算？”

“你们公司明年会增加在中国的投资吗？”

前一种提问，问题提得比较笼统，不具体也不明确，对方有可能花很多时间谈技术合作或营销渠道建设方面的情况，这样，采访的效率就低了很多。

后一种提问，问题提得具体且明确，采访对象可以迅速明白记者的问题，给予针对性的回答，访谈的效率自然显著提高。

提问要做到具体、明确，记者应注意避免使用那些语义含糊、包含歧义的词语。如果采访对象文化层次较低，记者还应尽可能避免使用抽象概念和专业术语。

2. 提问应简洁、明了

在一般的人际交往中，有一个规律性的现象，提问的人问的问题越长，得到的回答越简短，问的问题越简短，得到的回答反而比较长。记者与采访对象之间的谈话也是一样。记者提问简洁、明了，才能得到比较详尽的回答。

对于那些本身就很简单的问题，记者稍加注意，就可以进行简洁、明了的提问。而有些问题，本身比较复杂，记者在提问时需要额外做一些技术处理。

以 2022 年中国共产党第二十次全国代表大会记者会上一个记者的提问为例：

> “中国政府计划如何减少对外国进口资源的依赖以期成为一个更加自给自足的经济体呢？”

这是一个本身就很复杂的问题，包含事实的陈述、中国政府意愿的陈述和问题本身。如果不做技术处理，就这样提问是不行的。正确的做法是用陈述句叙述事实情况和政府的意愿，然后再提出问题。比如：

“中国政府严重依赖外国进口资源，并且政府也表达了期望成为一个更加自给自足的经济体的意愿，中国政府计划怎样做？”

这样提问就简洁、明了多了。

在记者招待会上，由于时间有限，有的记者急于了解更多的情况，一口气问三个以上的问题，这在实践中称为“连珠炮”。“连珠炮”的效果往往是比较差的，得到的回答反而较少。人在接受信息的过程中，受到“信息瓶颈”的限制，在单位时间里，人只能接受有限的信息，太多了就记不住。三个以上的问题，人们难以清晰地记住问题的实质，所以也很难给予回答。

3. 开放性问题和封闭性问题结合

记者提出的问题，采访对象只能在极其有限的选项内给予回答，这样的问题是封闭性的问题。如记者问“你吃早餐了吗”，这个问题只有三个答案选项：吃了、没吃、正在吃。对方只能在三个选项中择一作答。问题的答案选项极少，自然会对对方产生很强的约束力。

记者提出的问题，采访对象可以在非常多的选项内给予回答，这样的问题是开放性的问题。如记者问“你现在心情如何”，这个问题的答案可以是多种多样的，对方的自由度很大，谈话的兴趣容易被吊起，这是开放性问题最大的好处。但也正因为开放性问题对对方约束力很小，采访对象在回答的时候，容易偏离记者的要求。在一次访谈中，开放性问题如果提得太多，访谈极易变成采访对象的漫谈，脱离选题构思。

封闭性问题的好处，在于其封闭性，采访对象的回答不会出现跑题的状况。但其坏处也在于封闭性。这种问题对对方的约束力强，在一次访谈中，封闭性问题如果提得太多，访谈就会出现记者“审讯”采访对象的场景，这极易造成采访对象心理紧张、抗拒甚至排斥。

在一次访谈中，记者应把开放性问题和封闭性问题结合起来，合理地加以运用，不宜一味地使用某一类型。开放性问题与封闭性问题结合得好不好，会影响整个访谈的气氛，甚至会影响到访谈过程中的人际交流。

4. 对访谈的过程、气氛进行有效的管理

写文章讲究起、承、转、合，做访谈也要讲究章法，讲究过程的管理。记者需要精心构思第一个问题，以引起采访对象的谈兴，并强化采访对象对记者的信心。第一个或最早提出的几个问题，是整个访谈的开头部分，一定要起得好。

央视著名记者水均益在采访来华访问的时任以色列总理拉宾时，第一个问题设计得非常精彩：“一千多年前，犹太人把《圣经》带到了中国，一千多年后，您作为犹太人的代表来到中国，您准备给中国人民带来什么？”拉宾总理性格冷峻，不是一个容易交流的人，并且他作为国际风云人物，接受媒体采访的经历太多，寻常的问题难以吊起谈兴。水均益的第一个问题看似天马行空，细细一想，也算是实实在在的问题，没有哗众取宠的意思。这个问题不仅别致，而且向拉宾表达了崇高的敬意，表达方式非常含蓄、巧妙，水均益也丝毫不失自己作为中国著名记者的身份。

在访谈的中间部分，记者应注意承接开头第一个或几个问题，进一步深入探究。在不同大类的问题之间，应注意做好必要的铺垫、中转，保证访谈内容自然顺畅地过渡。

在访谈结束的时候，可以诚恳地感谢采访对象的合作，如果情况允许的话，可以在即将结束的时候，抛出对方最难回答的问题，或者为下一次采访对方埋下伏笔。总之，结尾部分同样需要精心构思，认真对待，如果对方是重要的消息来源或意见人士，访谈的结尾部分尤其需要做好。一头一尾，是采访对象印象最深的两端。

气氛的管理，基本原则是先弛后张、张弛有度、张弛结合。在开局阶段，记者需要营造良好的氛围，引起对方的谈话兴趣，活跃访谈现场的气氛，提出问题应按先易后难的顺序，确保开局顺利。当然，在访谈过程中，记者可以穿插一些相对难以回答的问题。记者应尽可能做到整个访谈既有严肃、认真的对话，又有轻松愉快的交谈，紧张不过火，轻松也不过分，张弛有度、张弛结合。一般来说，历时较长的访谈，整个访谈过程至少需要有一个高潮，也就是日常所说的“谈到兴起处”。记者需要在访谈之前，精心设计，找到采访对象最痒、最疼、最难受、最开心甚至是最愤怒的地方，通过问题引导采访对象“谈到兴起”。

5. 平等待人，以诚动人，与人为善

在采访过程中，记者应抱着平等待人的心态，不可对“上位者”曲意逢迎，肉麻吹捧。有的采访对象出于种种原因一时不愿接受采访，或在访谈过程中不肯配合，记者亦应坚守“精诚所至，金石为开”的信念，极力说服采访对象配合采访。对于采访对象的言行，或者访谈过程中涉及的任何人的言行，应抱着与人为善的态度，对人要尊重、要有善意，要讲恕道。

平等待人，以诚动人，与人为善，绝非空泛的口号，而是见诸具体细微的一言一行。央视记者董倩以出色的聆听闻名于业界。她曾讲过，聆听是她原本的性格倾向，后来从事新闻工作，便发展为职业技巧，并逐步成为个人的习惯。笔者以为，最好的聆听，不仅是一种习惯，也不仅是一种技巧，更是一种态度。反观个别记者，在参加涉及重大公众利益的官方会议时，甚至描眉毛、剪指甲，就显得非常失态了。

6. 拉近采访对象与记者在心理上的距离

记者对完全陌生的采访对象做访谈，在新闻工作的实践中很常见。如何在很短时间，拉近双方在心理上的距离？记者在访谈过程中，应注意适当运用求同心理、晕轮效应、首因效应，尽可能拉近与采访对象在心理上的距离。

7. 适时调节对方的注意力

在见面之初，记者可视情况需要，再次强调此次访谈的意义，将采访对象的注意力更大程度地吸引到访谈上来。记者应尽可能营造一个没有外来干扰的交谈环境，外来干扰一旦发生，采访对象的注意力必定转移。当外来干扰消失时，记者应及时提出相关问题，用问题将采访对象的注意力重新拉回到访谈上来。采访对象谈兴正浓并且谈的内容符合记者要求，此时记者应尽可能不提问题，以免造成对方注意力下降或转移。一个话题终究有谈尽的时候，记者应注意及时转换话题，使得对方不至于因话题谈尽而注意力分散。比较长时间的谈话，可能造成身体疲劳，记者可以提议到办公室外面走走，边走边谈，或者在一个话题结束的时候，主动和采访对象讲一些轻松愉快的闲话，以便消除疲劳。

8. 注意运用身体语言进行交流

眼神、手势、大幅度的身体姿态，这些都是身体语言常用的符号，这些符号表达意义与口头语言相比有其特殊性。适时地、适当地运用眼神、手势、大幅度的身体姿态，可以丰富记者与采访对象的交流方式，可以使记者的意思表达更充分，关键点更清晰，或者意思更委婉。

二、现场观察

（一）什么是新闻现场

新闻现场是指新闻事实发生的，仅在一定时间过程内存在的场所、地方。新闻事件总是发生于某个地方、某个场所，并且仅在一定时间内发生。现场都是容易消逝的："故人西辞黄鹤楼"，在故人辞别的当下，黄鹤楼是现场，但在辞别之后，现场已经消逝，"此地空余黄鹤楼"。

新闻除报道事件外，还报道具有新闻性的社会现象与社会问题。事件总是发生于某个现场，那么，社会现象、社会问题是否也有现场？我们做现象性报道、问题性报道，总是需要找到具有典型性的、代表性的事例，而任何事例总是发生在某个时空，因此，社会现象、社会问题也是有现场可以寻觅的。

在中外新闻工作的实践中，尽可能接近新闻现场，早已成为新闻记者的采访工作准则。无论国内还是国外，一旦发生灾难性事件，新闻记者、警察、消防人员、医生是最早赶到现场的人。1960 年 3 月，新华社记者郭超人、景家栋等采访我国攀登珠穆朗玛峰活动。他们作为文字记者，完全可以待在海拔 5 120 米的登山队大本营，主要依靠访谈材料完成采访任务。但他们一直跟随登山队员，攀登到 6 600 米的高度。在他们的心目中，现场地位之崇高，竟至于此。

新闻现场的重要性主要表现在以下三方面：新闻现场是新闻事实材料的直接来源、最终来源；记者由新闻现场通过观察获得的材料是第一手材料，可以用来鉴别采访对象、消息来源提供的材料是否可靠；记者在新闻现场运用观察的方式，可以搜集到大量细节性材料，这往往是其他消息来源不能提供的。

（二）新闻现场的特点

1. 现场的凝聚与分散

极其简单的新闻事件，如一起不太严重的车祸，其现场只是一个狭小的场所。绝大多数新闻事件，其现场分散在多个场所。由此可知，新闻现场的时空分布，有凝聚型的，也有分散型的。现场是分散的，即一个事件有多个场所，又有以下三种不同的情形：重大事件在多个场所同时发生，"9・11"恐怖袭击即是如此；有些新闻事件的时间跨度较大，事件在不同阶段发生于不同的场所，奥运会即是如此；有时一个事件有多个当事人，且不同的当事人在不同的场所，国际争端、大型企业之间的商战即是如此。

新闻事件的现场，其聚散状况对采访活动有较大影响。新闻事件的现场是凝聚型的，采访容易开展；新闻事件的现场属于分散型的，记者往往需要采取特殊的对策。如多名记者合作，准点出击，分赴现场；或一名记者对时间跨度较大的新闻事件，保持跟踪。

2. 现场的公开与私密

新闻现场既不涉及公民的隐私，也不涉及企业法人的商业秘密，更不涉及国家机密，这样的新闻现场就是公开的；有的新闻现场或涉及公民的隐私，或涉及企业法人的商业秘密，或涉及国家机密，这样的现场就是私密的。

新闻现场是公开的还是私密的，对采访也有显著的影响与制约。公开的现场，记者可以自由进出；私密的现场，记者需要严格遵守国家的法律规定与社会一般的伦理准则，在法律规定、伦理准则、新闻工作者的使命之间，把握好分寸。

3. 现场的开放与封闭

有的现场（如广场）在空间形态上是敞开的、易于进入的，这种现场就是开放的。有的现场（如地铁站台）在空间形态上是密封的，人们不易进入，这种场所就是封闭的。

新闻现场的开放与封闭，对采访也有一些影响。开放的现场，记者可以轻易地进入，进入的速度较快；封闭的现场，记者进入较难，进入的速度相对较慢，比较费时。另外，在开放的现场，记者以及采访对象的人身安全较有保障，在紧急事件发生时，易于脱身，而封闭的现场则不易脱身。另外，现场的开放或封闭，对于采访对象的心理状态也会有一些影响。

4. 现场的序列

同一事件可能存在于多个现场，无论新闻学还是刑事侦查学，都有第一现场、第二现场之类的术语。

关于第一现场这个术语，目前国内新闻界大致有两种用法：第一种用法是新闻媒体强调自己的报道是非常及时的、几乎同步来自新闻现场。第二种用法是根据报道内容的轻重，将事件最核心的部分、事件高潮部分发生的地方确定为第一现场。比如，2018年10月24日，是港珠澳大桥通车的第一天，新华社做了《港珠澳大桥通车首日运营顺畅》的报道，里面来自香港、澳门、珠海三地的采访对象都有出场，似乎三个现场没有主次之分，但“首位经过港珠澳大桥抵达内地的货车司机”香港人庄东平出现在报道的开头和结尾处，从某种程度上说明了香港地位的重要性，来自香港的司机才是最重要的采访对象。

关于第一现场这个术语的使用方法，第二种用法是比较有价值的，实质上为我们区分第一现场、第二现场、第三现场提供了科学的标准。

（三）进入新闻现场的要领

进入新闻现场的基本要求是迅速、及时，具体过程中应注意以下几项要领：

1. 对于可预知事件，应提前到达新闻现场

新闻现场发生的情况，往往超出记者的想象，因此，记者进入新闻现场应适当提前。这也有利于记者尽早熟悉现场的情况，适应现场的气氛，有利于稳定记者个人的情绪。

在传统媒体时代，如果采访报道的是非常简单的事件，十分钟的提前量也是可以的。而在全媒体时代，如果采访报道的事件重大并且内容复杂、场面宏大，那么，提前进入现场的这个提前量，必须达到几小时甚至几天的时间。比如，2022 年卡塔尔世界杯于 11 月 21 日至 12 月 18 日举行，中央广播电视总台 11 月 10 日就举行了世界杯前方报道团出征仪式，提前量为 11 天。提前量如此放大的主要原因，与总台强调融合传播、力求发挥全媒体传播的优势息息相关。

2. 对于突发事件，应想方设法，尽快进入新闻现场

按传统的做法，记者可以在办公室，也可以在路途中，考虑选择交通最为通畅的行车路线，预判突发事件发生后现场附近人群的流动情况，以及人群的流动情况是否妨碍记者迅速进入现场，记者需要抢在警方布置完成警戒线之前进入现场。如果警方的警戒线业已布置完成，记者进入现场可能会遇到阻碍。

在当前的技术条件下，导航工具可以提供更好的向导，为记者尽快进入现场，提供最优路线。记者甚至可以在获得许可的情况下，在现场周边先放飞无人机，无人机先到现场，人后到现场。总之，在全媒体时代，记者采访突发事件，在进入现场这个环节，可以也应该更多地运用新一代的技术装备。

3. 尽可能接近新闻现场

如果确实不能进入新闻现场，那就待在距离新闻现场最近的地方。某些现场（如保密级别很高的会议）记者不能进入会议室，甚至不能进入召开会议的宾馆、大厦，那么，记者应该尽可能接近新闻现场，在会议室门外，或者在召开会议的宾馆、大厦门外，进行观察和采访报道工作。

在实际工作中，还有另外一种情况：事件发生后，记者没有来得及赶到现场，到达时事件已经结束，记者已不可直接看到当时的诸多细节、情节。此时记者可以在现场周围多停留一会儿，看看有无可能在事发地点周围找到持有现场相关视频的人。因为事件的目击者虽已离开现场，但目击者有可能拍摄了视频并发送给亲友。在这种情况下，记者如果找到相关亲友，就有可能获得视频。本章最后附录的学生实习总结，就有这样的成功案例。

（四）现场观察的方法

现场观察是采访的主要方式之一，指的是在新闻现场，记者运用各种感觉器官对新闻现场进行观察，同时进行分析、比较、判断、思考，以获得新闻材料，进而确认事件的基本轮廓、重要细节、性质或蕴含的意义，等等。

人的感觉器官，有眼、耳、鼻、舌、身（体），分别对应视觉、听觉、嗅觉、味觉、触觉。记者在新闻事件发生的现场，应综合运用各种感觉器官观察搜集材料。需要说明的是，记者在现场运用听觉，不仅仅是听各种声响（如风声、雨声、爆炸声、撞击声等），听别人谈

话，也是观察的一部分。在没有确认对方是采访对象之前听对方说话，那是观察。在确认对方可以作为采访对象后，有意识地向对方提出问题，这就是访谈了。当然，在访谈的过程中，记者一样需要对采访对象察言观色。

现场观察的方法主要有以下几种：

1. 鸟瞰

这是抓全景的方法，适合于观察宏大的场面。比如，采访大型运动会的开幕式，就可以用鸟瞰的方法进行观察。城市的夜景、重大工程落成后的雄姿，也可以用鸟瞰法观察。

鸟瞰法的作用大致有以下两种：一是确定某个地方有新闻，所以到这个地方，运用这种方法，搜集新闻事实材料。二是事先并不知道某个地方有新闻，只是在无意间运用这种方法观察一下，意外地发现了新闻。比如，南京中山陵的美龄宫航拍图就像一枚巨大的钻石项链，还有一些专题片里展现给观众的贵州天坑，就是依靠无人机航拍发现的。

目前，鸟瞰法的运用主要由无人机来完成。由于装备价格低廉，无人机航拍做出来的新闻视频，数量越来越多。

2. 细察

记者在现场进行观察，走马观花往往是不够的，还要“下马观花”，进行仔细的观察。细察的方法有三种，一是看局部，二是看片段，三是看细节。

对一个宏大场面，可以有重点地观察某一个局部。比如，“全运会”的开幕式，记者可以用鸟瞰的方法观察，还可以重点观察“全运会”主席台，主席台上坐了些什么人，他们做了些什么，穿着怎样的衣服，是怎样的表情等。这是看局部。

看片段则是观察一个事件发展过程中的某个片段。比如，在抗洪抢险的关键时刻，成群的解放军战士跳进洪水中，形成人墙封堵决口。这样一个事件，记者在现场观察的时候，应重点观察战士们跳入水中、封堵决口这个片段中士兵脸上的水珠、泥巴、划破的伤口，以及脸部的表情等。对于电视新闻记者来说，就是推镜头，给特写画面。

看细节是细察法的核心，看局部、看片段都要注意捕捉细节。如果不注意捕捉细节，记者的目光落在了主席台上，落在了水中的士兵身上，仍然无法获得细节性材料。采访劳模之类的先进人物，记者往往会跟着劳模到工作场所，在这个劳模工作的时候，对他做仔细的观察，这种方法往往效果很好。

3. 步移

走马观花是一种浮于表面的观察，不够深入。但步移不等于走马观花，记者在步移的过程中，有时还会做细察。毛泽东曾提出，“调查有两种方法，一种是走马看花，一种是下马看花”，但他立即指出，“走马看花，不深入，因为有那么多的花嘛。……看一看、望一望就走，这是很不够的，还必须用第二种方法，就是下马看花，过细看花，分析一朵花，解剖一个‘麻雀’”。比较形象地说，步移更接近于文学理论中讲的“移步换景”，改变观察的位置，发现新的景致。

2023年2月，东京上野动物园大熊猫“香香”踏上回归中国的旅途，新华社记者姜俏梅、张伊伊采写了《“‘香香’再见，我们会去中国看你的！”——日本民众与大熊猫“香香”依依惜别》的报道。记者的观察从动物园外开始，对排队送别的人群进行了“走马观花”式的观察，对人群中大熊猫的“发烧友”则是“下马看花”，做了近距离的细察，并且进行了简短的访谈。记者之后移步熊猫馆内，又是“走马观花”式地观察了一下大熊猫“香香”，然后走出熊猫馆，到馆外以及动物园不远处的日本百货公司松坂屋，与多位日本大熊猫的“发烧友”访谈，其间又颇多近距离的细察。记者的观察看似随意，其实步步不离采访报道的重点；做的虽是熊猫的报道，但招招紧盯着人，紧盯着人们对于“香香”的情感。

三、全媒体时代采访工作的主要变化

在全媒体时代，由于新的技术、装备的应用以及由此引发的关于新闻采访的人力资源整合、业务流程微调，新闻记者的采访工作发生了一系列变化，主要体现在以下几方面：

（一）访谈的高度开放性

随着网络技术的发展，新闻采访打破了时空距离的限制，呈现出高度的开放性。一场访谈与另一场访谈之间的时空隔断、采访活动的现场与受众之间的时空隔断，都可以轻松突破。

比如，2022年人民网通过5G技术手段搭建“两会云客厅”虚拟演播厅，从现场到“云端”，打破了线下采访的制约，依托5G技术实现了低延迟、强互动、高画质。参与“云对话”的嘉宾、代表、委员，可以“一键入厅”，与主持人交流互动，手机和电脑屏幕前的观众也可以扫描二维码进入“两会云客厅”的微信社区“值班室”，与现场嘉宾、主持人互动，共同参与“现场直播”。

目前，国内很多媒体的记者都可以在采访过程中运用手机、平板电脑等工具随时观看观众的评价甚至进行网络直播，一方面，使采访活动有了更大的开放性。从另一方面来说，采访活动的高度开放性，也给记者提出了新的要求，如参与访谈的人数不确定、不同背景的访谈对象聚集在同一个网络空间，给记者掌控访谈话题带来了更大的难度。记者需要一边组织访谈，一边兼顾网民随时发出的问题或反馈，工作强度有所提高。在记者与采访对象彼此比较陌生的情况下，记者和多个采访对象同时做访谈，还需要在采访准备阶段多下功夫。

过去，电话是记者在做访谈时用以打破空间距离限制的工具，而现在，电话采访这种形式记者仍然使用，但出现了新的使用方式，记者在线上做完访谈后，再用电话做补充采访。对于记者来说，一半是补充采访，而另一半则是记者通过电话对采访对象作进一步的验证，通过口头语言的交流，记者可以更加确定对方的身份，以及对方所提供材料的真实性。

（二）信息采集高度技术化

运用无人机采集视频信息，已成为新闻记者的基本功，大量使用于大场景的俯瞰取景。如果说21世纪初记者的标配是手机，那现在这个时代，无人机就是记者的标配。这也正是近年来很多新闻媒体竞相成立无人机队的原因。

人工智能在财经新闻、体育新闻以及天气预报等领域，已经普遍地投入使用，相关领域基础数据的采集和发布，都能够按照设定的程序准确地完成，从而成为媒体和记者重要的助手。

此外，各种网络检索工具，新闻记者更是每天必用，从寻找线索到验证材料真伪，时刻不离。一些自媒体团队甚至自己创建专门的网络检索工具，如新世相通过 UGC 方式，建立了一个拥有100万个真实故事基数的故事库，技术团队在百万故事的基础上搭建了一套真实故事搜索系统“Google for Stories”，内容团队可以在这个系统中快速找到素材，并深挖故事价值。

2022年以来，ChatGPT 以及百度“文言一心”、阿里“通义”等生成式人工智能的问世，引起了新闻行业的高度关注，它们未来在新闻采访报道中能够发挥怎样的作用，非常值得期待。

（三）多种媒介信息的高度融合与转换

全媒体时代的新闻作品，突破了以往单一媒介的限制，既需要制作图文报道，又需要制作视频报道。同样，全媒体时代的新闻采访，材料的来源也是不同的媒介，既有传统的纯文字材料，也有音视频材料，还有新闻图片、图表，有些图片、图表甚至是以往闻所未闻的，如标明海轮航迹的卫星图片、标明各国（各地区）夜间照明状况的卫星图片，等等。

因此，当代新闻采访报道呈现出记者力求汇总、集纳多种媒介信息，并根据最终产品的媒介要求，对多种媒介信息进行融合和转换的趋势，如将图片、文字、视频信息整合成一篇作品，或将图片或视频信息中的某个细节，转换为文字；或依据纯文字材料，制作新闻类动漫或其他视频产品。

（四）时效性要求更高

在互联网环境下，新闻工作的时效性要求更高。传统媒体的新闻报道在报纸、广播、电视上发布，各有固定的时间节点。而在全媒体时代，记者需要尽可能早地将新闻作品发布到互联网上，保证新闻的时效性。

传统媒体发布较重要的新闻，按照一般的传播规律，先发布基本事实，后提供相关细节和背景，然后再作深度解读，其间的时间节奏，较少受到外部的干扰。而在全媒体时代，自媒体往往“抢跑”，传统媒体必须在较多的外部干扰下，调整报道策略，及早争夺受众的“眼球”，这样就对记者的采访工作提出了更高的时间要求。

此外，提高全媒体时代采访工作的时效性不仅是对一线记者的要求，也是对整个媒体团队的要求。以往，个别媒体曾出现过在采访山林火灾的过程中，记者及时完成了拍摄，但由于传送信息装备的原因，一些素材未能及时发送的问题。

第二节　新闻写作的基本要求与技巧

要点概述

本节介绍了新闻写作的基本要求，即真实、新鲜、简短、快捷、活泼，这是新闻的基本属性，也是新闻报道的原则。新闻写作的技巧，可从新闻引语、新闻细节、新闻背景和新闻节奏这四个方面进行相关设计。

实践目标

1. 掌握新闻写作的五个基本要求。
2. 深入了解和熟练使用新闻写作的技巧。

一、新闻写作的基本要求

新闻写作要念“五字经”，即真、新、短、快、活。“五字经”貌似“老生常谈”，但对于新闻写作来说，犹如水与鱼一样，须臾不可分离。

（一）重在真实

真实是新闻的生命。真实性是新闻的基本属性，也是新闻报道最根本的原则。真实性最简单的定义是：新闻报道必须反映客观事物的原貌。就新闻采访而言，就是记者要通过自己的采访和分析研究，真实地反映事物的客观面貌；就新闻写作而言，记者要依据采访所得到的材料，准确完整地表现新闻事实。

新闻要真实，但在现实生活中又经常出现失实报道，其原因和表现形式多种多样，大体有以下几种：一、无中生有：记者为了获取独家新闻而杜撰、虚构现实中根本不存在的所谓“新闻”；二、捕风捉影：此类报道大多是由记者采访作风轻浮而造成的，道听途说，造成失实；三、曲解事实：由于记者本身素质不过硬和采访不深入，对事实表象的报道符合实际，而对事实的本质却把握不准，歪曲了事实真相，造成了恶劣的影响；四、夸大事实：某些记者为了迎合某种需要，写有偿新闻，不惜夸大事实，胡吹乱捧，使新闻失实；五、添枝加叶：为了追求新闻的可读性，用添油加醋的方法使新闻看上去更加“生动”。

新闻写作要避免失实，必须做到如下几点：

一是在确定主题和选择报道角度时要坚持独立思考，一切从实际出发，决不能盲目“跟风跑”，跟形势转，向“钱”看。

二是在谋篇布局时要避免片面性，克服单向的定势思维，培养多向、立体的思维习惯。

三是写情节、细节时严禁想当然，有些新闻事实常常含有不可预料的方面，如按常规思路去想象，就会失实。

四是培养质疑意识，注意核对引用资料，尽量用第一手的原始材料。

五是描写要有分寸感。不少人滥用溢美之词，描写时不切实际地夸大、渲染、拔高。不用或少用形容词，形容词用得太多很危险。

六是要注明新闻来源。主要指为记者提供新闻报道所需情况与材料的人和单位，有时也包括记者获得新闻信息的地方。

七是严格执行稿件送审制度。

（二）贵在新鲜

新鲜是新闻的个性。新闻姓新不姓旧，写新闻贵在求新。求新看似简单，实则不易，它是新闻人在整个新闻职业生涯中都执着追求的永恒主题。

新闻的新意一般体现在以下几个方面：

一是时间新。新闻事实发生的时间与其传播出去的时间差越小越好，越小新闻就越新鲜，越新鲜就越受读者欢迎。

二是内容新。新闻报道中的事实内容，应该是现实生活中新近发生、发展、变化的新人新事、新气象、新成绩、新经验、新情况、新问题。

三是角度新。新闻写作应尽力寻求新的角度，以见人之所未见，言人之所未言：或者从不同角度反映同一主题，或者从同类题材中寻找不同角度。

综上所述，三者的关系应是：时间新是前提，内容新是核心，角度新是补充。

（三）篇章简短

新闻写作简短是一种艺术，也是一种造诣。无论是消息，还是通讯，都要更短些，更精粹些。简短有助于突出最新鲜的内容，长篇大论很容易淹没新闻的价值。简短还有助于快，新闻报道写得越长，所花费的时间也就越多，发稿自然快不了。西方新闻界有一个很形象的说法：读者是坐着看报的，记者是站着写稿的。意思是说记者站累了，就不会写得很长。

所谓短，就是用尽可能少的文字，传达尽可能丰富的信息。短是建立在实的基础上的，长而空不好，短而空也不好，空洞无物的短也是长。那么我们应如何把新闻写短写实？以下几种方法可供借鉴：

一要一事一报，即一件事报道一次。如果所报道的题材是这个“一”字容纳不了的，那就要下决心将其分为二、三或更多，少写那种工作总结式的、包罗万象的“大新闻”。

二要浓缩事实，应学习盆景艺人“缩龙成寸”“移天缩地”的手法，对新闻事实进行高度浓缩，去掉水分，提取精华。

三要删繁就简，围绕一个主题思想，从众多新闻材料中选择最典型、最能说明问题的材料，这样的材料在作品中可起到以一当十的作用。

四要化整为零，即把一件完整的事，分解为几个侧面、几个片段来报道，这就是所谓滚动报道、组合报道或连续报道。

五要断裂行文，这是西方新闻界广泛采用的行文方法，特点是根据新闻事实的内在

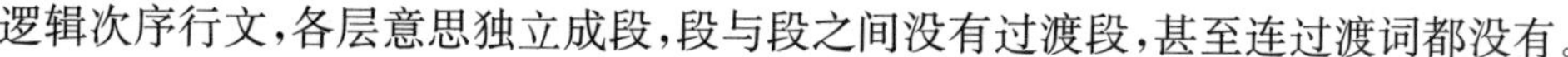

逻辑次序行文，各层意思独立成段，段与段之间没有过渡段，甚至连过渡词都没有。

（四）追求快捷

新闻报道是“易碎品”，有人称之为“明日黄花”，更有人把它称为“写给坐在地铁上、公交车上、马桶上的人看的”。当记者手脚要快，今日事今日毕，应该上午报道的事决不拖到下午，否则很可能错失良机。

随着网络时代的到来，新闻竞争也越来越激烈。各媒体之间的竞争，实质上是新闻时效性的竞争，或者说是采访速度、写作速度、播发速度的竞争。谁先抢到新闻，谁就能争取到受众。在互联网时代，时效的重要性更加明显，它既是传媒的资源优势，又是资本优势。在任何一桩有新闻价值的事件背后，都伴随着各媒体之间在时效性上不见硝烟的“厮杀”，捷足先登，抢先占领“制高点”，往往成为新闻竞争制胜的关键所在。

新闻写作怎样才能快？记者一要学会集中精力，在不同的场合都能迅速投入写作；二要养成打腹稿的习惯，在采访过程中即开始头脑酝酿、起草稿件；三要熟练掌握各种新闻文体的写作要领，特别是消息的写作技巧与方法；四要善于准备好各种写作素材，灵活组成“预制构件”，从而随时可以根据报道需要进行拼接与组装；五要熟练掌握新媒体技术，掌握新闻文本写作、网络文本写作及视频拍摄的技巧，动手能力要强。

（五）表现活泼

把新闻写“活”，即要求新闻报道富有感染力。写“活”新闻，只有一个目的：给读者看。新闻是为读者服务的，生动活泼的新闻是受众的期待，也是媒体争取受众的需要。

把新闻写得“有味”“好看”，在内容取材上应做到贴近读者，即强调“接近性”。最容易吸引读者的新闻，是那些与他们的生活领域、思想感情最贴近的事，新闻报道要找到这个契合点。主要可从以下几方面着手：

一是新闻内容要抓“活”细节。抓住新闻中有特点的事实，写出的新闻就容易“活”。特别对于不易写“活”的一般新闻事实，若能注意抓有特点的细节，效果就大不相同。有时候，一两个细节的描写胜过千言万语，就像讲故事一样。细节的力量可以把读者带到现场，使他们能看到、听到、感觉到甚至“闻”到所发生的一切。

二是注意开拓新的报道领域。新闻的“活”与报道领域广有着密切关系。狭窄的报道面，单纯的工作性质的报道常常是造成新闻呆板、单调、不“活”的一个重要原因。注意开拓新闻的报道领域，不要总把眼睛盯在工作领域、生产领域上，社会、民生、科技、娱乐等领域的新闻都应关注。

三是新闻报道一定要“见人”。新闻说到底，是报道人在社会生活中的各种表现，人与自然、社会以及人与人之间的各种关系的变化。因此，在写新闻时若抓住了人这个活跃的主要因素，稿件便生动、便“活”；反之，就容易死板、干瘪。实践证明，人和人的生活对受众来说，往往具有最高的心理上的接近性。新闻报道只要有了活生生、有血有肉的人，有了他们的动作、语言、行为、表情，尤其是他们的感情与生活状态，往往很容易引起读者的兴趣。如果新闻报道只是见物不见人，讲理不讲情，是不大可能生动的。

四是文字表达要活。所谓文字表达要“活”，一是生动，二是通俗。生动就是把生活中发生的事件用文字表现得逼真形象，活灵活现，即形象化、镜头化。通俗，就是新闻报道的语言要写得深入浅出，明白如话。

五是学会巧用数字。数字是很重要的事实材料，新闻报道尤其是经济新闻更离不开数字。但是，仅仅大量堆砌数字，会给读者造成枯燥乏味的印象。有人说，数字好似油彩，可以使新闻须眉毕现、神采飞扬，也可能毁掉新闻的生命，因此，处理好数字，让它变得亲切可信，是使新闻语言"活"起来的一个重要因素。

二、新闻写作的技巧

关于新闻写作的原则、要求，以及消息、通讯、特写等各类型报道体裁的写作方法及范文，相关教材及指导书不胜枚举。这里我们主要从新闻引语、新闻细节、新闻背景和新闻节奏这四个方面来学习一下新闻写作的技巧。

（一）新闻引语

所谓引语就是直接陈述或转述别人的讲话内容。引语是新闻的重要组成部分，在新闻报道中引用人物言论，已成为现代新闻写作中不可或缺的手段。

引语一般为直接引语、间接引语和混合引语三种。所谓直接引语，就是指新闻中直接引用新闻人物所说的原话，必须要用引号引起来，以表示是报道对象或新闻来源的原话，作者未加改动。间接引语是报道新闻人物讲话的主要意思，或经作者重新归纳转述而成的，可以不打引号。混合引语则是将直接引语与间接引语混合使用的一种派生手法。

新闻引语可以增强新闻报道的说服力，通过当事人嘴巴说出作者想要说的话，可信度自然大大提高。引语还可以使报道具有现场感和人情味，充分表现出采访对象的个性、家庭背景、受教育程度、所处环境等。此外，引语显示了一种客观公正的态度，尤其引用重要人物的讲话还有助于提高新闻的权威性。

选择新闻引语，可重点关注以下六个方面：

1. 重要人物发表的重要言论

众所周知，重要人物所说的话，往往蕴含着重要的新闻价值。这是由于他们所处的地位特殊，所说的话往往包含着对一些重大事件的评析，关系到许多人的切身利益。

2. 采访对象所说关系到新闻本质的话

记者在采访时，采访对象常常会自觉不自觉地说出一些关系到新闻本质的话，记者要及时捕捉，并写到新闻作品中。

3. 采访对象富有个性的话

采访对象常常会在采访中妙语连珠，引用这些话语不仅会增强作品的可读性，而且有助于读者感受新闻人物的魅力。

4. 采访对象带有强烈感情色彩的话

人们在感情激荡、心潮澎湃时所说的话，往往具有强烈的感染力，可为新闻报道增色添彩，有助于读者了解人物的内心世界和事件真相。

5. 争论中各方所说的话

对一件事情，双方有不同看法，这是正常的。作为记者必须客观公正地进行报道，将争论双方的话在报道中引出来，这样可以真实地反映矛盾双方的真实立场、观点和主张，同时也可以帮助读者了解各方观点，认识冲突本质，从而深刻了解事件的状态和意义。

6. 采访对象以不同寻常的方式说的话

在采访中，仔细观察采访对象的一举一动、一言一行，注意捕捉采访对象不同寻常的说话方式，把读者带进现场，让读者感受现场气氛。

引语使用不当会影响新闻报道的效果。如何正确地使用，主要有以下八个注意事项：

一是注意把握好使用引语的时机。在新闻报道中使用引语一定要选择合适、恰当的时机，千万不可滥用。

二是注意使用直接引语的准确性。直接引语是新闻人物在特定场合对新闻事件表达看法的原话，必须注意其准确性。

三是注意不要使用割裂开的直接引语。新闻人物的话有其前后连贯性，有时需要择其精华，一定要仔细斟酌，千万不可断章取义，以免造成不必要的误会。

四是注意交代说话人的身份以及出处。在第一次引用人物原话时，要注意明确交代说话人的身份，即姓名与职业，必要时还应包含工作单位。

五是注意使用引语时要加上标点符号。在文字报道中，记者要为人们所说的话加上标点符号，不同的引语要运用不同的标点符号。

六是注意修正直接引语中的语法错误。在保证说话人讲话原汁原味的前提下，注意修正其语法错误。当然，对此要十分慎重，尤其是当说话人话中的语法错误恰恰是一个亮点时，保持这种错误的语法也未尝不可。

七是注意对采访对象的原话进行筛选。直接引语切忌长篇大论，过于冗长会使读者感到厌烦，也会使新闻报道行文缺乏节奏感。采访对象在采访过程中往往会滔滔不绝，要对采访对象的话精挑细选，引用其最具特色、最有个性、最为关键的部分。

八是注意要把不同人所说的话用不同段落分别表示。在使用引语时，两个或多个人物所说的话应分段表示，特别要注意在报道有争议的问题时引用不同观点的直接引语，更不能把两个看法迥异的说话者的原话放在一个段落中，以免让读者产生混淆。注意间接引语、直接引语和混合引语要交替使用，交叉出现，互为补充和映衬。

（二）新闻细节

细节描写是非常重要的，它可以让一篇新闻“动”起来、“活”起来。如果一篇消息通篇都是叙述，大而化之地写一下场景，平铺直叙，千篇一律，肯定不会有打动人心的效果。细节会把读者带到现场去，具体、形象、生动、传神的细节描写可以使读者听到、看到、感觉到当时所发生的一切，如闻如见，兴味盎然。有时，一个细节的力量胜过千言万语。

新闻写作最基本的要求是用事实说话，主要体现在用典型材料、用现场材料、用背景材料、用数字、用当事人的言语，也体现在用细节说话上。具体来说，细节的类型有以下五种：

1. 动作细节

新闻消息以人为主角，当出现人物时，不要过多铺垫细节，只要准确地抓取关键时刻人物所表现出来的一两个有意义的动作即可。这动作必须能“传神”，可以展示一个人物刹那间的心理状态，从而更好地为突出主题服务。如北京人民广播电台 1997 年 7 月 5 日播出的消息《香港热土祭洒社稷坛》，写参加中英香港政权交接仪式的中国政府代表团成员带回了香港的热土。其中，90 岁高龄的文物专家单士元和其他文物界人士在祭坛仪式中的细节十分感人：

> 在社稷坛的东南端，单老伸出颤抖的双手，慢慢躬下身去，从一个精致的木罐中捧出了香港的热土。凝神注视了一会儿，然后，和两个小学生一起把这些热土一点一点地洒在五色祭坛上。

单老的一连串动作都是细节，这些具有代表性的细节渲染了现场特有的气氛，传达了新闻事实中只可意会的内涵。

2. 穿着细节

新闻人物是读者在消息里关注的焦点。这个人物的衣着打扮如何，关系到这个人的风度、修养、品德，此外在什么场合穿什么衣服也有一定的含义。当然，此类细节要用简略的笔墨勾勒而出，不必大段描写。如关于中美建交的报道，合众国际社的一篇消息里有这样一个细节：

> 六十八岁的蒋经国从床上被叫起来，穿着绿色灯芯绒上衣和便裤会见了他的仍穿着晚礼服的客人。

记者用简洁的笔触勾勒了蒋经国会见美驻台官员的时间和穿着，匆忙、焦急、震动等意尽含其中。堂堂台湾地区领导人，此时便衣便装，其意不言自明。作者没有直接用“引起震动”“巨大打击”“惊惶失措”之类的形容词，但效果却很好。

3. 言谈细节

新闻消息里描写人物对话言谈的细节，可增强消息的活力。如新华社消息《清茶一杯谈成 29 亿元合作项目》中的一段言谈细节：

> 客人来到的第一天晚上，黑龙江省省长侯捷诙谐地说：“休怪我有言在先，黑龙江地大物博，但我有权招待你的，只有清茶一杯。”
>
> 兵器工业部部长邹家华亦风趣地答道：“恕我直言，我们早有规定，你若设宴，我必罢宴。”①

① 程天敏、杨兰瑛:《中外新闻选》，广州：暨南大学出版社，1992 年，第 162 页。

一问一答，诙谐幽默，新闻主题尽在其中。

4. 景物细节

通过描写现场景物，与报道主题联系起来，这样的细节大有文章可做。如获第十二届中国新闻奖一等奖的《武汉百里长堤巍然锁大江》的第五自然段，有这样一段景物描写：

> 汉口滨江公园里雄伟的武汉防汛纪念碑巍然矗立。暴雨将碑上镌刻的毛泽东同志题词冲刷得更加锃亮：庆贺武汉人民战胜了一九五四年洪水，还要准备战胜今后可能发生的同样严重的洪水。①

乍一看，这一段景物细节与当下抗洪没什么关系，但仔细想一想，武汉人民战胜了历史上的特大洪水，还有什么不能战胜的呢？二者之间有一种必然联系。

5. 场面细节

记者深入现场，细心观察，捕捉生动的细节，可以烘托现场的规模与气氛，使人如临其境，如闻其声，如见其景。《北京日报》1998 年 7 月 13 日刊登了一篇法国人庆祝自己的足球队夺冠的消息，有几段场面上的细节描写：

> 在法国队以 3 比 0 战胜巴西队，首次夺得世界杯冠军后，整个法国顿时陷入一片狂热的气氛中，四十多万球迷将巴黎著名的香榭丽舍大街挤得水泄不通。
>
> 当来自摩洛哥的主裁判吹响终场哨声后，圣母尼斯法兰西体育场内法国球迷兴奋地吹响一切能发出声响的东西，随后这股庆贺的浪潮迅速扩展到巴黎整个市区……鞭炮声、青年大喊大叫……一家电视台主持人脸上也涂上了三色旗颜色，工作人员叫阿勒阿勒……大街上，球迷大多脸上画着红白蓝三种颜色，手中挥舞着法国国旗，不少人手拉手边走边跳起舞。

这些细节将法国人庆祝夺得世界杯的盛大场面烘托出来，使读者看到了法国人兴奋的状态。用事实说话，而非“欣喜若狂”之类的形容词，由此可见法国队夺冠是如何牵动着法国人的民族情感的。

在选择和运用细节描写时，有三个基本要求：

一是选择最富有特色的细节。新闻写作虽然有篇幅、时效的限制，但并不排斥新闻特别是消息中必要的细致具体的描写。记者在采访过程中要全神贯注，捕捉人物每个细微的动作和心理变化，善于抓住有特色的细节。

二是选择最有利于突出主题的细节。新闻报道要围绕主题进行写作，细节也应为突出主题服务，要选取最能凝聚新闻信息量的事实，以强化主题思想。

① 刘保全、彭朝丞：《消息范文评析》，北京：新华出版社，2001 年，第 132 页。

三是选择富有人情味的细节。新闻的主体是人，要想打动读者，就要选择富有人情味的、能引发读者共鸣的情节。

综上所述，新闻报道中的细节，并非随手拈来的那些“鸡毛蒜皮”堆砌起来的材料，而是那些既能说明问题又有典型意义的“镜头”或“掌故”，否则就应果断舍弃，宁可不用，也不能画蛇添足。新闻写作的原则就是：宜惜墨，不宜泼墨；采访时要“贪婪”，写作时应“吝啬”。

（三）新闻背景

新闻背景是指在新闻事实之外，对所报道的新闻事实或新闻事实的某一部分进行解释、补充、烘托的材料。广义的新闻背景，是指报道中用来证明新闻事实发生的历史、环境和原因，解释其发生或发展的前因后果、来龙去脉，交代新闻事件或人物同周围事物的关系，补充有关知识性、趣味性等信息的材料。

背景材料并非新闻事实本身，却与新闻事实有密切关系。一篇好的消息，离不开背景材料的烘托，它有助于突出主题，点明事物意义，提升新闻价值，还可以补充情况，让新闻事实更加丰满、充实。此外，背景材料还可以提供相关知识，使读者对新闻产生兴趣。

新闻背景主要有四种类型：一是历史背景，即在报道新近发生的新闻事实时，交代消息中事实或人物过去的一些情况；二是地理背景，即报道中涉及的国内外地名、地形、地貌等，这些信息有必要向读者交代清楚；三是人物背景，即当报道中涉及读者不熟悉的人物时，记者需对其背景加以介绍；四是事物背景，即报道中应介绍所涉及事物的相关背景材料，使读者了解其新闻意义与价值。

在交代新闻背景时，有以下几种写作方法：

1. 集中使用，深化报道

在新闻报道尤其是消息所常用的倒金字塔结构中，新闻背景常常被集中为一个或数个段落。这种集中使用的办法，好处是易把背景说透，其弊端在于篇幅过长，形式呆板。

2. 融入事实，顺势带出

新闻报道在叙述事实时，将背景材料有机融入事实中。这样做的好处是不留痕迹，背景与事实浑然天成、天衣无缝，读者在不知不觉中已了解了新闻全貌。

3. 旁征博引，不拘一格

为了增强背景的帮衬效果，把新闻写得生动形象，记者在选择背景材料时应旁征博引，不拘一格，不受时空和事物类别的限制。

4. 天女散花，巧妙穿插

一般来说，背景材料并无固定位置，可以任意穿插在新闻报道的任何一个部分，只要符合新闻事实和主题表达需要。背景既可以插入标题，也可以插入导语；既可以插入主体，也可以插入结尾。笔锋所至，哪里需要背景出场，背景就在哪里“披挂上阵”，一展风采。

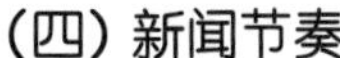

(四) 新闻节奏

所谓节奏,《现代汉语词典》是这样解释的:“音乐或诗歌中交替出现的有规律的强弱、长短的现象。”写新闻报道如同音乐或诗歌一样,也是讲究节奏的,这种节奏是由语言构成的,有快慢急缓之分。如果快慢适宜,有张有弛,变化多端,自然会形成曲折生动、跌宕起伏的节奏,新闻报道也就一定会引人入胜。

我们来看一则消息:

华美回家

【美联社美国圣迭戈 2002 年 8 月 4 日电】大熊猫华美憨态可掬的形象已经成了圣迭戈市的标志:T 恤衫、广告、电话簿,她的身影随处可见。她是第一只在美国出生并成长到青春期的大熊猫,如今,这个城市要向她说“再见”了。

根据中美两国的协议,华美的父母从 1996 年起程借给美国,而它们所有的后代在长到 3 岁时都要送还中国。

华美将在 8 月 21 日度过三周岁的生日。中国尚未提出要回华的时间,但估计她将在初秋离开。

华美出生后就一直追捧她的大熊猫迷们悲痛不已,加利福尼亚州南部的高速公路上出现了一幅幅广告牌,上面画着孤独寂寞的华美在挥动黑色的手掌,旁边写着:“亲爱的,再见了!”自称“华美迷”的一些人聚在一起录制一则向华美道别的电视广告片。

尽管华美的体重只有 87.8 公斤,但她已经长得跟妈妈白云一样高了。[①]

这篇只有 300 多字的消息,居然分了五段,给人的第一感觉是层次分明,作者的思维跳跃带来了快速的叙事节奏。第一段是导语,开门见山道出华美就要回家了,她的形象已成为圣迭戈市的标志。接着,作者笔锋一转,第二段开始交代华美要回家的背景材料,只用了短短一句话,又跳到了第三段关于华美回家的时间问题上。然后,一个大幅度的跨进,第四段跳到了“华美迷”的身上:悲痛的表情、一幅幅告别的广告牌、一则录制的道别广告片。最后,第五段又快速地把镜头重新集中在华美身上,写了她的体重和身高。全篇报道如此大跨度的跳跃,如此快捷的叙述,给了读者一个广阔的视野天地。

这种快节奏的行文叙事,是西方记者擅长的拿手好戏,也是西方新闻界常见的写作风格。美联社的这则消息“身材苗条,婀娜多姿,眉清目秀”,吸引人不得不读下去。此外,这则消息的另一个突出特点是:句与句之间,段与段之间,看似互不相关,实则上下衔接,紧密连贯。读完全文你才发现,大熊猫华美是那么可爱,她已紧紧抓住了美国人民的心,成了中美友谊的象征。

那么,在新闻写作中如何使新闻节奏快起来呢?有三种常用的方法:

---

① 刘明华、张征:《新闻作品选读》,北京:中国人民大学出版社,2003 年,第 91 页。

1. 短段落,多分段

加快行文的节奏,既反映在新闻报道各层次内容之间的内在结构上,也表现在外在形式上——分段与空格。过长的段落会使文章看上去肥胖不堪,过于沉重,也会使读者感到吃力:前一个事实尚未消化,后一个事实又紧紧跟上了。多分段,段落短,就会使读者有时间咀嚼消化,接受新闻事实。

分段要注意以下一些原则:

• 一个事实要分一段,如果事实过长,可以化短,大事实化为小事件;

• 新闻中最需要强调的内容或事实中最重要的部分可单独成段;

• 人物引语要分段,最好以各人所说的话为一段,如果过长,可采取直接引语和间接引语交替使用的方法,分为两段或者更多;

• 表述一个场面分一段;如果场面过大,由若干镜头组成,那么每个镜头分一段;

• 一般背景材料要另起一段;在叙述中,如果涉及时间变化、空间转换也要分段;

• 不同观点要分段,不能把两种截然相反、互相对立的观点放到同一段中。

2. 断裂式行文法

亦称间奏法,其最大特点是行文段落之间可以彼此没有联系,段落之间不必按照时间顺序或事实的原始过程从头排列,不必面面俱到,也无须注意文字的连贯性和上下文的过渡与衔接,着力突出读者最感兴趣的新闻事实,把它们用跳跃的方式组织起来。

断裂式行文法原本是文学作品特别是诗词中常用的方法,而它早就被国外新闻记者广泛地运用到新闻写作中。这种写法要求紧紧围绕表述主题的需要,按照新闻事件的内在联系、逻辑关系,合理区分内容层次,截去一切无关的、次要的部分,采取片断取材、断续组合、自然衔接、小段落、短句子、多分段的行文方式。对于比较复杂的事实,需要拆解开来、打散开来,按新闻价值分类,做成一个个大小不等的"预制构件",写作时只需按照一定的内在逻辑,把一个个"预制构件"重新组合起来即可。

断裂式行文法跳跃快、跨度大,概括力强,层次分明,让事情"动"起来,让人物"活"起来,笔断而意连,形散神不散。如被选入美国密苏里新闻学院教材,由合众社记者撰写的新闻特写《福特总统遇刺　幸而无恙》[①],就运用了"断裂行文"的结构,将新闻事件中与主题无关、次要的材料全部删去,将难"啃"的大量新闻素材统统打散,选出其中与主题有关的、读者感兴趣的材料重新组合。全文共分为 29 个自然段,一般段落都是十几个、二十几个字,最长也没有超过 64 个字,从刺客的出现到被捕,在时间和空间上频频转换,跳跃前进,但文断意不断,就像一篇优美隽秀的散文,读起来波澜起伏,错落有致,节奏相当紧张明快,有着强烈的语言感染力。

3. 加大句与句之间的跨度

组成段落最基本的单位是句子。在许多新闻作品中,行文的快节奏首先表现为句

① 密苏里新闻学院写作组:《新闻写作教程》,北京:新华出版社,1986 年,第 241 页。

子与句子之间的跳跃，有时在一个自然段里，要跳跃两到三个层次，甚至更多。如英国《卫报》的一则消息：

> **【英国《卫报》9 月 26 日报道】** 现在 10 岁的小孩想象的未来是一个高科技的世界，届时将会由机器人教他们上课，他们将会学习名人文化和外星语言。根据今天公布的一份调查报告，100 个小孩里面只有一个人认为以后从 A 地到 B 地会采取走路的方式；剩下的 99 个都相信火箭喷射包、磁浮滑板等将成为他们的日常交通工具。①

在这段导语的文字叙述中，新闻事实的“主体”不知不觉就发生了变化，第一句的“主体”是 10 岁的小孩，第二句的“主体”已经变为调查报告。

第三节　视频新闻拍摄与制作

要点概述

本节介绍了视频新闻的构成形态，主要包括视觉元素和听觉元素。在拍摄视频新闻的过程中应正确调整镜头角度，灵活运用推、拉、摇、移、跟等各种不同类型的镜头。在对视频新闻进行后期制作时，要精心设计和剪辑画面、声音等元素，做好声画同构。

实践目标

1. 了解视频新闻的构成形态。
2. 学会运用镜头角度，掌握各种不同类型镜头的拍摄方法。
3. 学会视频新闻的后期制作，掌握基本的电视新闻编辑技巧。

随着互联网技术的不断进步和智能手机的广泛普及，人们获取新闻信息的方式已经从传统的纸质媒体和广播电视转向了数字媒体，特别是短视频平台。短视频具有生动形象、简洁明了、易于传播等优势，已经成为人们获取新闻信息的重要途径之一。同时，面对激烈的市场竞争，如何吸引受众的注意力，提高视频信息传播效果，成为新闻媒体面临的重要挑战。因此，各类媒体需要重视视频新闻采制，优化传播策略，创新传播内容，以更好地实现新闻信息的有效传播。

① 《参考消息》，2005 年 9 月 28 日。

一、视频新闻的构成形态

要了解视频新闻的形态，首先必须对其构成元素进行剖析。电视新闻是视频新闻的基础和最重要的类型，本节主要以电视新闻为例对视频新闻的拍摄与制作进行介绍和分析。

电视的构成元素有视觉元素和听觉元素两大类。视频新闻的制作者，应该熟练掌握视频新闻的表现元素，精准地运用到新闻叙事和情感表达上，以更好地表现新闻主体内容。

图 3－1　中央电视台综合频道《晚间新闻》节目画面

(一) 视觉元素

视觉影像是视频对受众最具冲击力的传播手段。在电视屏幕上，视觉元素有着非常丰富的表现形态。

1. 画面

画面就是记录新闻事件有关信息的动态影像。画面的作用主要包括再现、实证和表意三种。

图 3－2　2024 年 5 月 12 日中央电视台综合频道《晚间新闻》《走进工艺美术博览会看老记忆焕新生》节目画面

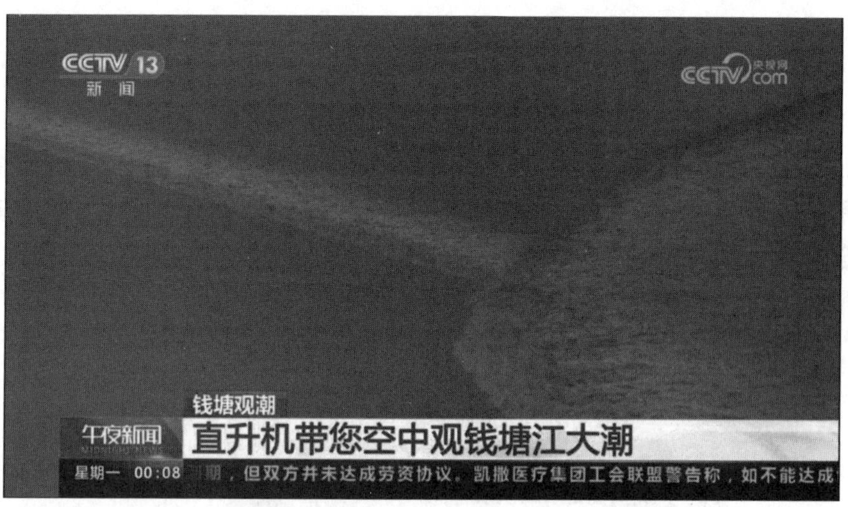

图 3-3 2023 年 10 月 2 日中央电视台新闻频道《午夜新闻》《钱塘观潮——直升机带您空中观钱塘江大潮》节目画面

2. 屏幕文字

屏幕文字大多是配合画面而产生的,能有效弥补画面信息传达方面的不足。屏幕文字主要有提示(新闻标题、要点提示)、补充(人物信息、解说词)和传递新信息(滚动字幕新闻)等功能。

3. 图表、图形和动画

对于一些专业性较强的内容比如抽象的数字、科学理论、地理方位,以及一些抽象的人物关系比如新闻人物、新闻事件之间复杂的关系等,光靠语言、画面和文字无法解释清楚,或者不便于受众理解的内容,需要绘制一些具象的图表、图形,甚至需要配合新媒体动画来加以形象化处理。

图 3-4 2016 年 9 月 15 日中央电视台新闻频道《24 小时》《天宫二号空间实验室发射成功:天宫二号空间实验室任务》节目画面

例如,2016 年 9 月 15 日中央电视台新闻频道《24 小时》播出《天宫二号空间实验室发射成功:天宫二号空间实验室任务》新闻节目,专门制作了天宫二号空间实验室的模拟图形,更直观地展现了其内部构造。

视频新闻中涉及数据性内容时,运用图表、图形等形象化手段,可使节目更加直观、清晰,便于观众接受和理解。如 2021 年 8 月 30 日中央电视台新闻频道《新闻直播间》播出《全国测绘法宣传日 2021 年共发现互联网"问题地图"近 1.8 万张》节目,在介绍相关数据时就运用了图表形式,一目了然,简明易懂。

图 3-5 《全国测绘法宣传日 2021 年共发现互联网"问题地图"近 1.8 万张》节目画面,中央电视台新闻频道《新闻直播间》2021 年 8 月 30 日播出

4. 照片或者与新闻人物、新闻事件有关的实物资料

有些新闻事件,现场无法拍摄下来(涉及隐私等),通过电视画面显然无法表现。这时可以借助一些相关的照片或者实物资料。

图 3-6 中央电视台新闻频道《环球记者连线》由于现场条件限制无法显示画面,连线现场记者,借助记者照片来补充画面

图 3－7　《第三十一届中国新闻奖评选结果揭晓》视频新闻画面

(二) 听觉元素

视频新闻的听觉元素主要包括人物同期声、环境效果声(背景声)和旁白解说，少数情况下也包括音乐。

1. 人物同期声

人物同期声是指在拍摄新闻时同步采录的人物讲话。

人物同期声的作用，一是增强新闻的真实性和权威性，二是展示人物的个性化色彩，三是通过同期声的追述可以表现过去的形象。

2. 环境效果声

环境效果声也被称为实况音响或者背景声。它是伴随画面一起记录下来的，发自新闻现场的各种声音，可以有效保持空间的真实感，并且丰富画面的信息。

3. 旁白解说

旁白解说主要通过记者或播音员的有声语言来表述新闻事件。视频解说的重要性就在于将画面无法表达的内容传达给受众。当然，在画面与解说的关系上，我们应当坚持以画面为主。

4. 音乐

视频新闻特别是消息类新闻中一般很少运用音乐。近年来，在遇到一些软性题材特别是展示性题材时，视频新闻也会用到音乐，更能增强氛围感，渲染主题。但从总体上来说，新闻节目中音乐的使用要尽量慎重，做到少而精。

二、视频新闻拍摄

镜头的变化能带给观众不同的视野，表达不同的语言和情绪、传达不同的含义、丰富画面语言，从而抓住观众的眼球，带来丰富的视觉享受，更加全面、客观地展现被拍摄物体、人物和空间等。善于运用不同的镜头和角度，能够直接提升报道的效果，因此我们在拍摄中选择合适的拍摄角度、镜头方式至关重要。

（一）镜头角度

镜头角度即拍摄角度。在视频新闻的拍摄过程中，不同的镜头画面角度能带给观众不同的视野，从而传递不同的含义。具体来说，镜头角度可以分为俯角、平视和仰角三种。

1. 俯角镜头

俯角镜头又称为俯拍角度镜头，指摄像机视轴偏向水平视线下方所拍摄的镜头，或摄像机高于被摄主体、从高处向下俯摄所拍摄的俯视角度镜头。这种镜头能够营造出俯瞰的画面效果，在表现主体时具有一种客观、公正、强调或压抑的感觉，显示出一种严肃、规范、低沉的气氛。俯视角度具有较强的感情色彩，可以表现出阴郁、悲伤的情绪和气氛。

图 3－8　2024 年 4 月 18 日中央电视台新闻频道《新闻直播间》播出《"中国天眼"发现超 900 颗新脉冲星》节目画面，采用俯角镜头俯拍了被称为"中国天眼"的世界最大单口径球面射电望远镜 FAST 的观测基地

2. 平视镜头

平视镜头指摄像机与被摄物体等高时拍摄的画面。如果被摄体是人物，那么摄影机应与人物的眼睛保持水平高度一致。观众在电视机前以平视角度观看被拍摄对象时，仿佛这个人和物就在自己眼前，容易产生共鸣，增强观众的主动参与感。在平视镜头中，可以采用正面拍摄、侧面拍摄和背面拍摄。

图 3-9　湖南卫视 2024 年 1 月 23 日起播出的《青年看世界》节目画面

一是正面拍摄。正面角度具有稳重、庄严的感觉，在拍摄人物时使用正面角度，会让观看者产生一种与被摄对象面对面交流的感觉。例如，在报道领导人重要讲话时，图片可以采用侧拍的画面，而电视镜头一定是采用正面镜头，以表达出庄重感和交流感。

二是侧面拍摄。采用侧面角度拍摄可以很好地展现出被摄对象的运动姿态，如赛跑运动员或行驶中的汽车，画面效果自然，充满活力。同时，当侧面拍摄的画面中出现多个人物时，侧拍镜头就能很好地表达出人物之间的关系，表现出人物之间的交流或对抗。

图 3-10　2021 年 8 月 6 日，在东京奥运会田径男子 4×100 米接力决赛中苏炳添奔跑画面

三是背面拍摄。背面镜头具有较浓厚的抒情意味，例如 2020 年 3 月 7 日中央电视台《新闻联播》报道了一张照片：余晖下的身影，老人手指夕阳，医生驻足眺望。这是援鄂医疗队员刘凯在护送一位 87 岁的患者做 CT 回病房的路上，身后的志愿者拍下的瞬间。在视频新闻中，用背面拍摄的方式来拍摄英雄人物或者坚守岗位的工作人员，可表达特定的抒情意味。

图 3-11 《"陪你看落日"——一张照片背后的感动》节目画面，中央电视台《新闻联播》2020 年 3 月 7 日播出

图 3-12 电视新闻背面拍摄画面，图片来源于网络

3. 仰角镜头

仰角镜头是指摄像机低于被摄体，从下往上，由低向高，从而使被拍摄对象呈现出挺拔、高大、雄伟、威严的画面形象，让人产生仰视、赞颂、敬畏或恐惧的心理反应，具有较强的表现力。

仰拍画面具有夸张、变形的特性，给观众的视觉感受要比实际生活强烈得多，因此，仰视镜头常用来表示对英雄人物的歌颂，烘托一种悲壮和崇高的艺术氛围。另外，仰视角度镜头有时候可以模拟视频中人物的特定视角，或代表观众的视线，传达特殊的观众情绪效果。

图 3-13　2018 年 1 月 1 日，中央电视台新闻频道播出《解放军首次执行天安门广场升旗仪式——国旗手郭凤通：精准无误如何练成》节目画面

（二）固定镜头

固定画面能够简洁明快地交代位置。在新闻报道或其他电视片的片头，以及转场过程中，固定画面可以交代位置。固定镜头的衔接可以在新闻叙事中实现快速交代位置、场景的目的。

比如将兵马俑、大唐不夜城、吃油泼面的食客三组固定镜头连在一起，你马上会想到古城西安。再比如，央视《新闻调查》栏目在 2018 年 7 月 28 日播出《大周村命案的疑与罪》节目，片头有一段长约 28 秒的四组固定镜头，分别是大周村村头小路、村头路牌、发生命案的院子全景以及院子中的房门。这四组固定镜头组接在一起，白描一般简洁地交代出事件发生的地点，并与解说词形成呼应：20 年前的那场命案就发生在这里，受害者的家在外观上一切保持了原来的样子。

图 3-14　镜头一：固定镜头 4 秒，风吹树摇的环境音

图 3-15　镜头二：固定镜头 3 秒，大周村村头路牌，最后一秒出解说词

图 3-16　镜头三：固定镜头 4 秒，发生命案的院子全景

图 3-17 镜头四：固定镜头 2 秒，院子中的房门上的锁头

在拍摄固定镜头时，有以下三点注意事项：

1. 选择恰当的拍摄环境

在拍摄固定镜头时，要考虑机位的架设、拍摄角度、拍摄高度、拍摄方向，以及焦距（景别）等多个要素。因为固定镜头在明确以后，所有上述要素都不能再随意更改，所以要根据拍摄需要提前做好构想和安排。

2. 注意捕捉动态因素，增强画面内部活力

单一的固定镜头要做到与平面摄影的区分，这时就要在镜头内增加画面内的运动元素，避免让观众产生看照片的感觉。因此在拍摄固定画面时，应尽可能利用画面中的动态因素，使静态画面活跃起来。

3. 注意纵深空间的调度和表现

固定画面还要注意前景、后景及立体、陪体等的选择和安排，注意纵轴方向上的人物或物体的高度，否则就容易出现画面缺乏主体感、空间感的问题，有一种拍摄对象被“贴”在背景上的感觉。这要求拍摄者有目的、有意识地提炼纵深方向上的线、形、色等造型元素，并注意利用光、影的变化形成带有纵深感的光效。

比如，当采访对象须紧贴墙壁或者背景板接受采访时，可以加用一盏新闻灯，将光从斜侧方打向采访对象，使其投在墙壁上的身影和墙壁上的光影变化形成画面的纵深感和空间感，或者利用绿植增强画面的层次感。

进入采访现场后，拍摄者要注意恰当选择拍摄背景，尽可能在画面中创造纵深层次。尤其是在进行新闻人物专访时，需要摄像团队中的一个机位对准采访对象进行长时间的固定镜头拍摄，这种情况下拍摄背景的选择直接关系到采访环境的交代以及观众的视觉感受。

例如，2020 年 11 月 6 日中央电视台《新闻联播》的一则新闻采访了北京航空航天大学博士生李赛，拍摄背景选在了李赛所工作的实验室中，直接呼应了采访对象的工作地点。采访对象后面的实验器材、干净整洁的实验室以及李赛的白色工作服由远而近

过渡到观众眼里，视觉层次感很好。

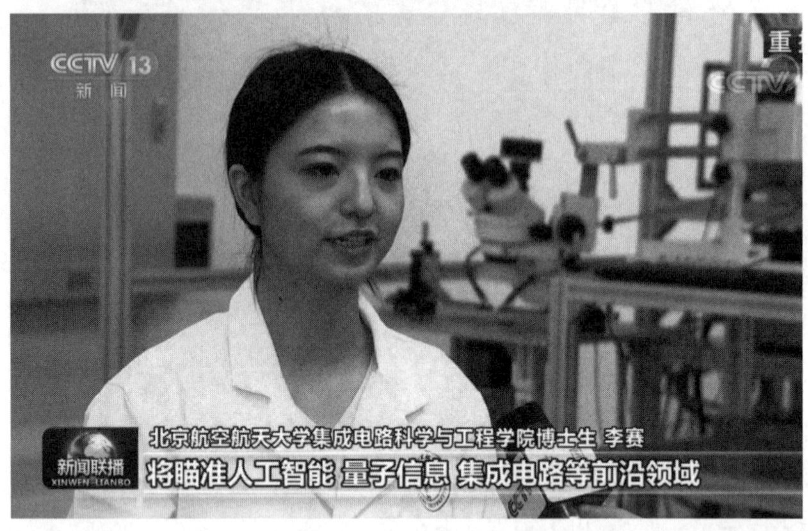

图 3－18 《接续奋斗 为全面建设社会主义现代化国家开好局起好步——广大知识分子和青年学生认真学习党的十九届五中全会精神》节目画面，中央电视台《新闻联播》2020 年 11 月 6 日播出

再如，中央电视台《面对面》节目中《姚明：做好我自己》这一期中采访姚明的拍摄背景则不是一个上佳选择。姚明背后的竹林背景，原本应该拍出竹林的层次感和纵深感，但由于距离和拍摄对焦的问题却成为模糊的绿色背景，人物和挡板之间没有任何层次过渡，画面因此流于平面和呆板。如果可能的话，可以搬一盆绿植或盆景等放到姚明的背后靠近挡板处，制造一些过渡色彩或垂直线条，从而打破画面的平面和单调感。

图 3－19 《姚明：做好我自己》节目画面，中央电视台新闻频道《面对面》2016 年 10 月 9 日播出

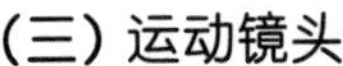

(三) 运动镜头

运动镜头包括被摄主体运动的镜头和通过摄像机的运动所记录下来的镜头。当拍摄一些静止的物体时,为了镜头节奏和视觉效果,也可以对静止的被摄体进行有节奏的运动拍摄。

1. 被摄主体运动的镜头

首先,当运动主体展现在电视画面之中,本身就具有浑然天成的结构、节奏和旋律,具有无限的、永恒的视觉灵感,也最容易吸引人的视觉,产生对运动的敏感。其次,被摄主体的运动包含内容和形式两方面的表现意义。电视画面能够把运动主体和运动形式加以真实表现,而且带有不同的内涵并引发不同的心理反应。

2. 通过摄像机的运动记录下来的镜头

通过摄像机的运动而记录下的镜头,依据摄像机的运动形式及变化镜头焦距所拍到的画面,相应地可划分为推镜头、拉镜头、摇镜头、甩镜头、移镜头、跟镜头,以及综合运动镜头等。

(1) 推镜头

推镜头由两种方式形成:一是摄像机向被摄主体方向推进;二是机位不变,通过变动镜头焦距,由广角调到长焦来拍摄远处物体或那些不可能接近拍摄的对象。

关于推镜头画面的视觉效果,由于画面表现的视点前移,被摄物由远到近,由小到大,景别范围随着镜头前推的过程渐次由大变小,形成了由一种较大景别向较小景别连续递进的过程,具有大景别转换成小景别的各种特点。与固定画面不同,观众能够从画面中直接看到这一景别变化的连续过程。另外,推镜头的过程是捕捉和指向被摄主体的过程,在画面上镜头起幅→推进→落幅的连续推进中,落幅中的被摄主体是最终要强调和表现的对象,这个主体画面应该是观众感兴趣的人物或景物或某细节部分。

推镜头指向被摄主体,突出重点形象和细节。推镜头的速度还可以影响并调整画面的节奏。关于推镜头的拍摄要点,一是应该有明确的表现意义,二是重点是落幅,三是拍摄主体应始终处于画面的中心位置,四是速度要与画面的情绪和节奏一致。

推镜头一般有两种拍摄方法。一是在对象位置不变、焦距不变的情况下,摄像师沿直线走向前,使画面景别变大。这是通过改变物距而实现的推镜头;二是在对象位置不变、摄像师位置不变的情况下,将摄像机的焦距从广角端推向长焦端,从而使景别变大。这是通过改变焦距而实现的推镜头。

(a)

(b)

(c)

图 3-20　推镜头下景别越来越大，人物形象越来越突出

(2) 拉镜头

与推镜头相反，拉镜头画面产生的视觉效果是：逐渐远离被摄主体或从一个拍摄对象到更多对象的变化，使观众有视点向后移动的感觉。在拉镜头中，被摄主体由大变小，周围环境由小拉开变大，其特点不是让观众开门见山，一览无余，而是逐渐扩展视野范围，在同一个镜头内渐次了解到局部与整体的关系，造成悬念、对比、联想等效果。

下图是全国两会现场的一组镜头，是用摇臂摄像机拍摄的。镜头起始的视觉重心落在一位少数民族代表的特色礼帽上，然后逐渐将镜头向画面偏右方向拉出来，少数民族代表在画面中占据的景别越来越小，周围参会者以及会场环境的画面越来越大。画面容量越来越大，观众的视觉丰富性渐强。

(a)

(b)

(c)

图 3-21　推镜头下景别越来越小，环境画面越来越大

关于拉镜头画面的视觉效果，由于在镜头向后运动或拉出的过程中，画面从某一主体开始逐渐退向远方，表现出视点后移，形成了一种由较小景别向较大景别连续渐变的过程，具有小景别转换成大景别的各种特点。另外，拉镜头可分为起幅、拉出、落幅三个部分。画面从某被摄主体开始，随着镜头向后拉开，被摄主体在画面中的成像面积由大变小，主体周围的环境则由“无”到有，由小变大。

拉镜头说明主体细节在特定环境中的位置、取景范围和表现空间是从小景别到大景别不断扩展，有利于表现被摄主体与所处环境的关系，有连续后退的蒙太奇句式的作用。拉镜头常被用作结束性和结论性镜头，并延展令人回味的空间。

关于拉镜头的拍摄方法，除了镜头运动的方向与推镜头相反外，其他在技术上应该注意的问题与推镜头基本一致，如在镜头拉开的过程中应该注意保持主体在画面结构中心的位置、对画面拉开后的视阈范围的控制、拉镜头速度的把握以及节奏的控制等。

(3) 摇镜头

摇镜头的最大特点是摄像机机位固定，所拍镜头景别不变，由摄像机围绕一根与地面垂直或水平的轴线连续改变拍摄方向，左右摇或上下摇，或者两者结合地复合摇，也称斜摇。

(4) 甩镜头

极快速的摇镜头画面通常叫作“甩”，即从一个画面的结尾经过甩，中间穿插一段模糊不清的画面；当画面再稳定下来时，已经变成了另一个画面。甩镜头强调的不是画面内容而是方向，它多用于处理具有内在关联或因果关系的画面组接，其中间环节忽略不计。

(5) 移镜头

在实际生活中，人们常常是边行走边观看，移镜头正是反映和还原出人们在生活中的这一视觉感受。移镜头的特点是机位发生变化，边移动边拍摄，各种运输车辆或轨道车等都是它的运载工具。航拍也是移镜头的一种特殊形式。

例如，在《焦点访谈》播出的《深圳书市为何火爆》一片中，为表现书市中拥挤的人群和人们求知的热望，用了这样一个移动镜头：摄像机如同人一样艰难地“穿行”于书市大厅之中，只见画面中满是排队付款或低头看书的人，由于现场拥挤异常，摄像机还时常“躲闪”着避免撞到只顾埋头看书的入迷者。观众好像是随着摄像机的运动“进入”那种特定的情境中，仿佛也在人群中穿梭浏览一般，因而能从这个移镜头中感受到强烈的现场感和参与感。

(6) 跟镜头

摄像机始终追随运动主体一起运动而进行拍摄的电视画面称为跟镜头。它与移镜头最大的不同在于，跟镜头画面始终跟随一个(或一组)运动主体，这个运动着的被摄主体在画框中的位置相对稳定。

(a)

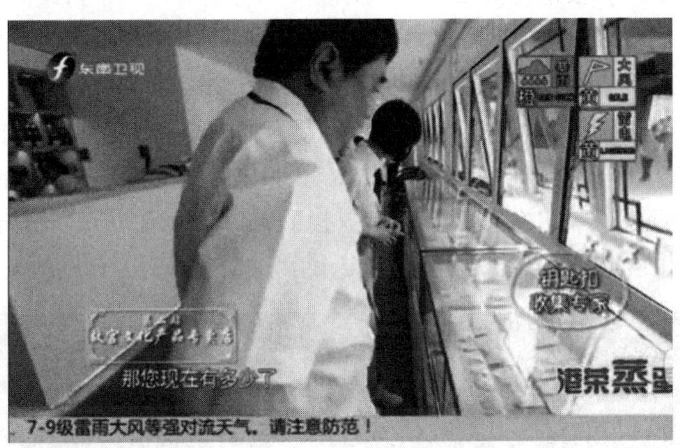

(b)

(c)

图 3-22　2018 年 6 月 20 日《鲁豫有约一日行》播出《单霁翔院长谈故宫博物院》节目，运用跟镜头使人物始终处于画面之中

(7) 综合运动镜头

综合运动镜头是由摄像机在一个镜头中把推、拉、摇、移、跟等各种镜头运动方式，不同程度地有机结合起来所拍到的画面。这种画面的视觉效果是，在一个镜头中包含多景别、多角度的多构图画面和多视点效果，画面中的运动轨迹是多方向、多方式运动合一后的结果。

综合运动镜头虽然看起来显得有一种不规范感和随意性，但用它来记录现场能够使画面内容主次分明且详略得当，对主体能够有较强的表现力和再现生活动态流程的能力，此外它还能通过画面结构的多元性形成表意方面的多义性。综合运动镜头在新闻类节目中较多地应用于纪实性的长镜头拍摄中。

(四) 长镜头

长镜头又被称为“段落镜头”或“多构图镜头”，它是指在一个持续时间比较长的镜头内，用推、拉、摇、移等手段多层次、多景别地表现同一景物。长镜头有利于保证时空的连续性、完整性和真实性。

例如，新华社、新华网为庆祝改革开放 40 周年而精心制作的创意微电影《我梦想　我奋斗　我奔向》中，利用长臂 MILO 制作 8 分钟以上的长镜头，“一镜到底”将历史大事一一串联，去除了镜头切换、剪辑，使得叙述更加流畅，抓住受众眼球，让观众聚精会神看完还意犹未尽，观感很棒，一位网友评论说：“这是我看过的最好的大片！”。

图 3－23　新华网创意微电影《我梦想　我奋斗　我奔向》视频截图，2018 年 12 月 12 日播出

(五) 主观镜头与客观镜头

1. 客观镜头

客观镜头类似于小说写作中的第三人称叙事，摄影机采用大多数人在拍摄现场所共有的视点拍摄。由于其“超然物外”，显得相对理性、冷静和客观，因此又被称为“中立镜头”。客观镜头将内容客观地表现给观众，在银幕直观效果上可产生临场感。由于拍摄者在处理画面时不加主观评论，采取中立态度，因而能使观众最大限度地发挥自己的判断力。

2. 主观镜头

主观镜头指的是摄影机的视点直接代表某一剧中人物的视点所拍摄的镜头。观众在收看主观镜头时以该剧中人物的角度“目击”或“臆想”其他人物及场面的活动与发展，从而产生与剧中人物相似的主观感受。

三、视频新闻制作

视频新闻的构成要素包括画面、字幕、解说词、同期声、音乐等，以及各种特效、录音等技术手段。不同的手段分别承担着不同的表述任务。我们主要从画面、声音、声画同构等几个方面进行了解。

（一）画面的编辑与制作

视频新闻画面作为传递信息的一种特殊语言，它和文字语言一样要遵守一定的章法。只有这样，才能准确地表达人们的思维、意念，准确地反映客观世界。本节主要阐述在视频新闻制作过程中，如何正确遵循组合逻辑，灵活运用蒙太奇理论，使剪辑组合的画面语言既能表述准确又能引人入胜。

1. 镜头的选择

视频画面编辑离不开对镜头的选择与组接。不同的镜头选择和组接表达不同的镜头语言。连续的视频电视画面组合成镜头，一个镜头也就是指一个连续的视频画面。

视频镜头是根据新闻节目内容的需要来进行编排的。在视频新闻的画面编辑中，首先要考虑表现新闻主题与展开情节、记叙新闻事实与刻画人物形象等方面的基本需要。在具体选择视频镜头时，需要考虑镜头长度、镜头角度、镜头运动、镜头景别等因素，综合运用不同的镜头表达的内容和意境也不一样。

2. 画面的组接逻辑

我们在写文章的时候讲究通篇结构的设置。在视频编辑实践中，镜头的选择与镜头的组接也是构成整个视频新闻的结构脉络所在。镜头组接一方面使镜头按照视频新闻的主题自然转换、连贯顺畅，另一方面展示一定的时空关系与逻辑关系，来清晰地表达新闻事件的发展过程。

画面组接的逻辑依据体现在四个方面：一是按照事物发展的客观规律；二是按照时间顺序；三是按照事物的空间变化顺序；四是按照事物发展的因果关系。

（二）声音的编辑与制作

声音在节目中能够增强画面的真实性和现场感，表达新闻人物的思想情感，增强受众的共鸣感，同时也能给画面注入更多的活力，从而凸显视频新闻的主题。

作为编辑，对于声音包括人声（解说声、同期声）、效果同期声和音乐，要在全片的结构中做统一合理的构思，根据视频新闻的主题思想、画面内容来选择不同的声音，从而达到渲染气氛、表现主题的目的。

1. 人声的编辑处理

(1) 解说词

解说作为视频声音的重要组成部分，与观众的思想交流相对比较直接，每一句话都能影响到特定环境的气氛表达。此外，解说词可以补充画面背景、介绍信息、完善形象。解说词在各种视频类型中都有应用，我们常见的解说词包括新闻节目解说词、专题节目解说词、直播节目解说词等。

解说词并不独立地完成对事件的全面报道，它必须和画面配合起来，才能最终完成对事件的报道、对人物形象的整体塑造，因此解说词写作一定要围绕画面进行，必须为“看”而写。

(2) 采访同期声

同期声指的是从现实生活中摄录，并随着电视画面同步发出的声音与音响。同期声包括人物的有声语言(记者、事件当事人的有声语言)、不同环境发出的声响、现场的有源音乐与音响(比如现场背景音乐)等。

与新闻节目后期所配的主观音乐、音响相比，同期声是在前期采访现场所拾取的客观声音。采访同期声是指画面上所出现人物的同步话语，由于对象关系的不同，可分为主动型、被动型和交流型：主动型即以采访者或主持人身份出现的人物的声音，用来讲述事实，发表议论；被动型即被采访者或被拍摄者的语言，用来讲观点、释疑问，使被采访者面对观众有直接的交流感；交流型即采访者和被采访者一问一答的语言或一群人的讨论语言，有较真实、活跃的现场气氛。

在使用同期声时，有几点注意事项：

一是恰当选择录制同期声的对象和地点。记者应选择使得报道更权威、更真实、更可信的对象，同时尽可能让采访对象在现场或接近现场的地方接受采访。比如在采访煤炭企业的负责人时，地点选在铲车铲煤、装卸车装运的现场，要好于选在负责人办公室或静止的煤堆前，因为繁忙工作的场面和背景音会使同期声“活”起来、“动”起来。

二是现场提问不能太过笼统。在新闻现场，记者需要陈述事实，并对事件进行一定的问题设置，引导采访对象说出关键信息。但记者的提问不能太过笼统，要简洁明确，这样才能从采访对象那里得到言之有物的同期声。

三是同期声的运用要简洁明了。虽然运用同期声能够有效增强节目的报道效果，但如果运用过多，反而会使报道没有深意，缺少重点。记者在进行新闻报道之前，要紧紧围绕采访主题，对同期声的运用做好取舍，保证简练。

2. 效果同期声的编辑处理

效果同期声是在拍摄现场影像的同时所采录的现场音响。效果同期声的编辑方法有同步法、呼应法、对比法、复原法等。

同步法是指在现场采录的环境同期声与其对应画面保持同步关系，使声画空间完整统一。同步法要求现场的自然音响要富于情节性或具有史料价值。

呼应法是指在采访、谈话中，运用画外音手段来表现听话者的反应和谈话的气氛。

比如，在重要人物叙述自己悲惨遭遇的同期声镜头中，我们听到了听众的哭泣声、议论声等画外音；或在兴奋愉快的交谈中，画外传来欢笑声等，这些都是常用的呼应手法。

对比法是指利用声画的戏剧对比来加强表现力。这种视听的对比处理会产生强烈的表现性。比如，新闻节目《蚕丝被里藏秘密》(《焦点访谈》2012 年 12 月 23 日播出)中有一组镜头，画面上是厂家生产的大量含有化纤填充物的蚕丝被并在网络上大量销售，而画外则是该厂负责人声称这是根据客户要求特别订制的被子的声音，声画对比耐人寻味。

复原法是指把从原现场录下来的同期声作为画外音配到一些原来无声的画面上，产生意想不到的生动效果。比如中央电视台《24 小时》栏目播出的《"9・11"10 年祭》(2011 年 9 月 12 日播出)这期节目中，当画面播出 2001 年 9 月 11 日两架飞机先后撞上纽约世界贸易中心和华盛顿五角大楼时，画外音用了现场救护车、消防车、警车的鸣笛声；而当画面变为两幢标志性建筑物相继轰然倒塌时，画外音还原了附近居民逃跑时的录音资料，把观众仿佛又带回了 10 年前的那次震惊世界的恐怖袭击事件中，从而使节目更具真实感。

(三) 声音与画面的同构

在视频新闻中，声音与画面是相辅相成的关系，不同的结构关系可以产生不同的表达效果，从声画完全同步到部分分离和完全对立，它们共同构成了影视艺术中声音与画面的丰富关系。在新闻作品中亦是如此，合理恰当地处理声画关系，能够提升报道效果，使得传递的信息更加丰富、更加具有感染力。

1. 声画混录编辑的双主体配置

视频新闻声画合成的立体构思，要求编辑不仅要认真处理画面，而且对声音在每一段、每一情节中的运用也要各有区别。实践中不乏这样的例子，单独看一个节目的画面、解说、音乐都属上乘，可是合在一起便明显互相干扰，争夺视听，抵消应有效果。和谐之美要求在不同情况下，各种视听手段应互相让路，即以少胜多、以缺胜全、以无胜有。

因此，视频新闻的制作应具备有声画混录编辑的双主体配置意识。如在写作拍摄提纲时，对音乐、音响的处理就要有所设计；在后期编辑画面时，镜头组接、转场、高潮、首尾等处理也不要忘记积极地运用声音的表现力。而关于声画混录编辑的双主体配置，常见的配置关系有声画合一和声画对位两种。

2. 声画合一

声画合一是指声音和画面同时指向一个具体的新闻形象的组合形式。它的特点是，声画同步发生、发展，视听高度统一，画面和声音具有最高的保真性。声画合一的结构关系是电视新闻传播中最基本的组合方式，具有真实可信、通俗易懂的特点，符合一般受众的接受习惯。电视新闻中的记者出镜或现场采访的镜头、采访对象画面＋同期声、现场直播等都是声画合一的组合方式。

声画合一在电视新闻中有两种形式：

一是画内声画合一。声音源与视觉对象高度集中于同一个新闻画面中，比如新闻人物接受采访和拍摄时的画面，既有其视觉形象，又同时播出同期声，就如同新闻人物透过镜头直接面对观众说话。

二是画外声画合一。画面本身和画外声音语言的高度统一，画外声音的目的是具体说明画面中的事物和情景。画外声画合一又可分为“解说词＋画面”和“画外音＋画面”两种形式：解说词的声源虽不在画内，但声音内容与画面内容具有高度一致性，如在纪录片中，解说员对画面形象、人物动作、制作过程等进行口头解释，可以辅助观众充分理解画面信息；画外音则在记者连线中经常用到，摄像师随着记者的讲话内容，将镜头运动到相应的地方，观众一边听画外报道，一边看现场情况。因为观众不需要长时间看记者说话的画面，而是更希望透过镜头去了解记者周遭的实际情况，并辅以记者的口头解说、分析、评论等。

3. 声画对位

声画对位是指声音和画面围绕着同一个新闻内容，在各自独立表现的基础上，又有机地结合起来的表现形式。声画对位其声音与画面不同步显现，因此并不给人以“看图识字”的简单感知。

声画对位传播，是利用声音和画面不同步产生的信息差距，充分调动人们视听两个感知通道的“注意力”，引起声画信息叠加联想，加大感知深度，从而产生一加一大于二的传播效果，因此在视频新闻中被广泛使用。

第四节　新媒体写作特点与策略

要点概述

本节重点介绍新媒体写作的特点与策略。新媒体写作具有立足创意之本、强调发散思维、善于以图表意、注重互动交流的特点。在题材处理上，新媒体写作有三个基本方法：改造传统经典、运用名人效应、善用前沿热点。在形式构思上，新媒体写作主要围绕着标题、元素和结构三方面展开。在语言表达上，新媒体写作应使用大众流行词句和语体，以及多种修辞手法进行创作。

实践目标

1. 掌握和了解新媒体写作的特点。
2. 学会运用新媒体写作中处理题材的三个方法。
3. 学会从标题、元素和结构三方面构思新媒体写作的形式。
4. 熟练使用多种大众流行词句、语体和修辞方法进行新媒体创作。

一、新媒体写作的特点

新媒体写作，即主体在移动新媒体上的写作，这里的新媒体主要指依托联网的智能手机、平板电脑、电子阅读器等智能移动终端发展起来的，以微博、微信、新闻 App 客户端为典型代表的新兴媒体，也称为移动新媒体写作。新媒体写作有以下三方面特点：

（一）立足创意之本

创意是新媒体写作的立身之本，那些优秀的、原创的新媒体作品无不充满创新与创意，瞬间就能抓住受众的目光。故而，要创作出精彩的新媒体作品，首先要抓住创意性。何为创意？创意即创造意识或创新意识的简称，是指打破现有的常规意识，衍生出的一种新的思维模式和行为潜能。

1. 创新表达形式

新媒体写作要想方设法地采用新的表达形式，而其创新往往建立在对传统媒体写作形式的创新和改造上。

传统媒体写作形式多以大块文字为主、图片穿插为辅，而新媒体写作则反其道而行之，“多图少文”是新媒体写作的基本法则。新媒体写作抛弃了传统媒体写作中常见的详细的文字描述，只是提纲挈领地展示简略的文字，取而代之的是直观的、大量的图片、表情包、音频、视频，同时将重点文字用加粗、底纹或换色等方式突显出来，产生了很好的阅读效果。

2. 创新内容和思维

新媒体写作不仅要有新的表达形式，更需要在内容和思维上进行创新，我们可以把它形象地比喻为“新瓶装新酒”。改变传统的写作观念，首先要在创作思维上下功夫。我们平时对日常生活知识的普及，在传统媒体的传播广度下十分有限，传播效果也不尽如人意，但在新媒体写作中则可以展示出另一番天地。

如“现代快报”微信公众号发布的一篇新闻《为什么筷子的标准长度是七寸六分？即使天天用，这些常识你未必知道》，作品首先用了一张动态图来突出主题筷子，然后又整理了如何鉴别、挑选、清洗筷子等日常实用知识，末尾又补充了关于筷子的历史趣味知识。这种关于日常生活用品的选题设想及内容处理，看似老旧却另辟蹊径，读来兴味盎然，体现出策划者极强的创新思维和能力。

（二）强调发散思维

新媒体写作不仅强调文字写作水平，更强调一种具有发散思维的综合创作能力。这要求写作者视野开阔，思维呈现出多维发散状，一般采用“一事多写”“一物多用”等方式。写作者对问题从不同的角度进行探索，从不同的层面进行分析，从正反两方面进行比较，从而思维活跃，产生出大量独特的想法，对客体的思考有独特的角度、一定的深度和多元的维度。

例如“悦跑圈”新浪微博发布的一篇关于武汉马拉松长跑活动的作品，从 100 多年前的革命志士自造炸弹开始，通过悬疑叙事将历史、武汉、长跑等元素进行组合，综合运

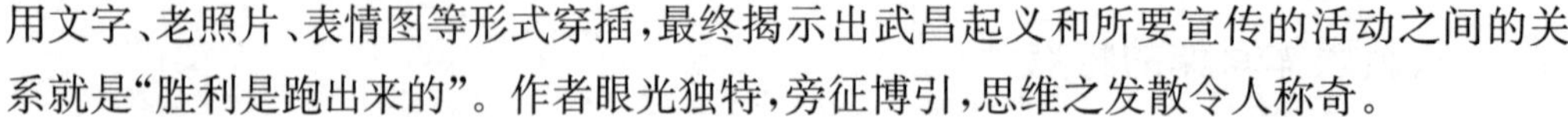

用文字、老照片、表情图等形式穿插，最终揭示出武昌起义和所要宣传的活动之间的关系就是“胜利是跑出来的”。作者眼光独特，旁征博引，思维之发散令人称奇。

（三）善于以图表意

传统媒体写作更偏重对语言文字符号的运用，而新媒体写作不仅要会综合运用文字、照片、视频、音频等多媒体，还特别需要善于使用表情包、动态图等以图表意。

表情包是一种流行文化，人们以时下流行的明星、语录、动漫和影视截图为素材，配上一系列相匹配的文字，用以表达特定的情感，意义简洁直接，表达诙谐有趣，具有丰富的社会文化意蕴，得到人们的广泛喜爱和认可。表情包在新媒体写作中使用频率极高，其类型分为动态类型和静态类型两大类，大类中又分为纯图表情、图文表情、颜文字表情、纯文字表情等。

除表情包外，新媒体写作也特别注重对动态图的使用，即把图片和视频结合起来的新型动态图，最常见的就是GIF格式的“小动画”。新媒体写作借助动态图，可解决语言过于抽象而导致信息不准确的问题。

（四）注重交流互动

新媒体写作具有强烈的交互性，要求写作时要突破单向的、线性的阅读方式，在可操作层面上实现交流互动、互文性和超链接，使得多个参与者、多个文本之间相互关联起来。新媒体写作要求创作者具备鲜明的交流互动观，即运用图文声像等多种符号建立起更明显、更强烈的召唤结构。如“人民日报”新浪微博发布的一篇介绍大兴安岭因严寒产生雾凇的作品，不仅有文字介绍，还有雾凇美景的照片，产生了一种召唤效应。另外，作品结尾的那句“你想@谁一起去看”是一个疑问句，构造出一个召唤结构，吸引受众参与互动发言。

新媒体写作还表现出高度的互文性，即“戏仿”形式，在作品中大量借用其他作品，以达到调侃、嘲讽、游戏或致敬的目的。如周星驰在《大话西游》中对《西游记》《重庆森林》《东邪西毒》等作品进行了大量戏仿。同时，新媒体写作可以以特殊编码的文本或图形的形式来实现链接，这种链接环环相扣，就会产生“超链接”。从这个意义上讲，尽管新媒体写作在个案上呈现出碎片化的特点，但运用超链接却可以使几乎所有作品互相关联起来，完全突破了传统媒体写作的局限。

二、新媒体写作的题材处理

在题材处理上，新媒体写作主要有三个基本方法：

（一）改造传统经典

新媒体写作中的每一个文本，都包含了其他文本涉及的因素，它不可能是一个封闭的绝对创新体系。其中，新媒体写作对传统经典的改造，在形式上大量使用拼贴、戏仿、影射等互文形式，具有一定的后现代主义特征。

1. 拼贴

拼贴是文本创作阶段作者所使用的一种技巧，其特征在于从整体上审视某文本是全新的，而组成它的每个部分却是原有的，作者的工作便是将这些原有的不同部分尽量巧妙地整合在一个段落、篇章或整个文本当中，使其呈现出与原有文本大不相同的面貌。

如“六神磊磊读金庸”微信公众号的作品《欧阳锋啊欧阳锋，你本来可以不败的》，就大量使用了拼贴手法。文中说欧阳锋执掌西域一家“独角兽”公司，把业务拓宽到中土，力抗其余四大公司：勇挫北方洪氏众筹公司，独立对抗中部全真丹药保健食品公司，排挤了南方段氏一阳指环王集团、东海桃花岛黄氏影视公司，越战越勇，顺便还拿到了当时最大的投资集团——大金国公司的注资。在结尾处，作者写道“如果欧阳锋如同新君越一样拥有两门奇功——一门功夫，消除外界杂音；一门功夫，专注内心宁静——江湖会不会是另一个样子”，揭示了本文的真实身份——广告软文。自媒体作品接上新君越的广告，不仅介绍了该车的优越性能，而且通过对武侠小说中诸多情节的另类拼贴，产生了新鲜的意象。

2. 戏仿

戏仿，即在自己的作品中对其他作品进行借用，以达到调侃、嘲讽、游戏或致敬的目的，主要包括对人物形象、主题、语言、历史、情节的戏仿，用来颠覆传统观念和定论，具有后现代主义色彩。作为一种创作手法和文化实践形式，戏仿是新媒体写作十分钟爱的题材处理方法。

如“浙江文旅资讯”微信公众号发表的作品《水浒好汉穿越历史来到浙里，画风竟然是这样的》，作品通过戏仿《水浒传》来进行海盐旅游的宣传，特别是美食的推荐。推文开头用大画、漫画、动态图和简单的文字导入，然后模仿微信的方式，让大家非常熟悉的梁山好汉宋江、鲁智深、吴用、武松用现代语言发微信晒海盐的美食，“海盐旅游”和其他梁山好汉都在主题下点赞和评论。全篇作品脑洞大开，风格轻松诙谐，让人发笑的同时又感觉和这些梁山好汉的脾性十分贴合，对当地旅游起到了很好的宣传作用。

（二）运用名人效应

新媒体写作在题材处理上常常借用名人之名进行创作，把所要传达的主题和某个或某些名人关联起来，从而运用名人效应来增加作品的阅读量和转发量。

1. 运用商业富豪的名人效应

商业富豪大都具有传奇经历。很多富豪出身普通家庭甚至贫穷人家，他们凭借勤奋、机遇、努力等特质发家致富，充满了个人魅力，其奋斗历程和成功经验总是特别牵动人心。尤其是一些世界级富豪的言行，更是吸引着全世界的关注。运用名人效应进行创作，往往可以取得事半功倍的效果。如一度成为国内首富的万达集团董事长王健林，在《鲁豫有约大咖一日行》的节目访谈中曾提到先挣一个亿的“小目标”，这句话迅速在网络上走红，引发了网友的热烈讨论，借此大做文章的新媒体作品也如雨后春笋般冒了出来，如今这句话已经成为大众耳熟能详的一句口头禅。

2. 运用文娱界人士的名人效应

文娱界人士拥有很高的人气，运用他们的名人效应进行创作，也是手段之一。尤其是新媒体写作中的娱乐时尚类作品，本身就涉及非常多的文娱界人士内容。在借文娱界人士的名气进行创作时，要注意三点：一是多选择“同文化圈”的人士，即偏向选择本地区有很高知名度的文娱界人士；二是避免跟风、炒作有负面形象的人，不能为了炒作降低作品格调；三是不利用文娱界人士的隐私甚至谣传去进行创作，防止对当事人的形象和合法权益造成严重的后果。

（三）善用前沿热点

从大众传播的角度来讲，人们对新鲜出炉、新奇有趣的事件更为关注，而这些事件和话题往往来自社会各领域的前沿动态，当关注升温后就很容易成为社会热点。新媒体写作从前沿热点着手，从而引发更多相关或周边话题的讨论，这种创作具有很明显的优势，容易在短时间内引发高度关注。

如何借前沿热点去处理新媒体写作的题材？有以下两种途径。

1. 巧借已形成的热点生成关联创意

创作者要时刻关注网络、社会上的热点人、物、事，不断思考如何将热点与自己的平台内容、主题定位等结合起来，然后进行创作。如电视剧《琅琊榜》热播，引发全民关注，也出现了不少借助其热度进行创意设计的作品。“做饭很简单”微信公众号发布了一篇名为《琅琊榜美食攻略！据说吃多了会跟苏哥哥一样帅》的文章，将电视剧中的相关剧照与食物的现代制作方法结合起来，图文并茂、生动直观，如榛子酥、太师饼、茯苓鸡汤、粉子蛋、葛花解酒汤等。

2. 善于挖掘潜在热点进行创作

如果想创作出独特的新媒体作品，就不仅仅是追逐热点，还需要深入挖掘潜在的热点。创作者要具有强烈的新闻敏感，从社会事件中搜寻、判断热点，筛选出最有可能成为“爆款”的那些事。这要求作者必须具备很强的数据分析能力和舆情预测能力，练就一双火眼金睛。如北京联合张家口申奥成功后，微信公众号“大唐网”就发布了作品《北京张家口申奥成功，对咱大唐山有啥影响》，分析了五大好处，对地方形象进行宣传。再如人机大战事件，“棋牌新闻”新浪微博发布《围棋高手李世石将对阵谷歌围棋智能机器人，这个事件您知道吗?》，采用文字加视频的形式，加入了许多流行元素，风趣幽默，引人入胜。

三、新媒体写作的形式构思

新媒体写作打破了传统写作的模式，在标题、元素和结构上都展示出独具一格的特色和风格。

（一）标题：善于吸引眼球

看书先看皮，读文先读题。受众的时间和精力有限，不可能在移动新媒体上点开每一个作品，其根据作品标题来决定是否点开。因此，一条出色的标题会吸引受众的眼球，甚至直接影响到资讯的阅读率。新媒体写作的标题设计主要有以下几种方法：

1. 要具有问题导向意识

一般来说,一个标题回答一个具体问题,富有具象性。一篇新闻中通常会包括"5W+1H",即何人(who)、何事(what)、何时(when)、何地(where)、何因(why)、如何做(how)。我们拟写标题不要面面俱到,侧重一个具体问题便可以了,如《2021 年 1 月之后,上海将发生大事》《常做这个动作,能健康哦》《万万没想到,茅台要出院士了》等热门文章的标题。

2. 多用否定句或疑问句

在拟制新媒体作品的标题时,尽量多用否定句或疑问句,使得标题呈现出开放的状态,同时制造悬念,使受众产生强烈的阅读欲想一探究竟。如《什么样的家庭才能出高考状元?》《如何用一个鸡蛋做出七个煎饼?》《沈腾、马丽的春晚小品不好笑了?》。拟制标题时,可以在代词上多使用"你",以此拉近与读者的距离,如《你听过哪些让你惊艳的名字》《关于小儿感冒,你不得不知道的十件事》《点开自测,你的家人是否健康》等。

3. 巧用数字

在一排汉字中间,阿拉伯数字有着天然的魅力,特别容易吸引眼球,从而跳脱出来,让人很直观地看到数据,增加点击率,例如《长寿的 12 个秘密》《解决失眠的 8 个方法》《亲身感受月入 1 000 元的 6 亿人如何生活》《1937 年,这座城市没有不战而降》《71 岁上班,96 岁失恋,100 岁获奖,忙到没有时间去死,她的人生有多高级……》等。

4. 善用标点或颜文字

汉语标点符号和颜文字都有表意的特性,如情感色彩强烈的"!",表示无语的"。。。",表示疑问的"?"等标点,以及颜文字(>—<)、(→0→)。如《这种人你见过吗?(→——→)》等。

5. 尽量口语化

在标题制作上多用口语和流行词语,可以接地气,使受众有一种天然的亲切感。如《三亚打车到乌鲁木齐,4 600 公里,一辆滴滴,这两个歪果仁破了世界纪录》《读完此法,让你不蓝瘦》等。

6. 使用修辞手法

在标题中运用比喻、排比、对偶、对比、夸张等修辞手法,可以使标题更有文学性、观赏性、可读性,从而提高作品点击率。如《十里春风不如你,西湖美景长待君》《刘长乐:凤凰折翼,老马迷途》《四十不多欲,五十不多情,六十不多食……》《新年守护者:风雨中的温暖"橙"》等。

(二) 元素:文图音像并举

从严格意义上讲,新媒体写作并不是对传统媒体写作的颠覆和替代,而是一种叠加和融合的关系。新媒体写作不仅继承了传统媒体的文字与图片,而且还叠加了音频和视频等形式,尽量避免单一的纯图文形式,使得作品更加丰富多彩。

1. 图片的运用

相对于传统媒体而言，新媒体写作不仅使用文字和图片，而且还大量使用表情包和动态图。表情包在新媒体写作中十分火爆，其设计者多为80后、90后甚至00后，创作灵感多来自非主流文化圈，有的新媒体作品的主体部分甚至只有一串串表情。动态图在传统媒体的写作中几乎没有，因为它在PC(Personal Computer，个人计算机)端和移动端上才能显示，这也决定了它就是为新媒体时代而生的。大量使用动态图，可显著增强作品的生动性和趣味性。此外，从微博开始流行的九宫格也是新媒体作品广泛采用的图片格式。

2. 音频的运用

对音频的使用，也是传统媒体写作所不具备的。新媒体写作中使用最多的音频是歌曲、纯音乐和人声。在一些唯美风格的作品中，常常插入歌曲或纯音乐，受众可以一边观看作品一边欣赏音乐。新媒体写作有时还会运用人声的音频，对一些诗作和散文，加上配乐朗诵，营造出一个舒缓、雅致的感觉空间。

3. 视频的运用

视频在新媒体作品中时常出现，风格各有不同，只要和主题贴合都可以使用。视频的加入，可以方便读者更直观地理解作品内容，和文字结合还可以使文字“活”起来。在文字作品中加入视频，目前已成为各大主流媒体在报道重大新闻时的常规操作，如央视新闻、新浪微博在报道“天宫号”中国空间站在太空中的新闻时，就采用了图、文、视频相结合的形式。

(三) 结构：超文本写作

“超文本”(Hypertext)是“超级文本”的缩写，是与“超链接”相关联的一个术语。新媒体写作的文本结构多采用这种形式。所谓超文本写作，即采用超链接的方法，将各种不同空间的文字信息组织在一起的网状文本。现时超文本普遍以电子文档的形式存在，其中的文字包含可以链接到其他位置或文档的连接，允许从当前位置直接切换到超文本链接所指向的位置。

与传统媒体单一层面的线性写作相比，超文本写作以网络所储存的大量数据为基础，呈现出无限延伸、扩展的、立体的结构特点：一方面可以通过超链接使信息之间产生联系，另一方面也可以使信息形式以多媒体形式存在，作品不再仅呈现单一信息，而是建立起一个小小的信息网，将多层意义聚合在一件作品中，由读者自由选择怎样去点击、浏览，从而使得阅读体验得到极大丰富和提高。例如，普通的微博文本由于140字的字数限制，大多运用超链接功能进行超文本写作，用带有超链接的网址、图片、文字完成作品。

四、新媒体写作的语言表达

(一) 使用大众流行词句

网络时代产生网络语言，即网民对部分汉字、英语词语和数字加以改造或加工，杂糅在一起使用，甚至出现部分错字、别字、病句，这种网络语言被网友们在网络上广泛传播和炒作，形成了独特的网络大众流行语。网络语言具有流行性、时间性、大众性和社会性等特点，新媒体写作为了追求大众化、趣味性和接地气，将这种在网络或口头上传播的特殊语言变为作品中的书面语言而大量使用。

如微信公众号“新疆我的家”曾经发布的《2016 乌鲁木齐市区五大堵点！ 城南压力山大》，作品介绍了乌鲁木齐因市政建设出现的交通拥堵现象。其中标题使用的就是网络流行词“压力山大”。再如，大众流行词“吃瓜群众”“洪荒之力”“凡尔赛”“YYDS”等，也经常出现在新媒体作品中。

（二）化用大众流行语体

近年来，由于网络语言盛行，产生了许多大众流行语体，如“纺纱体”“蜜糖体”“校内体”“凡客体”“淘宝体”“元芳体”“甄嬛体”等等。这些流行语体都具有特定的词汇、句式或韵律特征，迎合了当代大众的审美情趣，备受追捧，广为流行。

如成都市区的交通提示牌都是用淘宝体写的“亲，请按交通信号灯通行哦”“亲，注意避让行人哦”“亲，不要随意横穿哦”；上海警方凡客体防电信诈骗标语更加幽默，“爱打电话，爱装警察，爱装法官，爱装检察官，也爱说电话欠费、法院传票……我是电讯骗子……”这些警方告示十分人性化，亲切且很接地气，受到老百姓一致好评。

（三）运用多种修辞手法

新媒体写作讲求不拘一格，有时需要运用大量修辞手法，如比喻、借代、排比、对比、夸张、双关、谐音、对偶、借典等，这与传统媒体写作和文学创作有异曲同工之妙，可以使语言风格更加明朗亲和，令人印象深刻。

第五节　时评写作与观点表达

要点概述

时评是当代新闻评论的主要形态，是观点时代指导大众、引领舆论的重要手段。一篇合格的时评，其写作要求可从思维、形式、选题、语言与伦理五个方面进行分析。互联网环境下新闻评论的生产传播方式发生了巨大变革，在媒体融合基础上形成了“互联网＋”评论体系。随着自媒体评论的兴起，传统新闻评论的文体规范逐渐被突破，演化为更广义的观点表达。

实践目标

1. 掌握时评写作的基本要求。
2. 了解互联网时代新闻评论的形式创新与文体变革。

新闻评论是传播者借用大众传播工具或载体，对新近发生或发现的新闻事实、问题、现象直接表达自己意愿的一种有理性、有思想、有知识的论说形式。[①] 当代新闻评论的评论对象绝大多数是新闻时事，即“时评”(时事评论)。时评指以议论时事为主，对新闻性事实、问题或现象进行规范论说的文章[②]，是当代新闻评论的主要表现形态。

评论是承载深刻思想的最佳载体，新闻评论表达人们对新闻事件的判断及对由新闻引发的各类社会问题的思考。作为新闻传播的灵魂和旗帜，新闻评论是营造和形成新闻舆论的重要方式和手段，是影响和引导社会舆论最有力的工具。在互联网时代信息泛滥，社会舆论呈现浅表化、情绪化特征的形势下，人们尤其需要新闻媒体给予专业、理性的指导，借助权威的分析和评论以对新闻有深入、准确的理解和认识。当前我们身处于一个“观点时代”，一篇好的时评，既反映作者认识问题、把握新闻的能力，也反映其提炼观点、有效表达的能力。这样的能力，是一个新闻工作者应该具备的，也应该是现代公民素质的一部分。

一、时评写作的基本要求

20 世纪 90 年代以来，新闻评论进入繁荣发展时期，最明显的标志就是“时评热”的兴起。时评的最大魅力在于：说当今社会之热点，抓民众关心之焦点，破群众生活之难点，解民忧、释民惑、达民意，使人们对社会现象作出是与非的理性分析和正确评价，从而更好地认识社会、适应社会和服务社会。[③] 如今，时评已是当代新闻评论的主要形态，在某种程度上甚至成为“新闻评论”的代名词。

时评具有时效性、思想性、平民性和贴近性等特点，指导性、开放性和建设性是其价值所在。好的时评，不是易碎品，而是历史的底稿，它既能起到舆论监督和引领舆情的作用，又可以成为民情民意的表达和疏通渠道。当前，时评已成为各大主流媒体塑造品牌、扩大影响及进行竞争的重要手段。根据时评的文体特征和创作过程，时评写作的基本要求可从以下五个方面进行分析：

(一) 思维：逻辑思维

思维是观点形成的起点。新闻评论是一种表达观点的文体，其源于感性认识又高于感性认识，在感性认识的基础上形成理性认识，因此其判断形成的思维方式应该是逻辑的，其论点的合理性应可经过逻辑判定。

时评创作主要表现为人们针对社会生活领域的新闻事实表达和交流观点，它往往难以实证，却仍然需要论证和说服，因此需要揭示事物之间确定的关系，并且以明显的、非个别化的思维路径表达出这种关系。这就是逻辑的思维方式。公共的、理性化的逻辑，正是人类在思考和交流中所共同接受的思维规律。在时评所在的公共意见交流领

---

① 赵振宇：《一项需要普及和提高的公民素质——关于新闻评论的三点理性思考》，《新闻大学》2007 年第 4 期，第 96—101 页。

② 马少华：《时评的历史与规范》，《新闻大学》2002 年第 3 期，第 48—51 页。

③ 丁法章：《当代新闻评论教程》(第 5 版)，上海：复旦大学出版社，2012 年，第 321 页。

域中，特别需要逻辑思维的确定性和可交流性，采用概念、判断、推理等逻辑思维方式，而非灵机一动的直觉或无所约束的联想。

比如，在一些新闻评论习作中我们常常可以看到类似于“这件事使我忽然想到……”的表述方式，尽管这是写作者经常发生的思维活动，但“忽然想到”往往是发散型思维，没有确定的逻辑关系。初学者一般出现最多的问题，正是由于“联想丰富”而造成观点的分散，看似面面俱到，实则不得要领。一个新闻事实可以触发我们多个层面、多个角度的思考，也会自动地联结作者记忆中不同层面、不同方向上的思想材料，如果不加分辨取舍，一股脑全都写下来，必然造成评论观点和线索的散乱。例如，“一个人可以因看见白云，而想到白云观的开放，白云观开放的时候也是琉璃厂火神庙开放的时候，因此他又记得某某年在火神庙遇见某某朋友”①。

此外，中国文化中常常被人们谈及的辩证思维虽然是产生真理性认识的思维方式之一，但其主要适用于哲学、思想领域，而在日常生活中如果过多地使用思辨理性，很容易在“一分为二”“普遍联系”的魔杖下，得出颠倒是非、混淆视听的结论。② 如近年来很多自媒体评论中出现的“杀人犯是社会不公的牺牲品”“反腐应该标本兼治，治标只是走形式”“西方技术封锁将反向助推中国芯片自力更生”等论调，犯了过度思辨的错误，模糊了事件焦点，否定了真理的确定性和绝对性，以致沦为片面的甚至无意义的空谈。

逻辑思维所代表的分析理性，要求精确与严格，排斥含混与牵强；崇尚质疑与分析，不容盲从与武断。因此，在时评的构思与创作过程中，逻辑是对新闻事实做出合理判断的最佳思维方式，可使观点表达更加科学、理性、有说服力，从而有助于正确引导舆论。

（二）形式：直面对象、明确表达

时评表达的是作者对新闻事件或社会现象的判断和思考，是人们通过媒体交流观点的工具。时评往往直面对象明确表达判断，要求论题和论证要和引发议论的新闻事实之间有必然的关联，否则就不是有效的表达。有的议论性文章虽然以新闻开始，论题却很快转移或被放大以致偏离新闻，最后给出的判断和开头的新闻事实之间并没有必然的联系，这类文章属于泛泛而谈，即使观点正确，也不能算是合格的新闻评论。

此外，作为实用性议论文，和其他意见传播文体相比，时评更追求表达与传播的效率。时评要求尽可能早地出现判断句，观点及时、明确表达，“开门见山”是其写作的一种基本结构。从语言上讲，时评往往使用简洁的文笔，传递确定性的信息，避免过度修辞等造成的不确定性。

我们以鲁迅的著名杂文《论雷峰塔的倒掉》为例，分析一下评论对象和作者观点之间的关系问题。作者以“雷峰塔倒掉”这一新闻事实作为评论对象展开论述，先是想到了儿时祖母讲过的民间故事，然后写到了自己长大后对雷峰塔的“不舒服”感觉，再接着由吴越乡俗讲到民间对《白蛇传》人物的爱憎情绪，最后以一句“活该”讽刺了老法海的可悲下场。文章很鲜明地表现了鲁迅对人间美好情感的肯定和赞赏，对压迫束缚人性

① 金岳霖：《知识论》，北京：商务印书馆，1983 年，第 199 页。

② 马少华、刘洪珍：《新闻评论案例教程》，北京：中国人民大学出版社，2008 年，第 27 页。

的体制力量的憎恶，具有很强的思想性和可读性，作者联想丰富，文笔辛辣诙谐，不愧为杂文名篇。但是，对于“雷峰塔倒掉”的新闻事实本身，作者却没有作出任何判断，这明显不符合当代新闻评论直面对象明确表达判断的形式要求，整篇文章的风格显得文采有余而理性不足。

相较于杂文的“发散”，时评的表达应该是“集中”的。对于一幢古代建筑倒塌的新闻事实，时评作者应该想到的是：其倒塌的原因、影响以及相关责任，还有今后防范此类事故应当采取的措施。这些思考都是直面事实本身的，在此之上产生论点，体现了新闻评论直面对象、明确表达的要求，以及逻辑思维集中、精确、有效率的特征。

（三）选题：事件性选题

选题是时评写作的起点。有待认识的对象无限多，从中选择一个作为认识的起点，这就是评论的选题，具体表现为对“什么值得评论”进行判断的认识过程。对于评论者而言，选题要受判断主体的价值观、立场、利益、知识结构和情感结构的影响；对于新闻媒体而言，选题要受到媒体宗旨和传播对象两方面因素的影响，是对媒体定位与受众需求契合点的寻找。

新闻评论选题的对象可分为两种：事件或问题。对于以新闻事件作为对象的评论来说，选题就是“选事”；对于以没有明确时间节点的社会现象或话题作为对象的评论来说，选题就是“选问题”。传统的党报、机关报，会更多地选择具有普遍性和宣传指导功能的非事件性选题，着眼点相对宏观；而运作频率较快的市场化媒体和自媒体，则主要选择时效性较强的事件性选题，即偏重“时评”。时评选题紧跟新闻事件，时效性强，能够及时满足读者的期待，是当前评论选题的主流。对于新闻媒体而言，特别是那些号称“言论立报”的主流媒体，当重大事件、热点新闻扑面而来的时候，责无旁贷，理应及时回应、深刻解读，这些事件就成为自然的选题。

好的时评选题，应该具备以下三个条件：一是触及现实，富有新意。反映和指导现实是新闻评论的生命力所在，时评写作要以现实生活中的新人物、新事物、新风尚、新问题、新动向作为主要评论对象，快速反应，及时发言，推动工作进展，给人以思想启迪。二是面向全局，准而有当。评论选题应面向广大受众，为社会所关注并攸关公众利益，对受众具有普遍的指导意义；另外用作评论对象的新闻事实或社会现象，必须绝对真实，不能有半点虚假。三是大中取小，以小见大。时评选题的对象是具体的、有代表性和普遍性的新闻事件，“见微知著”是它的主要特征；通过分析和评论，以点代面，为受众解答思想困惑，为交流提供有意义的借鉴，促成社会的整体进步。

（四）语言：直笔、理性

近年来，时评写作在中国蓬勃发展，更多的生活内容和评论主体汇入，增加了大量的专业判断与知识含量，这导致了文章中的学术概念密集化。一方面，这具有必然性：时评讨论的话题，一般涉及公共事务，讲究理性分析和传播效率，这肯定会与生活语言有较大距离，可能整体上会给人一种模式化印象，造成心理上的疏离；另一方面，这必须改善：时评的传播对象是普通大众，必须照顾到他们对生活语言的亲近感，在自身的语言节奏中安排一定的生活语言，从而使受众在亲切的氛围中接受时评理性的、效率性的基本语言面貌。

作为议论文体，新闻评论语言的成分以概念、判断、推理为主，要求语言“凝练”且有较高的抽象度，应该尽可能使用确定性的概念，少用形容或转喻性的词汇。确定性的概念反映事物的本质，可以进行有效论证，而形容与转喻虽然在阅读感觉上要好看一些，但其在本质上属于修辞而非论证，难以作为判断与推理的基础。因此，时评的语言表达，应取“直笔”。对于受众来说，明确的、毫不含糊的、一语说破的语言，具有更大感染力和冲击力，也会形成更深的印象。同时，作为大众传播文体，时评语言应该易读、易懂，具有较好的传播和记忆效果，如字、词不能生僻、拗口，句子结构应该短促有力、朗朗上口。从平面媒体的角度来说，还应尽可能地划分段落，以便于读者掌握全篇的层次与结构，并节省目力。

此外，从中国近代以来新闻评论的发展轨迹来看，其语言有一个从情感化到理性化的演变趋势。当代新闻评论既要在目的上促进社会的理性选择，还要在思考方式上提升社会整体的理性素质。因此，时评语言应该采取理性与平和的风格，以对大众产生正面的潜移默化的影响。面对当前自媒体及众多意见大V言论中所普遍存在的流量至上和煽情炒作之风，新闻评论者要保持定力，以理性、平和、专业的评论文章去矫正风气，引导舆论。

（五）伦理：正当、公益、合乎道德

如同新闻报道和新闻编辑存在伦理问题一样，新闻评论也存在伦理问题。当前获得大众传播机会的言论仍然是一种稀缺资源，占据这种资源的主体对公众有着比较大的影响，因此有责任促进社会文明进步，人们也自然有理由要求其评论正当、公益、合乎道德。

随着媒体空间的开放，评论主体也日益多元且有不同的利益诉求，在此背景下出现了一些新的伦理问题，比如：评论者是否因为存在“利益冲突”而必须放弃创作？评论者是否一定要署名？评论者是否应该对评论造成的影响负伦理责任？论点提出后是否一定要加以论证？论证应该遵守逻辑规则，还是以驳倒对方为目的？论证中如果发现不利于自己的事实材料，评论者是应该改变观点，还是视而不见？评论者对于所评论事实的真实性是否要负传播责任？……只有审慎考虑和权衡这些问题，才是承担评论伦理责任的态度。

时评的伦理规范建设是一个复杂工程，大体应包括这样几个方面：在内容方面，时评应坚守民主、法治和社会基本价值观的底线，表达积极、进步、有利于社会和谐稳定发展和人民团结的观点；在形式方面，时评在论证中不使用不利于读者把握和理解事实、妨碍读者进行理性判断的论证方法或修辞手法；在评论者的行为规范方面，时评应该公开、坦荡地表达观点，不通过隐蔽发表等手段误导舆论，无论评论者持有什么观点、立场，或者有什么利益背景。

二、互联网时代的评论创新与观点表达

随着新兴媒体的快速发展,基于移动互联网平台,以微博、微信、新闻客户端为代表的社会化媒体成为人们进行媒介接触和信息消费的主要渠道,其便利性、平权性、交互性的特征,使得网络评论获得了更广阔的发展空间和更丰富的表现形式,在信息传播中的作用愈发显著。随着创作主体的多元化和评论样式的变革创新,传统新闻评论的种种文体规范也被逐渐突破,演化为更广义的"观点表达"。

(一)"互联网+"评论体系形成,以"融评"实现创新

报纸、广播、电视等传统媒体在拥抱互联网的过程中,不断探索和创新新闻评论的创作和表达方式,建构于媒体融合基础上的"互联网+"评论体系逐步形成,新闻评论的全媒体传播格局得到完善。在此过程中,新闻评论的生产传播方式发生了根本性变革,评论主体大范围扩展,"草根"评论员大量涌现,全民评论潜力被激发,新闻评论的观点交流平台功能得到了最充分体现。

融合赋予了新闻事业更多可能性。传统的评论报道形式开始迈入"融评"时代:H5、长图、音乐、漫画、脱口秀……图、文、影、音等元素的全方位融入,打破了传统评论尤其是文字评论的抽象、平面模式,为观点产品注入了活力,并通过移动端的传播,吸引了越来越多的用户和受众,实现了新闻评论的移动化、可视化创新。比较有影响力的媒体"融评"实践有2014年凤凰视频时政新闻脱口秀节目《又来了》,2019年人民日报创意视频《两会"石"评》、人民网口述微评系列短视频《两会听我"蒋"》,"四川观察"竖视频栏目《快嘴幸儿60秒盘两会》,2021年新华社全媒报道品牌栏目"新华全媒+"推出的"沉浸式听两会",以及"蜻蜓FM"张召忠《局座时评》、四川新闻频率观点栏目《声张》等音频评论节目等,都取得了不错的社会反响。①

传统的报纸端评论也在融合传播方面进行了有益探索,文字与视频融合呈现,使评论传播更加立体。如2017年香港回归20周年之际,人民日报首次尝试了"任仲平"文章与微视频的结合,开创了政论传播的新形式;新华社《学习进行时》专栏推出融媒体政论产品"辛识平",通过评论员评说、重要观点字幕化表现、包含片头片尾的完整短视频制作等手段,实现了主旋律作品的生动表达。近年来蓬勃发展的人工智能和大数据技术也给评论带来了更多可能性,如新华社在两会期间推出的AI主播、光明日报融媒体中心的虚拟主播"AI小明"等。

此外,在中央提倡短、实、新,反对假、长、空的文风号召下,各级主流媒体纷纷改革评论生产机制,改进文风:人民日报提出"写好评论需要到现场去","人民网"观点频道开创和打造"三评"品牌系列,深圳特区报要求评论员手拿话筒到一线。各家媒体还试行了"评论记者"工作机制和"现场评论"生产方式,通过让记者型评论员到需要关注和评论的事实现场,获得真实感受和对事实的正确、深刻的把握,以形成、提升观点和思

① 章晨曦、董立林:《"融评":给评论更多可能性》,《传媒评论》2019年第4期,第9—12页。

想。[1] 各级媒体的改革举措，有效提升了新闻评论的影响力和亲和力，更好地发挥了舆论引导功能。

（二）自媒体表达推动文体变革，建立“观点表达”新规范

时评是普遍表达的实用文体。[2] 新闻评论作为一种意见表达的文本，既有表达专业判断、提供权威的意见性信息的功能，也有表达一般公众的价值、愿望、利益的功能。互联网的普及特别是移动互联网环境下自媒体的兴起，为发挥新闻评论的后一种功能提供了广阔的公共表达空间和充分的物质技术条件。各种写作式样、议题、作者和读者，在传统媒体、新媒体和自媒体的空间中平行地生存和发展，创造了丰富的文体样式。在某种程度上，全媒体时代的多元化创新性写作已经突破了传统“新闻评论”默认的文体规范，向更广义的“观点表达”靠拢。

在传统的新闻评论生产机制中，作者和读者是相对固定和有限的。而门槛更低、更自由的互联网和自媒体空间创造了新的言论作者和言论读者。许多热门微信公众号所发表的文章是一种具有更长篇幅、更多史实和文献的文体，拥有自己稳定的读者或者用户群，哪怕这些读者过去并不读报纸评论。这些由言论领域的创新所开发出来的新读者，必然与作者之间在写作方式上存在着不同于传统新闻评论的新默契——写作规范。新的植入因素影响了评论文体形式，传统媒体评论的篇幅、论证方式、论据形态等约束条件被打破，一种接近科学规范的论证方式和更有专业特点的论据形式如数据图表、文献引注等，被置入文本之中，如腾讯网“今日话题”、凤凰网新闻客户端荣誉主笔“唐驳虎”的多篇评论作品。[3] 此外，专家群体在自媒体时代进入公共表达空间，在学术规范议题上显示出专业的认知层次，在热点话题、争议性议题上形成影响舆论的力量。此外，一些传统媒体人的个人公号如“刘备我祖”“六神磊磊”“短史记”等，从不同途径提升了观点表达文体的文化含量。这类主体的存在为整体表现业余化、情绪化的自媒体评论置入了严肃的专业化倾向，是当代观点表达所收获的理性进步因素。

虽然互联网时代的观点表达呈现出多样化的面貌，但时评创作与其他公共场合中的观点表达形式有着一些共同的规律，如观点需要论证、论证需要相关的论据以及合乎逻辑的推理等，这些符合人类认识和思维规律的要求在自媒体评论中同样需要遵守，无论形式如何创新，风格多么鲜明。另外，初学者在有表达需求时要大胆写作，没有写作动机和写作活动，思考往往处于不稳定、不清晰的状态。“在任何情况下，说和写都帮助思想变得更加清晰。”[4]写作比思维要求更高的效率性。人们在认识过程中的思考，可能是旁逸斜出的，写作就是要依照概念、判断、推理的逻辑要求，去除掉那些旁逸斜出的思考内容。

---

① 赵振宇、彭舒鑫：《新闻评论：新时代的新气象和新思考》，《新闻战线》2019 年第 5 期，第 32—37 页。

② 马少华：《什么影响着新闻评论——观点表达和说服方法的案例分析》，北京：人民日报出版社，2013 年，第 4 页。

③ 马少华：《观点写作，在创新中建立新的文体默契》，《中国记者》2020 年第 7 期，第 13—16 页。

④ ［德］玛克斯・德索：《美学与艺术理论》，转引自马正平《高等写作学引论》，北京：中国人民大学出版社，2002 年，第 212 页。

思考与练习

1. 阅读报刊或收看电视上刊播的人物专访报道，评析记者在访谈过程中提问题、组织访谈与人际交流三方面的得失。

2. 试参加一次大型活动，并以寻找最具新闻性的报道材料为目标，对活动现场进行观察。

3. 选择央视新闻频道近期播出的一则影响较大的视频新闻，从镜头运用、画面及声音的编辑等方面对其进行细致分析，掌握视频新闻拍摄与制作的技巧。

4. 新媒体写作与传统媒体写作有何异同？请列举出本周发生的一个热门事件，运用拼贴的方法进行构思，写出新媒体作品的创作思路。

5. 在互联网时代观点表达呈现出多元化、创新性特征的背景下，自媒体评论如何在理性的逻辑论证与感性的情感表达之间取得平衡？

【学生习作点评 1】

“蜂”鸣：当松茸遇上“蜜蜂”

烟花三月，万物复苏，春意盎然，王茂村的田野生机勃发。

绿油油的麦苗，黄灿灿的油菜花，簇拥着象牙白色的大棚。笔直的小路贯穿大棚内部，泥土散发着一股特殊的清香味，定睛看去，躲在绿草中的松茸都探出了脑袋。

央视《舌尖上的中国》第一期节目《自然馈赠》，主角就是松茸。“自小刺头深草里，而今渐觉出蓬蒿。”松茸营养价值极高，含有多种多糖、多肽、微量元素，因此被称为“菌中之王”。进入 21 世纪，松茸已被视为全球顶级食材，屡次登上中国国宴。

图 3－24　长势喜人的松茸

松茸刺身，搭配鱼子酱，可生吃；酥油煎松茸香气扑鼻；松茸蒸蛋滋味鲜美。“高端的食材，往往采用最朴素的烹饪方式”，推开大棚的门帘，张谦念叨着《舌尖上的中国》的经典台词，“我这儿的松茸，虽说是人工养殖的，香气、口感一点儿也不差啊。”

一

张谦身材高大壮实，指尖儿捏着松茸，整个儿就是野兽与美女松茸版，看着倒像种松树的，跟松茸好像不沾边。

张谦任职于宜兴市金穗种业公司，公司主业是培育曾获国际金奖的“银香”水稻，在宜兴市周铁镇王茂村建起了10亩大棚，种稻制种。从2021年秋起改成轮种，稻子收了接着种松茸，张谦担任松茸项目的“老总”。

图3-25　张谦在和客户通话

2021年11月，松茸项目上马。金穗公司引进浙江大学实验室的菌种，开始了人工种植松茸。张谦订制了两层不同材质的纱布，架在大棚顶部，避免阳光直射，又在田地上方挂上一排排自动喷淋设备，配合大棚内部的实时监控温湿度的传感器设备，为松茸模拟了类似云贵高原的生态环境。

菌种到货，设备就位，人手也齐全了，张谦种下松茸，坐等菇开，静候钱来。

二

牛年将去，虎年将来，陶都宜兴滴水成冰。阴冷的早晨，张谦走进大棚，低头看了一番，摇摇头。松茸睡着了，不知道哪天才能醒过来。松茸因为低温进入休眠期，张谦心里着急，嘴上起了好大一个“泡”。

第一株松茸破土而出，工人们采摘第一批松茸。第一笔松茸销售订单敲定了，松茸一辆车一辆车地发出，张谦的松茸一炮而红……

忽然，手机铃声响起，将他拉回眼前的困局，前段时间的志得意满转瞬即逝……

图 3－26　大棚里的松茸

听了一会儿，张谦接着对方的话说道："不仅仅是你要货啊！要货的人太多啦！昨天还有个老板跟我说，只要有货，钱不是问题。"

张谦顿了顿，说道："现在我确实没货，咱们以后常来往多合作，好吧？"

图 3－27　采摘晾晒的松茸

对方不死心又追了几句，张谦也急了："我真没货。你不信我直播给你看。自己看看吧！"说着，手机转向大棚四周，又转向田里，"有货吗？没有啊！松茸都休眠了。"

稍喘着气，听完对方一大段拉拉扯扯……沉默了一阵道："你说以后我这边上了采暖设备，一百亩的松茸量你也销得动吗？"张谦认真听着，一边往办公室走去，"我跟我老板说说，这投资也不小，差不多二十万呢。"

采暖设备，说的是在大棚里安装一套状如暖气片的设备，通过电加热，将大棚内温度控制在 10 度以上，保障隆冬时节松茸也能正常生长。

春节刚过，老板批准了投资方案。接下来，张谦又面临一个问题，电采暖设备负荷的快速增加，对现有线路的稳定运行产生了影响。

三

3 月初，周铁供电所得到金穗公司的消息，供电所营业班吴班长马上开着橙黄色工程车，一溜烟到了金穗公司。吴班长跟张谦也算老熟人了，2015 年金穗公司成立时，就是吴班长给公司接的电。

图 3－28　电蜜蜂检查大棚供电设备

吴班长找到了张谦，俩人都不讲究，随便找个地儿说起这事。吴班长充分了解了张谦的需求，结合现场勘察，确定了供电方案。另外，虽然说零审批，但作为用户单位，金穗公司需要提供一些材料备案。这些材料报表，张谦有不懂的地方，吴班长就向他详细地讲解。

两人商讨了两个多小时，初步确认，为了满足松茸冬季生长的温度条件，周铁所会提高电缆的受电量，使之可以承载新增加的采暖设备。按省内常规速度，完成整套作业需要 10 个工作日。吴班长自信地说："我来带队施工的话，最多 8 个工作日就能搞定。"

图 3－29　电蜜蜂助力"百亩松茸"梦

正说着话，又有客商来看货了。年后天气回暖，松茸又开始生长了。张谦和吴班长看到产销两旺，都信心倍增，张谦是看好松茸，吴班长则是深信“电蜜蜂”定能不负众望。

当松茸遇上“蜜蜂”，张谦的百亩松茸，好梦有望成真了。

（撰写：薛任嘉　李想　指导老师：毕春富）

——本文摘自产教融合型课程“全媒体新闻实践流程”实践教学项目化成果：三江学院—国网宜兴市供电公司产学研合作项目专刊《蜂采》2022 年第 3 期，“国网宜兴市供电公司”微信公众号 2022 年 9 月 20 日转载

教师点评：

这篇刊发于“国网宜兴市供电公司”微信公众号上的宣传报道，是三江学院产教融合型课程“全媒体新闻实践流程”实施校企合作项目的成果之一。采访任务由 2019 级新闻学专业学生薛任嘉、李想共同完成，毕春富老师现场指导。

国网宜兴市供电公司在访前只是设定了宣传报道的主题，指定了采访的地区是宜兴市周铁镇，具体的采访报道事项由学校师生自行选定。接到任务后，两位同学感觉不知从何入手，具体采访何人、何事也只有一个大致范围，并未确定。在这种情况下，指导老师提示学生注意当地有哪些特别的农作物、珍稀的鱼类或动物：农村种植或者养殖肯定需要电力部门的配合支持，如果在这些范围内找到电力部门的动人事迹，做出来的报道新闻价值会比较大，也比较好看。

在老师指导下，两位同学当天晚上检索了周铁镇的基本情况，发现这个镇的现代农业比较突出，在省内、国内有较高知名度，便初步决定在基层供电所支持现代农业生产这样的范围内寻找选题。

第二天早晨，师生从当地通讯员那里了解到，位于周铁镇的宜兴市金穗种业公司有一些特色生产项目，于是便立即前往。到了金穗种业公司，了解到公司主业是培育曾获国际金奖的“银香”水稻，近年又开始培植松茸。两位同学商量后，认为水稻种子虽是获奖产品，但和一般老百姓距离过于遥远，而松茸在网络上的关注度非常高，《舌尖上的中国》的第一季主角就是松茸。经过和指导老师的讨论，两位同学决定就做松茸的故事，一人做访谈，一人做图片及背景材料。

在培植松茸的大棚里，两位同学和松茸项目负责人张谦一起参观了传感器等设施，详细了解了松茸的生产情况，以及金穗公司与当地供电所的业务往来情况。其间，采访对象在谈及松茸的销售情况时，有些不愿深谈细说，指导老师及时提示学生告诉采访对象报道里不会透露具体销售渠道，以打消对方顾虑。稍后赶来的周铁镇供电所吴班长也很配合学生的采访，讲述了他们为金穗公司提供服务的情况，只是涉及供电、配电方面的一些专业术语，两位同学听得有点吃力，还好前一晚已事先“恶补”过，幸无大碍。两场访谈差不多进行了三个小时，结束前，学生还跟采访对象约定由对方提供晾晒松茸、检查大棚供电设备的照片。

当天下午，两位同学通过网络检索补充搜集了有关松茸的网络资讯(甚至包括有关松茸的古代诗词)，重新观看了《舌尖上的中国》第一季关于松茸的节目，历时五小时左右才完成全部采访工作。

整个采访过程时间安排紧凑，采访对象积极配合，学生记者做访谈做得较顺畅，得到了翔实的第一手材料。现场观察也紧紧围绕故事重点展开，配合少量网络资讯和对方提供的图片，足以支撑起整个稿件写作的需要。

【学生习作点评 2】

视频作品：《南京烟火》

视频解说词：

一座中华门，划分了门东、门西。相较于门东熙熙攘攘的人流，门西古朴的小巷子却有着最让人迷恋的人间烟火气，形成了繁荣都市里独树一帜的风景。青砖石板路，这里的石板路曾走过了无数脚步，每一块石板都承载了岁月的嬗变，仿佛回到了老南京。隐藏在闹市区中的隐居显现在视野里，历史的记忆在这里悄然流淌，它是南京最古老的街巷，见证了一代又一代南京人的生活。北京胡同、上海弄堂、南京巷子……老门西的曲巷斜街是南京街巷的典型代表，相较于棋盘式的布局，更有着属于自己的历史文化特色，承载的是南京的历史文化底蕴。钓鱼台、饮马巷、甘露巷、煤灰堆、六角……就在这些不起眼的巷弄里，曾经走出过一位又一位的志士仁人。南京老门西，这不只是历史，更是每个南京人的生活。岁月是一首歌，故事是它的旋律，南京老门西，一处人间烟火，一段世间热闹。我们在这里，等待下一个明天。(注：解说词配老门西风景画面)

同期声(记者采访烧饼店店主)：

店主：“这个店开 20 多年了。”

记者：“20 多年了，咱们应该多大年纪呀?”

店主：“我来到这边都 10 年了，跟我们家一个亲戚……”

记者：“跟亲戚学的手艺?”

店主：“对。”(注：解说词配店主揉面画面)

最南京的是城南，最城南的是门东。老门东，一个承载了老南京记忆的地方。走进老门东，一副楹联呈现在眼前：“市井里巷尽染六朝烟水气，布衣将相共写千古大文章。”曾经的城市辉煌和历史纵深感呼之欲出。抛开历史的厚重，在斑驳的青石板路上漫步，在悠久浓厚的城南记忆中浸润，青砖黛瓦、木梁雕窗、马头墙处处可见。观赏古色古香的深巷小院，品味老南京的人间烟火，紫藤挂云木、花漫一阳春，人间四月天，春风有信，花开有时。总要来趟南京吧，感受下金陵的春天，与春和景明撞个满怀。(注：解说词配老门东风景画面)

图 3-30 “哔哩哔哩”网站“三江瞭望眼”《南京烟火》视频画面

教师点评：

《南京烟火》是“全媒体新闻实践流程”课程实训作品，也是2024年四、五月间南京市文旅局组织的“我还是喜欢南京”大学生短视频大赛参赛作品，是课程贯彻产教融合思路，实施寓教于赛、赛教合一的成果。该作品在教师的组织和指导下，由学生团队自行策划、拍摄、采访、剪辑制作和完成配音。

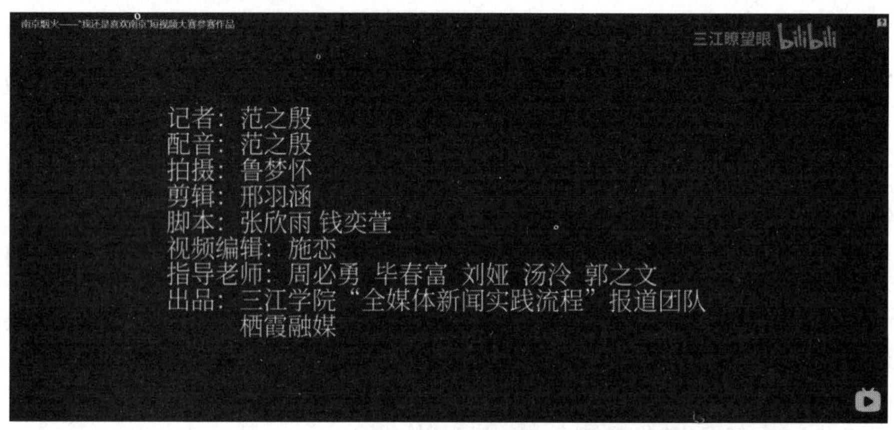

图 3-31 《南京烟火》片尾主创团队介绍

作品整体来说意境优美，通过镜头捕捉南京的烟火气息，“是藏在幽深小巷子中的吃货馄饨，是隐于市井之中的人情世故，抑或是蕴含在百年古迹中用心体会出来的南京烟火气”。作品的亮点在于配音和解说词。学生的配音有故事、有情绪，解说词围绕主题经过精心打磨，每一个字都凸显出南京的独特和古朴，平静地叙述着一座有着历史积淀的古城，使得视频具有了自身的风格和情绪表达。

从画面来说，作品的层次感强，运用了各种镜头的组合，如长镜头、推镜头和拉镜头等。不同的组合表达出不同的镜头语言。画面构图整体来说干净、整洁，没有多余的杂乱无章的元素，给人以赏心悦目的感觉。对于初学者来说，该作品算是已经掌握了基本的拍摄要领。

图 3-32　《南京烟火》视频画面截图

但作品在后期编辑方面存在一些问题：从解说词和画面的剪辑组合来看，最大的问题在于声画不统一。虽然创作团队将解说词写得很优美，画面拍得也很有质感，但是两者组合在一起却有着明显的割裂感，即解说词没有围绕画面展开。要知道，观众的眼睛是跟着画面走的，解说词一定要围绕画面而展开，围绕"看"而进行。如果画面拍摄的是当代南京人的市井生活，而解说词在讲南京老城东的历史底蕴，那么观众就会在这一反差中混淆，搞不明白视频想表达的重点是什么：是声音还是画面？因此，主创团队在拍摄前期就要做好整体的布局和规划，拍摄、脚本和后期编辑等各个环节都要做到有机统一。

在某些细节方面，作品也存在一些问题，如拍摄游客吃馄饨的那一段时间明显过长，容易产生视觉疲劳，完全可以剪辑开来分布在不同的片段里，在整体布局上再精细化一些。另外，作品在介绍人物时没有具体的身份信息，应该以字幕的形式对人物身份作简要介绍，让观众一目了然，起到补充信息的作用。

整体来说，该作品达到了作为学生课程作业的基本要求，但是在细节之处尚需再认真打磨、雕琢，这样效果会更好一些。这部作品最终未能获奖，也说明学生还需要在实践中不断积累经验、总结提高，做出更加精细、专业的作品。

第四章

全媒体新闻的编辑与发布

全媒体新闻的编辑与发布融合文字、图片、音频、视频等多种形式，为受众提供全方位的信息体验。文字内容的编辑侧重信息的真实性、时效性及故事化表达。报纸版面的编排重视视觉效果与信息结构，强化可读性。音视频节目的编辑追求视觉听觉的高质量融合，增强内容吸引力。全媒体新闻在充分利用各类社交媒体和新媒体平台特性的基础上，进行适当的、有针对性的发布与呈现。总之，全媒体新闻的编辑与发布是一个高度整合、多渠道分发的过程，旨在满足不同受众的多元化信息需求。

第一节　新闻稿件的内容编辑

要点概述

本节介绍了有关新闻稿件内容编辑的相关知识。新闻稿件的选择有一定程序，新闻价值、社会效果和报纸特色是其衡量标准。对新闻稿件中的差错，编辑可从事实、思想、表述等几方面进行修改。编辑还可通过压缩篇幅、改变体裁和角度、改写导语和撰写标题等多种途径，对单篇新闻稿件进行优化。

实践目标

1. 了解稿件选择的几个标准。
2. 熟悉新闻稿件中差错的表现，掌握各种改正方法。
3. 了解优化新闻稿件的途径，掌握各种修改和操作方法。

因有关图片、音频和视频的编辑知识本书另列章节介绍，同时文字报道有其传统上的特殊性，故本节所讲述的新闻稿件的内容编辑主要是指报纸内容编辑。新闻采访与写作环节为报纸编辑准备了丰富的原材料，这些原材料经过编辑加工后才能成为一张正式出版的、完整的报纸。

中外报纸的运转流程大同小异，均为记者写稿—编辑编稿—拼版—开印这样一个循环往复的过程。在此过程中，编辑贯穿始终，从制定编辑方针到报纸面世，均为其职责范围。编辑就是将记者和读者联系起来的一个中枢系统，将编辑部的各类人员如记者、资料员、评论员、技术人员等串联起来，共同为报纸出版工作。

一、新闻稿件的选择

报纸的版面有限，而新闻信息无限。编辑有义务从无限的新闻信息里选择读者最需要的信息放到版面上，把不符合要求的新闻稿件剔出版面。

（一）选稿的程序

报纸编辑队伍一般分为三级岗位：一是编辑部主任，全面负责新闻版面的编排、协调和把关；二是责任编辑，负责一个版块或一组版面的策划、编排和把关；三是执行编辑，负责指定版面的编排操作。不同级别的编辑着眼点不同，对稿件的评判、选择会存在差异。年轻的编辑新手在大局把握、价值判断、操作能力和把关水准上都有欠缺，有一定经验的专业人员才能独立担当编辑岗位的责任。

新闻出版过程中有四个阶段的选择，分为记者选择、编辑选择、版面选择、读者选择。记者选择属于采访写作范畴，读者选择与读者心理密切相关，而编辑选择和版面选择属于编辑学的内容。这四个阶段相互衔接，前一个完成后才能进入后一个。这里着重讲编辑选择与版面选择。

1. 编辑选择

编辑选择环节实际解决的是“用不用”的问题，得到编辑认可的新闻稿件才有机会与读者见面。在这个环节里有两种处理情况：

第一种是单稿选择。任何新闻稿件都不能逾越编辑选择环节，因为每篇稿件都要经过版面编辑的衡量和修改，才能保证稿件的质量和出版时间。

单稿的选择属于定质半定量性质。所谓定质，就是按照新闻价值、宣传价值、文化传播价值标准考查原稿的质量，选出可用的稿件。所谓半定量，就是要考虑到版面的容量，选稿不能过量，以免造成既浪费人力又影响工作进度的结果；选稿也不能过少，必须保证版面选择有足够的备用稿可供替换。

在进行单稿选择时，稿件字数常常成为选择的第一步，这也是编辑删改稿件的控制性要求。《报纸质量管理标准实施细则》中规定，四开报纸每版平均不少于 5 篇（专、副刊除外），一版不应少于 7 篇；对开报纸每版平均不应少于 7 篇（专、副刊除外），一版不应少于 10 篇。同时要求每期报纸一般都应有消息、评论、通讯、图片。

一般来说，消息稿的字数控制在 900 字以内，通讯稿字数在 1 500 字以内，其他特殊情况特殊处理。在确定稿件字数的前提下，编辑重点对每一篇文稿事实的真伪、新闻价值的大小、文章的表达方式等进行多方面的推敲，目的在于保证选择出的单篇稿件的内容是真实、准确、有价值的，其形式是清楚、合理的。

第二种是组稿选择。组稿选择与单稿选择最大的不同在于编辑在选择时常常以组合稿件的形式刊发群稿。多稿组合信息量大，新闻性强，能制造较强的视觉冲击力。

在组稿选择中，编辑除了要不停地重复单稿选择的工作外，更重要的是需根据版面的容量和出报时间来做出定量、定时的选择。

2. 版面选择

版面选择环节解决的是“怎么用”的问题。来自不同渠道的稿件最后都要集中到版面编辑处，经过版面编辑的集中处理才能上版刊出。哪篇稿件先上，上什么位置，需要根据版面来选择。

版面是一个整体，每篇稿件的不同价值与稿件之间的关系只有在版面整体的比较中才能显现出来。通过群稿的比较，版面编辑需要分析各稿件内容的关联性、重要性，进而决定某稿件是单独发表，还是配发评论、图片、资料，是否需要与其他稿件组合成专栏等。

(二) 选稿的标准

提出“把关人”理论的美国传播学者怀特认为，编辑的选择带有明显的主观性。对某一特定的稿件而言，因为编辑个人的价值观和趣味不同会有不一样的处理结果，但是对于某个重大的事件，不同的媒体不同的编辑可能会表现出相同的倾向。由此可见，在新闻稿件的选择上，有一些得到大家公认的衡量标准。

1. 新闻价值

新闻能否引起读者的注意，取决于新闻本身有没有价值及价值的大小，这就是新闻价值的标准。西方传统的新闻价值理论包括七要素：重要性、显著性、及时性、异常性、接近性、趣味性和冲突性。[①] 在诸多新闻理论及采访写作教材中，对新闻价值都有相当详尽的介绍，本书不再赘述。

需要注意的是，任何一个新闻事实的发生都不是孤立的，新闻事实所包含的新闻价值需要通过纵横两向的比较呈现。例如，在学雷锋日，医务人员在居民小区设摊做医疗咨询，是不是新闻？新闻价值高不高？通过比较就可以得知：这种做法早几年就有，今年没有新变化，新鲜度低，可以不做报道。要正确判断这个事实的新闻价值高低，编辑需要了解过去发生和报道过的新闻，同时也要对当下医疗条口在改进服务方面的各种新做法、新动态有所关注。

新闻编辑是一项需要长期积累的工作，需要时刻关注社会的细微变化，更需要长期跟随社会发展的脚步，然后才能将这种变化和脚步准确反映到版面上和报道中。

2. 社会效果

编辑在选择新闻稿件时，必须将稿件的新闻价值与社会效果结合起来考虑，预测其可能产生的社会效果的好坏，包括政治、经济、法律、文化、道德等方面。一个新闻事实可能具有较高的新闻价值，但是如果公开报道会造成不好的社会效果，就不能进行报道，或者另外寻找发表时机与途径。

社会效果按其性质分，有正面效果、负面效果与中性效果三类。

所谓正面效果，就是新闻能对读者、社会产生良性的、积极的影响。一般来说，诸如

---

① 刘建明：《当代新闻学原理》，北京：清华大学出版社，2003 年，第 181—190 页。

成就、英雄、庆功、节日等正面报道的新闻能够产生积极的社会效果;如灾难、战争、凶杀、丑闻等负面新闻的报道,如果聚焦于血腥细节与个人隐私,容易造成不良影响。

所谓负面效果,就是对读者和社会产生消极、不利的影响。一些明显对社会和他人具有危害性质的新闻是禁止刊登的。根据我国宪法和其他法律的规定,结合新闻行业的伦理规范,凡属煽动、诽谤、侮辱、泄密、造谣、教唆、传播淫秽、侵犯隐私等的新闻都应该禁止刊登。如果新闻产生的负面效果是有限的、易于消除的,编辑可以通过一些编辑手法来弱化负面效果,起到积极的引导作用;如果负面影响比较大,即使它同时具有很强的正面效果也不能采用,如泄露国家机密的新闻。

中性效果的新闻,既无明显的积极意义,也无明显的不利影响,如一些趣味性新闻。这类新闻富有人情味和可读性,能调节阅读节奏和版面风格,可以适当选用。

3. 报纸特色

不同报纸承担的传播角色不同,读者群不同,选稿的标准自然会有所不同。任何一家报纸都要按照自己的编辑方针来选择稿件,挑选最能体现本报特色的稿件,尽量多用本报记者稿,尽量选择反映报纸特点的重要稿件。

什么样的稿件符合报纸的需要?首先要看稿件的内容,是否符合本报的报道范围或报道重点;其次要看报道的形式,即写作方式和风格水平是否适合本报。一般情况下,编辑会按照本报记者稿、通讯社稿、网络及其他媒体稿的顺序发稿,习惯选择报纸通常风格的稿件。

如果报纸编辑能坚守具有自身特色的选择,就容易形成自己的个性,可以减少新闻同质化的可能。

二、改正新闻稿件的差错

改正差错是新闻稿件修改的基本任务,是一种无条件的修改,主要针对稿件在事实、思想、表达方面的问题而进行改正。

(一) 真实性的判定

真实是新闻的生命。如果新闻稿件在事实上出现差错,逾越了新闻真实的底线,就失去了全部新闻价值。编辑修改稿件的第一要务,就是要确保稿件报道的内容必须确有其事。编辑可以借助分析法,通过对稿件所述事实、叙述方法、写作条件等的分析,发现其中的破绽和疑点,从而判断所叙述事实的真假。

1. 通过稿件内容判定

编辑可以通过分析稿件中所写的事实及事实与事实之间、事实与判断之间的关系,来发现稿件中存在的疑点和破绽。如果稿件中存在以下现象,对其真实性就要特别加以注意:

一是违反常识。如果新闻报道的事件或人物不合乎常识,其真实性就值得怀疑。有一篇稿子写某仓库主任 3 年做了 300 多万字读书笔记,发表理论文章 100 多篇。也就是说他平均每天要做 3 000 字左右的读书笔记,平均每 10 天左右要发表一篇理论文章。作为一个仓库主管,这可能吗?

二是不合情理。不真实的稿件并非实有其事,而是主观想象出来的,多半夸大其词,悖于情理。因此,对于那些明显不合情理的情节内容,要特别加以注意。

三是前后矛盾。稿件在叙述同一事实时,如果前后不符,既是这样,又是那样,根据逻辑学的"矛盾律",编辑就可以判断其中一个肯定错了,或者两个都错了。有一篇关于全国见义勇为模范的新闻《好人李学生》,报道前面写"听说救人的英雄牺牲了,被救小男孩千方百计找到了李学生的妻子",后面又说李学生"27 岁才结婚,女儿刚刚 1 岁时,妻子就因病去世",这就让人费解了。

四是超越采访的可能。并非任何事实都可以通过采访获得,记者的采访需要一定的时间、空间、身份等客观环境条件,编辑对于报道中超越采访可能的"事实"必须多加留意和推敲。

2. 通过新闻来源考证

西方国家的新闻媒体大都明文规定:所有新闻都要交代新闻来源。交代新闻来源的最大目的是让读者了解新闻的权威性和可靠程度。因此,考证事实的新闻来源就成为判断事实真实性的一个重要途径。特别是以下新闻来源,编辑需要慎重对待:

一是新闻来源不明。尤其在一些关键环节和关键引语上,说不清新闻来源,只以"据悉""据透露""据认为""坊间称"等代替。

二是匿名消息源。稿件对匿名消息源的依赖越大,它的可信度就越低。编辑对匿名消息源的警惕是出于以下担忧:第一,很多记者由于懒于寻找有据可查的信息而使用匿名消息源;第二,记者很可能将捏造的事实冒充为匿名消息来源提供的信息;第三,匿名消息来源提供的信息要么不准确,要么是出于为自己谋私利的个人目的。因为匿名消息源给了假新闻以可乘之机,所以国外有些报刊主张全面禁止使用匿名消息源,或者一篇报道中不能超过两个匿名消息源。我国一些新闻单位也规定,除了非常特殊的情况外,稿件应尽量不用匿名消息源。当编辑遇到新闻中有"王先生""黄某"之类的匿名消息源时,一定要向记者了解清楚:是谁说的?身份如何?

匿名消息源并非不可以使用,涉及一些不宜公开报道其姓名、身份的内容时,可以使用匿名消息源,但是要保证真实、客观、公正,唯一有效的途径就是核实。美联社对匿名消息源有严格规定:第一,匿名消息提供的材料必须是对新闻至关重要的信息,而非观点;第二,信息只有在匿名情况下才能被披露;第三,信息必须是可靠且准确无误的。只有在满足这些条件的时候,美联社才考虑使用匿名消息源。

三是权威性不够的新闻来源。权威性新闻一般来源于专业人士或现场目击者,专业人士就该领域发表的意见要比外行的评价更具权威性。如果新闻来源不够权威,产生假新闻的风险就相应增大。

四是转载其他媒体的新闻。在转载的过程中,信息可能会出现变形、遗漏等情况,需要特别予以核实。当前互联网已成为重要的新闻来源,但由于把关性不足特别容易出现以讹传讹的现象,因此编辑对于来自网络的信息尤其需要谨慎应对。

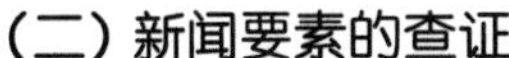

（二）新闻要素的查证

新闻要素是构成新闻的必需材料。构成新闻的时间、地点、人名、人物性别、年龄、职务、具体数字、机构名称、配发图片等要素，必须真实、准确、清楚。

编辑在修改稿件时，越是细小的地方越要注意，因为这些地方记者往往容易误记，编辑如果不认真把关，错误就会在报纸上出现，闹出笑话。

（三）新闻事实的表述

多数新闻的事实是真实存在的，但在一些具体的表述上可能有误，或者不够科学，编辑的“火眼金睛”一样不能放过这些细微的差错。如“摩纳哥”和“摩洛哥”，一字之差却远隔千里，一个在欧洲，一个在非洲。

1. 词语要规范

编辑要注意稿件中过时的、淘汰的习惯用语与不规范的表述方式，如“洋油”“洋灰”等老式叫法现在已经改为“煤油”“水泥”了。一些译名和计量单位，要按照国家通用规范使用，如“星加坡”统一写成“新加坡”，“纽西兰”写成“新西兰”；长度单位以“米”计，过去常用的长度单位“尺”“寸”现在已经很少用。

2. 改正字词错误

为了防止字词错误的漏改，编辑平时要注意识别一些容易搞错的成语和词语。如“万人空巷”是指人们纷纷走出家门，因此不能说“电视剧收到万人空巷的效果”；“明日黄花”中的“明日”是相对写诗的“今日”而言的，后来所指范围扩大，用来比喻过时的事物，而不宜使用“昨日黄花”这一杜撰出来的词；“炙手可热”形容人很有权势，含贬义，但有些媒体用其来形容一切“吃香”的事物，完全背离其本义。媒体误用成语的现象时有发生，编辑要发现一处订正一处，以免谬误流传。

3. 纠正语法错误

新闻稿件中的语法错误也是比较常见的。语法错误的种类很多，最常见的一种就是词与词之间关系搭配不当。“此役过后，申花已基本铁定小组不能出线，亚冠联赛已经被淘汰。”前半句搭配不当，基本就基本，铁定就铁定，两者不能同时使用；后半句主语错误，被淘汰的是“申花”而非“亚冠联赛”。

4. 规范使用标点符号

新闻稿件中标点符号的错误也很常见，比较典型的有一逗到底；非整句引文句号误用在引号里面；“第一”后误用顿号；省略号前后保留了顿号、逗号、分号，省略号与“等”并用；表示年月日的间隔误用下圆点、一字线或破折号等。

5. 内容表述要科学

新闻稿中往往有些内容涉及自然科学和社会科学，编辑要注意这些内容的表述是否科学。例如一则社会新闻报道一个小偷翻窗入室偷窃某中学的电脑的案件，文中这样表述：“大肆偷窃电脑软件，在二十九台电脑内窃取了内存条五十八根、硬盘三片等软件。”电脑软件是程序，而内存和硬盘是硬件，用电脑软件来概括小偷盗取的电脑硬件就是错误的。

(四) 不正确观点的修正

事实虽然真实准确,但体现的观点或看法不正确的新闻,编辑要善于进行修正。在修正观点的时候,尤其要注意新闻稿中的政治性差错。政治性差错主要有以下几种情况:一是错误理解党的基本路线、方针、政策,背离正确导向;二是违反法律法规和民族宗教政策,给党和政府工作带来严重后果;三是报道国家和省、市领导人的姓名、职务等出现差错;四是泄密,包括泄露国家军事机密等。

修正观点时,编辑要注意以下问题:

1. 提法不当

某报刊登了《中国保监会严厉查处怡和保险公司》一文,导语中有这样一句话:“怡和保险顾问有限公司通过其在香港的机构及在我国境内的代表处……”,这句话有严重错误。上述提法把香港的机构排除在“我国境内”之外了,把香港与中国并列,这既不符合事实,又属政治性错误。

还有一篇稿子写道:“去年7月,宁波兴洋毛毯有限公司和旭化纺织公司与工贸区签订了近200亩土地转让协议”;“今年4月,这两个企业又与工贸区签订了第二期土地转让协议”。《中华人民共和国宪法》第十条明确规定:“任何组织或者个人不得侵占、买卖或者以其他形式非法转让土地。土地的使用权可以依照法律的规定转让。”由此可见,“土地转让”的提法不符合法律规定,应改为“土地使用权有偿转让”,“使用权”这三个字无论如何省不得。

2. 做法不当

任何事物在一定条件下都具有其质的规定性,具体事物要具体分析。稿件中常见的错误之一,就是没有对事物进行具体分析,模糊了事物的性质,因而在评论时采取了错误的、不恰当的态度。

例如,一篇稿件写道:“这个学校对未婚青年做了许多工作,比如对他们进行婚前培训,并将此作为准予结婚登记的条件之一,凡无婚前培训结业证书者,不能领取结婚证。”学校重视青年的婚前教育是应该肯定的,但把是否参加婚前培训并取得结业证书作为能否领取结婚证的条件,不符合我国相关法律的规定,在报纸上介绍、宣扬这种做法就会造成婚姻登记问题上的某种混乱,显然是不妥的。

3. 用词不当

新闻稿件的用词必须准确,不能引发歧义。如《北京晚报》曾刊登过一篇题为《保安为何频出老拳》的报道,文中说:“他们(保安员)的职责是保护商场的货物安全和环境安全,不是执法机构。擅自打人行为属于执行公务过程中侵害他人权利的行为。”“擅自”是指对不在自己职权范围以内的事情自作主张,也就是未经许可做某件事。那么,“擅自打人”是未经许可而打人的错误行为,或者说不是自己职权范围内的事却自作主张打人是错误行为,难道经过许可就能打人?或者说还有在某种条件下允许打人的机构或法令存在?显然,“擅自”一词出现在这里属于用词不当。

4. 泄密

报纸是公开发行的，有许多报纸还是出口的，国内外的情报部门往往把报纸作为获取情报的一个重要途径。所以，注意严格保守党和国家的机密，是编辑的一项重要职责。报纸上的其他错误可以采取各种方法来进行更正，而泄密的错误是无法更正的，所造成的损失也是难以挽回的。

编辑要防止泄密，首先要提高警惕性，其次要善于识别。秘密的构成是以时间、地点、条件为转移的，编辑必须善于根据具体情况进行具体分析和判断。一时难以判断的，应该请示有关单位或领导，不要轻率从事。

三、优化新闻稿件

修正新闻稿件中存在的各种差错，可以保证稿件本身的质量符合报纸刊登的基本要求，但并不说明稿件质量就没有问题了。新闻稿件在主题提炼、信息选择、结构安排、体裁选用等方面还有提升的必要。这种修改是一种相对的修改，目的是完善新闻的表达，增强新闻的可读性，更重要的是适应报纸的特定要求而有针对性地进行优化。

（一）综合稿件

编辑每天收到的稿件中，经常会发现某些主题相同的稿件。虽然它们的时空关系不同、单位不同，但为了突出这一主题，把同一事物、同一问题、同一活动在各份稿件中反映的不同方面的情况，集中编写成一条综合消息，既可以引起读者注意，又可以节约版面篇幅。

（二）摘编稿件

摘编是为了突出主题和节约篇幅。编辑对原稿进行剖析后，发现原稿不能全文刊登，但是其中某一部分或某几部分内容有新闻价值，于是把这部分内容摘编出来发表。使用这种方法的一个基本原则，就是摘要发表的内容必须包含新闻必要的构成要素。

（三）修改单篇稿件

1. 压缩

冗长、烦琐是新闻稿件常见的问题，编辑需要通过压缩的方式删除稿件中的冗余信息，使主题集中、结构紧凑、表述简练。压缩有以下三点要求：

一是主题集中。一篇新闻只能有一个中心主题，不能多中心。中心主题一旦确立，就应一管到底。为使稿件主题集中，让人一目了然，就要删除稿件中与主题无关或关系不大的多余内容。

二是删除无关信息。压缩稿件时，我们要把新闻留下来，把非新闻的内容去掉。第一步，保留事实，而不是议论。议论不是新闻稿的主要材料，大部分新闻稿件特别是消息不需要议论。第二步，保留新闻事实。事实可以分为新闻事实与非新闻事实（指背景材料、一般过程等）。新闻应主要报道新闻事实，但必要的背景材料可以起到突出、深化主题的作用，增强知识性和可读性，可以根据其与主题的关联度适度保留。第三步，保留重要的新闻事实。新闻事实可以根据其新闻价值及重要程度进行排序，不能说明问题的材料会导致文章冗长，冲淡主题表现力。编辑不仅要尽力去掉与主题无关或关系不大的材料，而且对那些与主题关系较大的材料也要进行挑选，用那些更典型、更能说明问题的材料。

三是精练表达。编辑要删去一切妨碍新闻清晰度和简洁度的词汇和短语，使稿件精练紧凑。叙述新闻时，不宜使用雷同的词句，一个段落里不应含有多余的句子，一篇新闻里不应含有多余的段落。生僻、专业的词要换成通俗易懂的表达；血淋淋的描述、令人发指或肉麻的细节要去掉。从技术角度看，删除一整段比删除一个个句子的麻烦少，而且节省时间，而删除整个句子，又比在句中左挑右拣更加便捷。从压缩效果看，删得不好的稿件意思不连贯，而删得好的稿件如一气呵成。

当然，精练表达并不意味着新闻中一切形容或描摹的文字都应删掉，寥寥几行逸事可使一篇平庸之作增色，几句背景点在恰当之处胜过一堆解释性文字。另外，编辑要注意稿件压缩后的完整性，不要犯两个错误：一是有头无尾，在导语或新闻前半部分，介绍了新闻事件的前一半，后一半却被编辑删掉了；二是“无头蛇”，编辑有时会因为不小心删去新闻前半部分的某个细节，而这个细节恰恰是理解后半部分事件脉络的关键，没有这一笔铺垫，读者会读不懂后面的内容。

2. 改变体裁

消息、通讯、述评、调查报告等每种新闻体裁都有各自的特点。新闻的形式是为内容服务的，一定的体裁适用于一定的内容表现。有时为了突出原稿中的某一特定内容，往往需要相应地改变稿件的体裁形式，以求能发挥最佳效果。

改变体裁一般都是将信息容量较大、篇幅较长的体裁改为信息容量较小、篇幅较短的体裁，即由大改小，变长为短。通常做法是把通讯、经验总结、调查报告、讲话、文件、公告等改为消息，将消息改为简讯、花絮、标题新闻等。

3. 改变角度

改变角度是对稿件材料的重新认识。同一件事，写的角度不同，突出的重点就不一样，说明的问题也不完全相同。有的稿件材料很好，但写作的角度没有选好，影响了可读性。这种情况就需要改变角度，重新运用材料，从最有利于表现事物特征的方面来写。改变角度没有固定的模式，具体实施要视内容、社会需求与读者兴趣而定。

例如，2018 年 7 月美国特斯拉汽车公司和上海市政府签署合作协议，计划在上海建设生产新能源汽车的超级工厂。记者对这一重要新闻进行了报道，但主要写如何签订协议、如何征地、如何尽快投产等，试图通过这些内容反映中国汽车工业将有新的发展。这样的主题虽然也有意义，但与普通老百姓没有多大关系，一般读者不感兴趣。如果改变一下角度，把重点放到特斯拉新能源车有什么特点、有哪些型号、价格是多少、一个普通家庭能否买得起等主题上，显然就要亲切得多，也跳出了一般的“合资—签订—生产—意义”报道模式。

4. 改写导语

导语是报道的开端，是向读者承诺即将读到的内容。一位美国记者说：“你必须在三秒钟内抓住读者视线并留住读者视线，你必须在这个时间里吸引读者并向其提供信息。”由此可见导语的重要性。

导语的形式多种多样，常见的有摘要导语、浓缩式导语、问句导语、引语式导语、描写性导语等。在西方新闻写作书中甚至能找出更多种导语的写法。不管采用什么写法，导语写作的目的都是告诉读者文章的主要内容，吸引读者继续读这篇报道。初学新闻写作者往往对导语不敏感，写得随意，要么干巴巴毫无新闻性，要么信息堆积吓跑读者。

新闻大体上分两类：硬新闻和软新闻。在硬新闻中，最为常见的导语是“概述式导语”，即概括叙述所报道事件，回答何人、何事、何时、为何、如何等所有主要问题。为避免导语变得笨重，一般要求把最重要的事实写进导语，用一两句话概括报道的主要内容，直击要点，开门见山，其他事实留给第二或第三段。严肃的主题、突发性新闻可考虑采用硬新闻导语。相比之下，软新闻的导语可暂不告诉读者报道的主要内容，而采用描写或讲故事的方法挑起读者的兴趣。组织软导语的基本技巧是描写、奇闻逸事和叙述，有时是一点情景描写，有时是充满意味的对话，还有时是一个不寻常的噱头。如果使用软导语，作者必须保证在第三段之前出现报道的要点，否则读者会失去耐心。

导语修改的过程实际就是编辑对新闻事实的重要性进行排序的过程。在对导语进行修改时，有以下一些注意事项：

(1) 长度

西方新闻写作对导语长度有严格限制，一般要求一条导语的字数不超过35字。我国报纸对导语字数没有严格的限定，但同样要求导语要精练。内容庞杂的导语等于告诉读者：你不知道重点在哪里。编辑需要挑出最重要的元素放在第一句话中，细节内容可以放在报道的其他部分。

(2) 基调

导语决定了报道全篇的味道，或闹或静，或喜，或悲，报道前后要一致。

(3) 主动语态与被动语态

一般而言，主动语态优于被动语态。主动语态强调行为主体，被动语态强调行为客体。修改时需要根据报道强调的重点来进行判断。

(4) 去掉枯燥的数字

如果导语中间包含太多统计数字，读者会感到厌烦。

(5) 去掉陈词滥调

卡罗尔·里奇概括了若干种应避免的糟糕导语。①

好消息/坏消息导语：“给×××一些好消息……；给×××一些坏消息……”等，它们毫无新意，也带有主观判断。

噩梦导语：“过去的……对×××来说就像一场噩梦”，没有必要把人们的痛苦经历

① [美]卡罗尔·里奇，钟新主译：《新闻写作与报道训练教程》(第3版)，北京：中国人民大学出版社，2004年，第181—183页。

都比作一场噩梦。

椅中人导语："他坐在椅子后面，身穿黄色尼龙夹克、蓝色衬衫和卡其布裤子。他的脸型瘦削，戴着眼镜，头发边缘花白，看上去像一个普通的冬季观光者。但是他不是。他是……"坐在椅子上也是报道对象所做的不寻常事吗?

放倒人物导语：在报道的开头描述了某个人，但在正文中却没有任何有关这个人的信息。这是一种误导，导语必须写出报道重点。

天气预报式导语：这种导语用描述天气的方式设置场景："这是一个黑暗的暴风雨夜晚。"当天气与报道没有关联时，应避免使用天气作为导语。

(6) 介绍消息来源。美联社参考书中写道："不要怕导语第一句就举出消息来源"，"读者一旦脑海里明确了消息来源，就出色和直接地将消息放入了恰当的观察角度，就可以恰如其分地理解新闻"。

(四) 拟定标题

不同新闻体裁的标题有不同的要求。消息标题必须标出事实，准确反映新闻的主要内容，应有较强的动感和时效性，通常为一个完整的句子。通讯标题多采用单一型结构，制作比较灵活，可以标出新闻事实，也可以不标明；可以是完整的句子，也可以是一个词组。如采用复合型结构多用主副式，一般没有引题。评论标题强调突出文章鲜明的观点，既要直中要害，又要言简意赅。特写标题一般选取新闻事实中最富有特征和表现力的片段，多以描绘现场、烘托气氛、富有动感为特点，通过多种手法着力刻画，具有强烈的视觉和情感效果。专访标题以突出被采访人物、事件、地方的特点为主。

制作新闻标题是编辑的基本功之一。具体有以下五个要求：

1. 选准事实

标题只能突出整个新闻事件的一个方面或一个点。编辑要靠对事实的观察和鉴别，从中抽出最核心的事实，以及能概括事实最本质特征的核心点。

2. 恰当表态

标题是一种重要的表达意见和态度的手段。该不该表态？如何表态？编辑需要根据新闻稿件做出判断。该含蓄时要含蓄，该旗帜鲜明时要旗帜鲜明。尚未判定的案件、我国政府态度未明的国际争端、尚未看出结果的新现象，对这些内容宜保持中立的态度。

3. 生动表达

标题应语意跳跃，惜字如金，编辑需具有高超的语言技巧才能驾驭好标题。首先，标题要简练，尤其是主标题要言简义丰，单行通栏标题应控制在 9～11 字。要选择那些富有表现力、具有个性特色的动词，少用形容词；多余、重复的内容要删减，陈词滥调要丢掉。其次，讲究文采。适当使用拟人、比喻、回环、借代等修辞手法，标题会生动得多。

4. 逻辑合理

标题中一般没有关联词，标点符号少，语意跳跃比较大，各行标题之间的逻辑关系

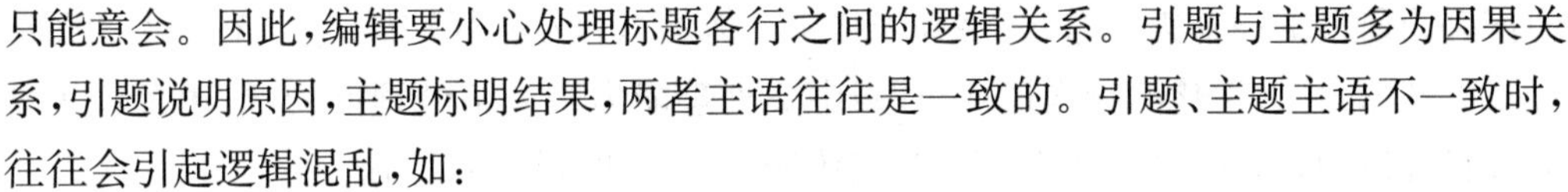

只能意会。因此,编辑要小心处理标题各行之间的逻辑关系。引题与主题多为因果关系,引题说明原因,主题标明结果,两者主语往往是一致的。引题、主题主语不一致时,往往会引起逻辑混乱,如:

翻墙入室　盗窃财物

民警智擒疯狂盗贼

结合引题与主题看,读者往往会误解:"翻墙入室"的难道是民警?

有时,长标题需要做转行处理,这时要注意语义的连贯性与逻辑关系,单独成行的一句要意义完整,没有歧义。不能出现:

某单位向离退休老干部发放一次

性补助

5. 虚实结合

标题的基本要求是准确传达新闻信息,因此主题以实题为主。在复合型标题中,编辑应根据报道的目的安排主辅题的虚实关系。当新闻重在报道事实本身,主题一般用实题;如果新闻重在通过某件新闻事实告诉读者某种主张或思想,主标题应该用表明观点与态度的虚题。一则新闻标题可以全部是实题,但不能全用虚题。

第二节　报纸版面编排

要点概述

本节重点介绍方正飞腾排版软件的使用技巧。作为国内报社的主要排版软件,方正飞腾的排版功能很强大,灵活运用的前提是反复实践。

实践目标

1. 掌握方正飞腾软件使用流程,能根据报纸特点正确设置版面参数。
2. 掌握文字块的操作方法,能根据排版需要制作特殊的文字效果。
3. 掌握图片的多种编辑功能,能根据版面需要设计图片效果。
4. 准确判断图文关系,能正确展示图文效果。

目前,国内常见的排版软件有方正飞腾、Adobe Indesign、华光超捷、PageMaker、QuarkXPress 等交互式排版系统。方正飞腾(FanTart)创艺 5.0 是北京北大方正电子有限公司研发的一款集图像、文字和表格于一体的综合性排版软件，它具有强大的图形图像处理能力、人性化的操作模式、顶级中文处理能力和表格处理能力，能出色地表现版面设计思想，适于报纸、杂志、图书、宣传册和广告插页等各类出版物。

图 4-1　飞腾创艺 5.0 启动页画面

本节的电子排版内容以飞腾创艺 5.0 系统为基础（下面简称飞腾），具体阐释电子排版的操作。

一、认识方正飞腾

飞腾的使用比较简单，初学者能很快掌握其基本操作，假以时日就可以制作出精美的版面。

图 4-2　飞腾创艺 5.0 软件图标

（一）飞腾的处理对象

飞腾的处理对象主要包括三种类型。

1. 文字

一般可以在飞腾中直接输入；或在其他小样录入软件（如 WORD）中录入后，排入方正飞腾中；或通过相连的采编流程管理系统的稿件库调入稿件。

2. 图像（点阵式）

即各类照片。可以通过扫描仪或数码相机等输入设备生成，也可以通过图像处理软件（PhotoShop）生成。在网络化电子编辑中，用于排版的图像与文字稿一样，都已经输入了采编流程管理系统的相关稿件库。

3. 图形

指的是直线、圆、曲线、底纹等图形，可以直接在方正飞腾中生成，也可以由其他图形软件生成。

这三类处理对象构成了飞腾排版的基本要素，通过对三者的巧妙安排能准确实现编辑的设计思想。

(二) 电子排版的流程

飞腾排版是电子排版的核心环节。它是由组版人员按照编辑设计的版样排入各类版面信息的过程。

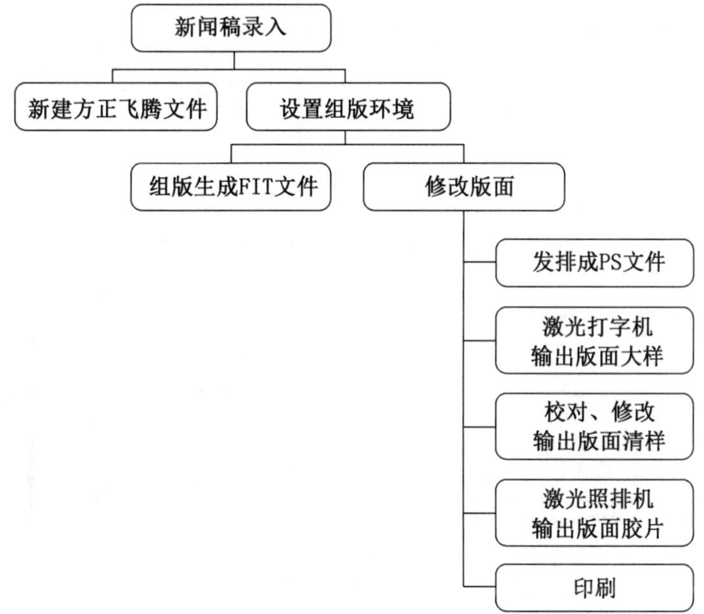

图 4－3　电子排版的流程

二、方正飞腾的具体操作

文字、图片、标题、线条、色彩是填充报纸版面的五个设计元素。它们自身可以显示某种意义与情感，构成了报纸版面的不同风格。飞腾组版的过程就是展示这五个设计元素情感与特色的过程。

(一) 设置版面参数

报纸排版之前，要先设置好版面的基本参数，包括版面大小、版心大小、文字排版方向、版心字体和字号等。

启动飞腾之后，选择“文件”中的“新建”命令，会弹出“版面设置”对话框，如图 4－4 和图 4－5 所示：

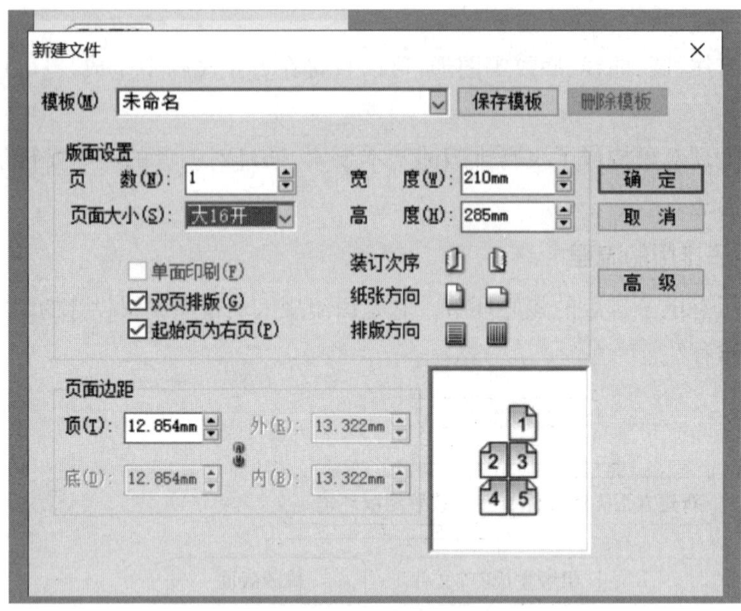

图 4-4　新建文件窗口

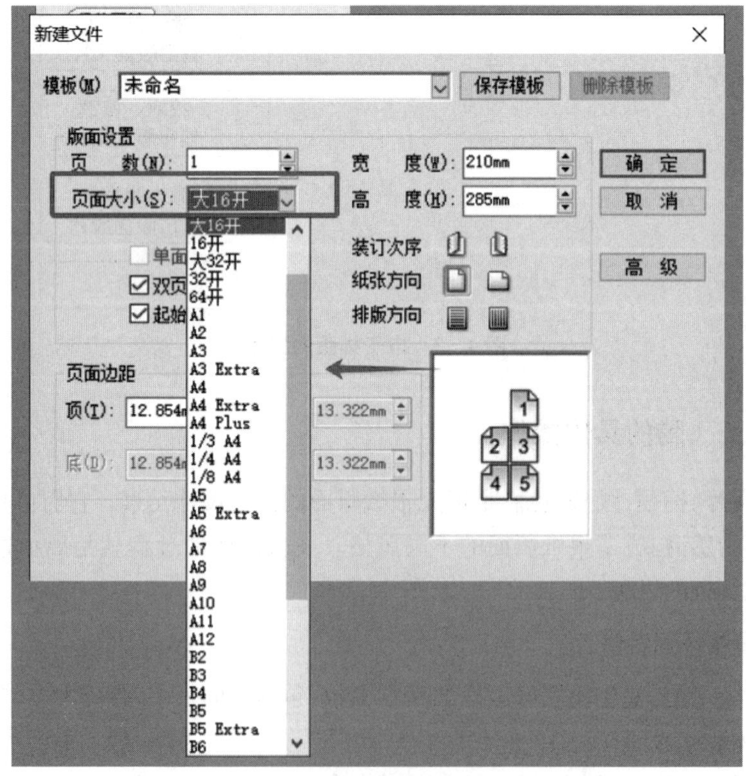

图 4-5　新建文件窗口进行“页面大小”设置

1. 版面设置项

“页面大小”此处可以不设，放在后面由“设置边空版心”“版心及背景格字号”决定。

“双页排版”项在杂志的彩页排版中经常使用，选中后窗口同时展示相连的 2 个版面，可以同时排版。选中“起始页为右页”后，报纸或杂志的第一页在方正飞腾的右页上，所有单页都在右页上。

“页数设置”项在此处设置后，还可在编排过程中通过插页和删页等操作来修改。

“装订次序”与报纸的文字排版方向有关，一般横排报纸采用“左订”形式，即订口在左，裁口在右。

“纸张方向”确定页面的方向，页面宽度数值小于高度数值即为“垂直”方向。

“文字排版方向”确定了文件中大量文字的排版方向。报刊的文字排版方向大部分为“横排”，港台地区的一些报刊还一直沿用“竖排”的文字排版方向。

2. 版面大小的设置

报纸的版面大小与“设置边空版心”和“版心及背景格字号”有关。报纸常见的规格有四开和对开两种。四开报纸一个版面的大小应为八开，对开报纸一个版面的大小应为四开。

版面大小设置步骤如下：

打开“版面设置”，选择“版心背景格”，设置相关参数。对话框如图 4-6 所示。

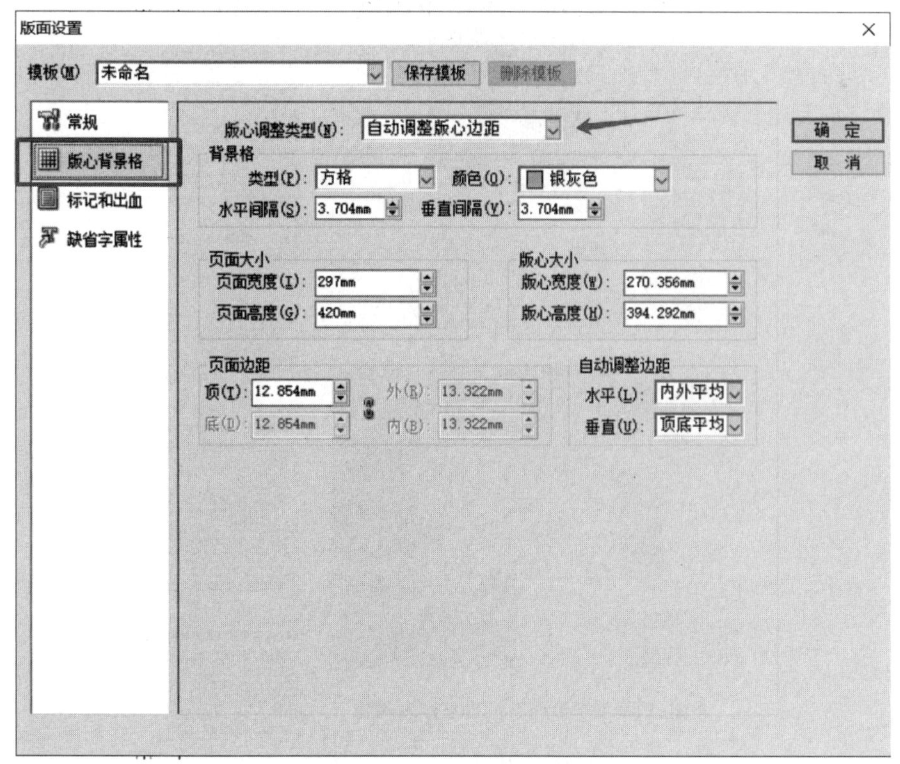

图 4-6　版心背景格对话框

报纸组版应选择“背景格显示”中的“报版”方式。

在设置“背景格”项中的“行数”“栏数”之前，应先设置“栏宽”。大部分报纸的背景格都是等栏划分的，在设置“栏宽”前先选中“栏宽相等”项。如果想设置不等栏宽的版面，不选“栏宽相等”即可逐一设置各栏宽度，如有的报纸分 7 栏，前 6 栏每栏 11 个字，最后一栏是 12 个字。栏间距，指背景格两栏之间的距离。

而“行数”数值与“行距”及“版心字号”的大小有关，一行的数值等于版心字号一行文字的高度加上版心行距的数值。版心、页面的关系如下：

版心宽度＝栏宽×栏数＋栏间距×(栏数－1)

版心高度＝行数＋行距×(行数－1)

版心大小＝版心宽度×版心高度

页面大小＝版心大小＋页边空

页边空是指版心上、下、左、右与页面边缘之间的距离。

都市报、党报、杂志等不同报刊在边空版心的设置上采用不同的标准。

例一:《河南日报》，栏数为 5，栏宽 16 字，栏间距为 2 字，行数为 100，行距为 0.25 字，页边空均为 10 毫米，其他参数使用默认值。完成设置后单击“确认”即可。《河南日报》出版样报如图 4－7 所示。

河南日报　洛阳新闻 | 06

洛阳以乡贤返乡创业加快乡村产业发展

引乡贤“春水” 润希望田野

突出地方特色，引导产业集群发展

聚焦新业态，培育乡村创业“新农人”

洛阳着力构建高新技术企业培育库

力争今年达到1100家

洛阳·中关村协同创新中心揭牌

洛阳市

“万人助万企”线上服务平台运行

国网洛阳供电公司

办电服务迈入“零证”时代

洛阳：铁腕重拳治理不担当不作为问题

图 4－7　《河南日报》出版样报

例二:《人民日报》栏数为 6,栏宽 17 字,栏间距为 1 字,行数为 143,行距为 0.25 字,页边空均为 10 毫米,其他参数使用默认值。完成后单击“确认”即可。《人民日报》出版样报如图 4－8 所示。

人民日报　2022年5月5日 星期四　17 绿色

深度观察

气象服务助力经济社会高质量发展

精细服务乡村振兴

过去种粮是靠天吃饭,现在是“看天管理”

提升公共服务水平

早是前提,快是关键,准是根本

助力实现“双碳”目标

进一步提高精细程度、优化预报结果,服务好新能源发展

记者手记

加快推进气象现代化建设

图 4－8　《人民日报》出版样报

(二) 文字编排

1. 排入文字

(1) 直接在飞腾窗口中输入文字

先选中文字工具 **T** ,选好输入法,把文字光标置入页面上要输入文字之处单击定位,即可开始输入。

(2) 将已录入的文字稿排入版面

单击“文件”| “排入文字”命令,系统弹出“排入文字”对话框,如图 4－9 所示:

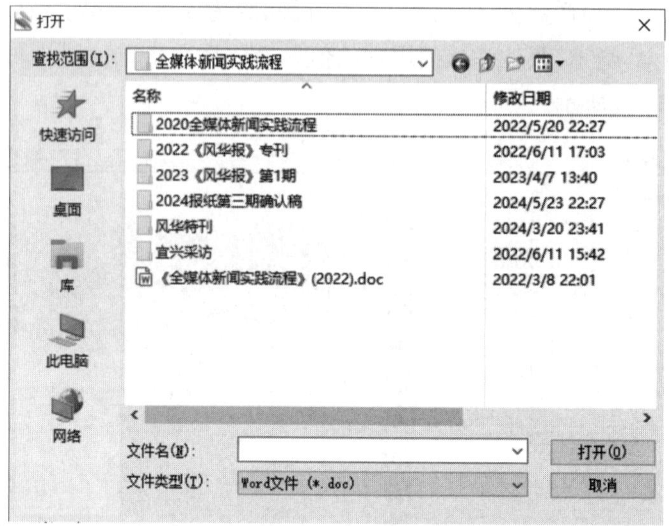

图 4－9　排入文字对话框

在稿件库中选择要排入的稿件名称，单击“排版”命令后，在版面中单击即可将稿件排入版面。

2. 调整文字

排入版面的稿件自动生成一个普通文字块，可以使用选取工具对文字块进行编辑。

(1) 文字块形状调整

选中一个文字块后，边上会出现 8 个控制点。如果底部中心的控制点为绿色，即为“续排标志”，表明有文字未排进文字块内，如图 4－10 所示。此时可以拖动控制点，调整文字块的大小，直至所有文字全排入块内。如果按住 Shift 键的同时拖动控制点，则可以调整出如图 4－11 所示的非规则形状的文字块。

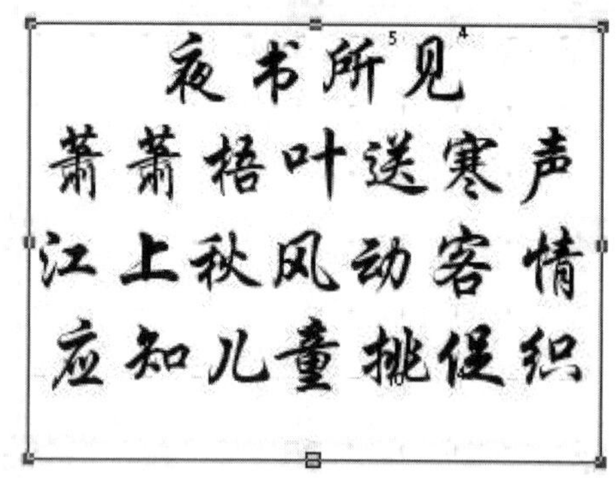

图 4－10　文字块形状案例一

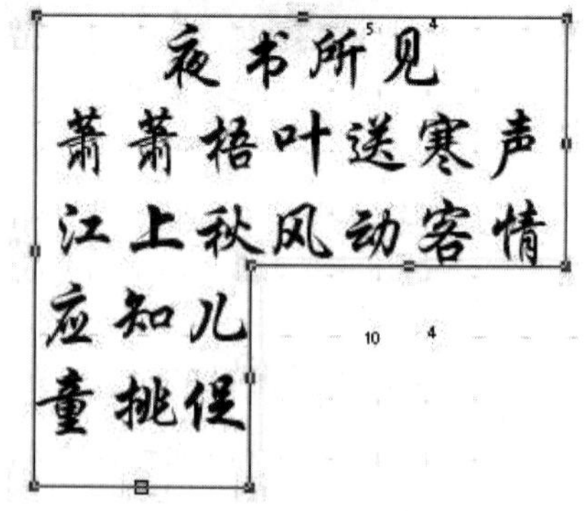

图 4－11　文字块形状案例二

（2）文字块位置调整

鼠标单击要移动的文字块，文字块呈选中状态，按住鼠标拖动文字块到合适的位置后释放鼠标。如果要水平或垂直移动文字块，在拖动文字块的同时按住 Shift 键即可。

（3）文字块分栏

用选取工具选中文字块，单击“版面”|“分栏”|“自定义分栏命令”，弹出分栏对话框，如图 4-12。

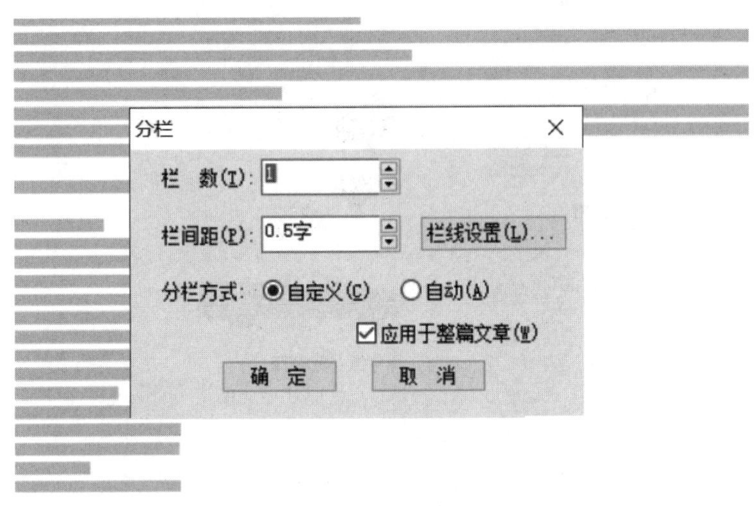

图 4-12　分栏对话框

第一，选择“分栏方式”|“相对”，分栏后，各栏不等宽，栏宽按整字计算，栏间距不变。

第二，设置“分栏数”“栏间距”。

第三，单击“确定”，完成设置。

（4）对位排版

分栏之后的文字块，如果文字中有小标题，两栏的行与行之间通常不能对齐。这时，可以使用对位排版命令，迫使文字块中的每一行文字都必须排在版心字整行的位置上，保证两栏的行与行之间保持对齐。步骤如下：

第 1，用选取工具选中需要对位排版的文字块。

第 2，单击“格式”|“对位排版”命令。

（5）特殊文字块制作

图 4-13 所示版面中，《拜金主义幻想》一稿排成“心”形，此为特殊文字块，通过工具箱中的图元工具生成。

新京报

京报专栏 C15

招降不纳叛

拜金主义幻想

真相

保守派与维新派

图 4－13 “心”形特殊文字块

具体步骤如下：

第一，选中工具箱中的菱形工具，将光标移到适当位置，按住鼠标左键不放，同时按住 Shift 键，拖动鼠标画出一个正菱形。

第二，选中画出的菱形，单击“美工”|“转为曲线”命令，菱形上出现控制点。

第三，双击菱形的一条边，在弹出的菜单中选择“变曲”命令，将线段变为曲线；调整曲线上的控制点到合适的位置。另三条边同样操作。

第四，单击“美工”|“路径属性”|“排版属性”，完成的“心”形图元具有文字块属性。

第五，在“心”形图元中排入文字(不包括标题)，分为 2 栏，栏间距为 2 字。

(三) 图片编排

飞腾系统支持各种格式的图片，还提供对图片的多种编辑功能，如用文字或图元裁剪图片，图的镜像、旋转、倾斜及大小改变、设置灰度图等。

1. 图片的排入

单击“文件”|“排入图像”命令，弹出“图像排版”对话框，如图 4－14。

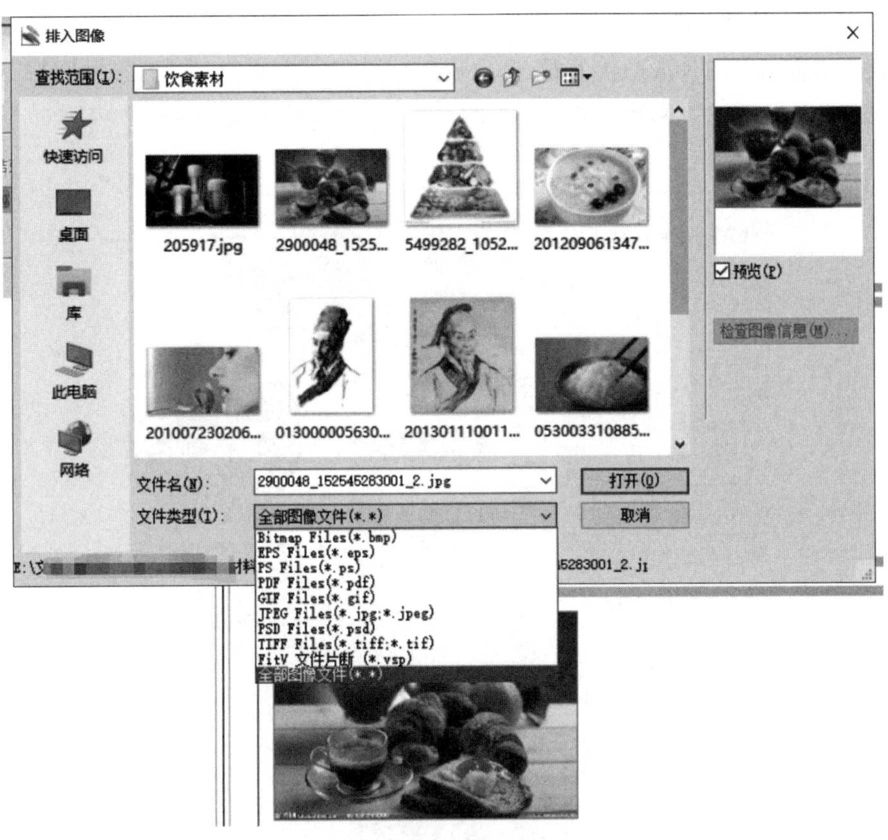

图 4－14　图像排版对话框

在“文件类型”下拉列表中选择对应的图片格式，在“查找范围”下拉列表中选择图像所在路径。单击“网上邻居”可以选择网上其他机器中的图像。选中“预显”后，对话框中会显示图片。

单击“排版”按钮或双击选中的图片文件名，在版面的合适位置单击，以该位置为图像的左上角，将图片排入版面。此时排入的图片为原图大小。

2. 图片的简单裁剪

利用图像裁剪工具，可以对图片进行最简单的裁剪，但只能在矩形区域中裁剪。

选中工具箱中的图像裁剪工具。

单击要裁剪的图片，图片四周显示出控制点。

拖动相应的控制点，移到合适的位置，完成图片的裁剪。

将光标移到图片上，按住鼠标左键不放，可以拖动图片调整显示范围。

图片裁剪的目的是让图片的焦点得到强化，视觉上更具有吸引力。好的裁剪是去掉背景中不必要的、令人分心的事物，而不是切除人物的身体部位，特别是手腕、脚踝、手指等关节部位，也不会砍掉棒球球棒、乐器等附属物，更不会去掉背景中的重要物体，有意或无意歪曲图片的意思。

3. 图片的特殊裁剪

报纸版面上的图片从形状上看，最常见的是矩形。此外，还有圆形、椭圆形、扇形、三角形等非矩形形状。图片的非矩形形状可以通过“裁剪路径”实现。

人民日报　2022年5月9日　星期一　17　国际

担负客货运安全“硬任务”

为共建“一带一路”贡献青春力量

奋斗者正青春

在许多共建“一带一路”项目中，一大批中资机构青年员工在异国他乡辛勤工作，将个人发展的“小目标”融入促进人类共同发展的“大事业”，为世界展现了自信自强、勇于担当的中国青年一代的风采。

努力做出最优设计

诠释共产党员的责任担当

在磨练中更好成长

图 4－15　圆形图片案例

图 4－15 所示版面中，照片为圆形。具体步骤如下：

单击“文件”|“排入图像”命令，将图片置入版面待用。

选中工具箱中的圆形工具，按住鼠标左键不放，同时按住 Shift 键，拖动鼠标画出一个正圆形。

单击“美工”|“路径属性”|“裁剪路径”，圆形具有了裁剪属性。

用选取工具选中圆形，按住鼠标左键不放，移动圆形，与待用图片重合，按住 Shift 键同时选中这两个对象。

单击“版面”|“块合并”命令，被圆形覆盖的图片内容裁剪到圆形中。

选中工具箱中的图像裁剪工具，在裁剪后的图片中拖动，可选择出最佳的裁剪区域。

飞腾工具箱中提供了如三角形、椭圆形、圆角矩形、贝塞尔曲线等各种图元工具，可以画出不同形状的封闭图元。只要是封闭的图元（即起点与终点闭合），都可以改变其原来的路径属性，使之成为裁剪路径，裁出丰富多样的图片外形。

在技术上，我们可以把图片的形状弄得丰富多变，但新闻版面上的图片通常采用直角矩形，大气、端庄，不会干扰信息的准确传播。

4. 图片的旋转与倾斜

有时，我们可以打破报纸版面的设计规则，让图片变得更活泼。如图 4－16 所示。

City & State

Gov. Kernan honors veterans

Hidden MESSAGE

Kirkwood graffiti perceived as both art and vandalism

图 4－16　图片倾斜案例

图 4－16 中最大的图片没有采用常规的角度，刻意制造了一种倾斜的效果。这种效果可以通过改变图片块的参数实现。步骤如下：

第一，选中图片块，按住鼠标右键，弹出“块参数”对话框。

第二，在“旋转角度”中选择顺时针方向“15”度。

第三，调整图片的位置。

图片采取旋转或倾斜的角度安排，可以增强版面的动感与活力，但旋转与倾斜的角度必须能保证内容的平稳清晰。

5. 图片说明

每一张图片都有自己的说明文字，有些不需要很多解释，有些可能需要很长的描述。图片说明能对图片起到画龙点睛的作用，同时也可确保图片信息的完整。

(1) 图片说明的内容

单张图片的说明文字主要用于解释图片的新闻要素，包括图片中无法反映出来的新闻要素，如人物、时间、地点、拍摄者等；与图片相关的背景材料和统计数字。有时为了强化视觉效果，在图片说明文字之外，还会加上图片标题。图片标题一般用短题，多为文学性强的词或词组，可以加深读者的印象。有时，几张图片可以共用一段说明文字。

成组图片除了单张图片的说明以外，还有一个总说明文字，一般用于说明报道的背景情况及新闻的成因。

(2) 图片说明的位置

在新闻版面上，图片说明文字通常置于每幅图片的下方。为了多样化，特别是专题版面，图片说明也可以放在图片两边或中间。

图片说明放在图片下方时，通常与图片两端成一直线，绝不能超出图片的宽度。在宽图片说明中，最后一行至少要超过栏的一半。

车祸现场的官员微笑经得起放大吗?

未来三天 每天一场雷雨

2012 福布斯收入最高名人榜

独臂男子苦练成钢琴家 曾被告知不可能成功

图 4-17 图片说明案例

图片说明放在图片左边时，通常沿着图片边缘右对齐排列，这使得图片说明的左边参差不齐，一定要保证左边的文字不会与任何正文文字相碰。

图片说明放在图片右边时，通常沿着图片边缘左对齐排列，同样要保证右边的文字不与任何正文文字相碰。

图片说明放在图片中间时，表示这几张图片共用一个图片说明。这时，图片说明两边都要对齐，不宜出现参差。

当图片说明比较简短时，也可以压在图片上排。

《东莞时报》的图片说明通常排在图片下方，文字首尾与图片两端成一直线。

（四）图文关系处理

图片与文字的组合，一般有三种形式，一是图文并置，二是文字压图，三是图文交叉。

1. 图文并置

图片与文字上下或左右并列，互不干扰。如图 4－18，这是版面中最常见的图文排列形式。

人民日报
RENMIN RIBAO
2021年12月
31
星期五

国家主席习近平将发表二〇二二年新年贺词

《习近平讲党史故事》出版发行

这一年，总书记的基层足迹

京港高铁安九段开通运营——
我国高铁运营里程超4万公里
铁路运营总里程超15万公里

新数据 新看点

导读
人民日报社评选
2021国内十大新闻
2021国际十大新闻
2021年终特别报道
开局之年，我们这样走过

中国石油天然气集团
国内年产油气产量当量预计达2.13亿吨

前11月
规上工业企业利润同比增长38.0%
增速继续保持较高水平

赣江井冈山航电枢纽工程全面投产运营

图 4－18　图文并置

图片形状通常是常规的直角矩形，对图片进行最简单的裁剪即可。组版时需要注意图片与文字之间的间距。相关图文之间应留出适当间距，无关的图文之间应适当加大间距。

图片四周可根据需要加线或框。步骤如下：

第一，选中图片，单击“美工”｜“线型”命令，弹出“线型”对话框，如图 4－19。

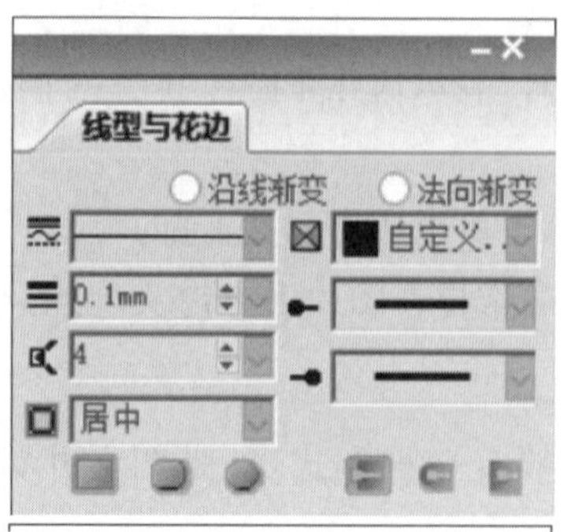

图 4－19　线型对话框

第二，先在“线型”组中选择“单线”；然后在“粗细”组中设定线的粗细。粗重的线条会造成阅读的干扰，应选用比较细的线条。“颜色设置”组可以根据需要设定线条的颜色。图片四周框线的颜色同样会干扰读者的阅读，不少编辑开始使用清淡的灰色代替黑色。

2. 文字压图

图片作为衬底，文字完全叠压在图片上，如图 4－20、图 4－21。图片幅面通常比较大，能很好地营造版面气氛。

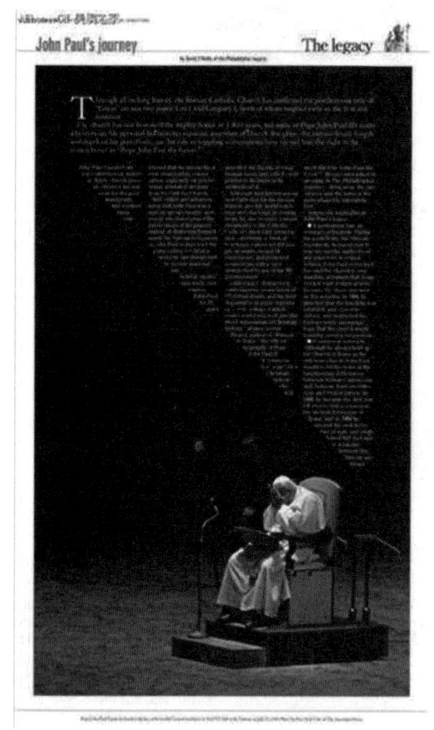

图 4－20　文字压图(一)

图 4－21　文字压图(二)

制作步骤如下：

第一，排入图片，根据版面需要调整图片的位置与大小。

第二，选中图片，单击“版面”|“块锁定”|“普通锁定”，锁定图片位置。锁定后的图片，形状、位置不可修改，可以防止误操作。如果想解除锁定，只要取消“普通锁定”即可。

第三，排入文字，根据图片调整文字块形状，保证文字浮在图片上。飞腾中两个操作对象（如文字块与图片块、图元块）重叠时，可以通过设置其中一个对象的“层次”调整两者的显示顺序。可选中文字块，单击鼠标左键，弹出对话框，选择“层次”|“到前面”。

作为衬底的图片，要求主体突出，背景色调统一，能够给文字留出足够的空间。此时，文字需要根据图片的背景色调确定输出颜色。当文字颜色与图片背景色调的深度相同时，文字的可读性将受到极大影响。深色的底面上白色字体的效果最好，在浅色底面上效果最佳的是黑色字体。在粉红色的底面上黑色字体要比淡淡的浅紫色字体容易辨认得多，在蓝色的底面上白色比黄色的符号清楚得多。

3. 图文交叉

有时，图片嵌入文字中；有时，文字嵌入图片中。

图片嵌入文字中，如图 4－22。嵌入文字中的图片经过抠图处理，去除了背景，文字与图片边缘能自然融合。

C12 娱乐·专题

2010 秋冬观影手册

广　告

图 4－22　图片嵌入文字中

嵌入文字中的图片有半嵌入、全嵌入两种。效果如下图。

原图　　　　半嵌入　　　　全嵌入

图 4－23　原图和图片半嵌入、全嵌入文字

半嵌入式只需局部抠图，全嵌入需要完整抠图。飞腾中的“图像勾边”可以实现抠图的效果，相当于 Photoshop 中的抠图，但效果逊色一些。如果想获得最佳抠图效果，编辑需要用 Photoshop 先做一遍抠图，保存后的图片在飞腾中制作“图像勾边”效果更佳。

图 4－24 中的主体图片是从电影《让子弹飞》的海报中抠出来的，步骤是：

第一，排入图片。根据版面需要调整图片位置与大小。

第二，给图片勾边。单击“美工”|“图像勾边”|“裁图”，图像四周出现控制线与控制点。

第三，在控制线上双击，增加控制点，效果如图 4－24 所示。控制线之外的图片被裁掉。沿图片主体人物边缘勾出轮廓后，单击“美工”|“空线”，隐去人物边缘的黑色轮廓线。

图 4－24　抠图案例

第四，设置图片的互斥属性。选中勾边后的图片，单击“版面”|“图文互斥”，弹出“图文互斥”对话框，如图 4－25 所示。“图文关系”组选择“图文相关”，“文字方式”组选择“不分栏串文”，“边空”组先选定“边空相等”，再设置 2 字边空。

第五，锁定图片位置。单击“版面”|“块锁定”|“普通锁定”。

第六，排入文字，调整文字块位置与形状，与图片边缘吻合。

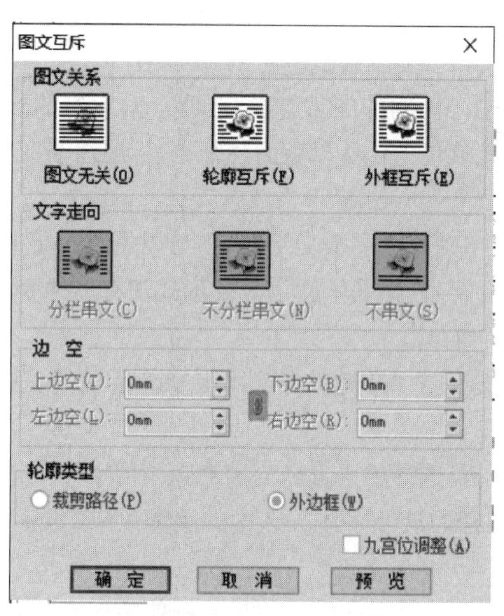

图 4-25　图文互斥对话框

ESCENA

La oportunidad de crecer

Durante dos semanas, en reportajes especiales, el cine ha llenado las páginas de nuestra sección. Hoy podemos concluir que 'la mesa está puesta' para que producciones internacionales filmen en Coahuila

图 4-26　文字嵌入图片

文字嵌入图片中，如图 4-26。这种类型的版面中，图片通常占据四角位置，形成对文字的包围，或上下相对，或对角呼应。这类版面上的图片具有视觉冲击力，能与文字平分秋色。随着图片功能的强化，这类版面逐渐增多。

2012 年开学季
细数女大学生的
行囊装备

入学装备升级
新时代变迁

图 4-27　局部抠图形成对文字的半包围

娱乐·出位 A13

心戰

TVB 带着陈豪在重口味的路上渐行渐远，把师奶们狠狠甩在了后面

图 4-28　完整抠图加衬底形成封闭的文字空间

《东莞时报》的图片运用灵活，版面设计独特。上面两个版面均借助抠图功能实现图文混排的特殊效果。

（五）标题文字编辑

报纸版面中的标题有两类，一类是新闻稿标题，另一类是新闻稿中的小标题。

1. 新闻稿标题

版面上的标题应该是精确而容易理解的。标题的编排有自己的规律，它们的外观能区分报道的重要性，因为报道越重要，标题就越大。所以版面越往下，标题逐渐变小。

(1) 标题文字的基本编辑

为了方便操作，版面中的标题内容通常单独形成一个文字块，不与相关的新闻正文混排在一个文字块中。新闻正文统一用版心字号，标题字体字号及形式却有多种变化。标题字体字号的变化可通过“字体字号”命令实现。

用文字工具选中标题文字内容，单击“文字”|“常规”—“字体字号设置”命令，弹出“字体字号设置”对话框，如图 4－29 所示。

“字体选择”组中的“语言”列表中显示了可选择的语言和当前被选中的字体。选中“汉字”，在“字体”列表中将列出所有可供选择的汉字字体。选中的字体效果将显示在“字体示例”框中。

“字号选择”组中的“XY 字号”表示文字的高和宽一样。如果想制作字形瘦长或扁胖的文字，可以分别选中“X 字号”和“Y 字号”，分别设置文字的宽和高。

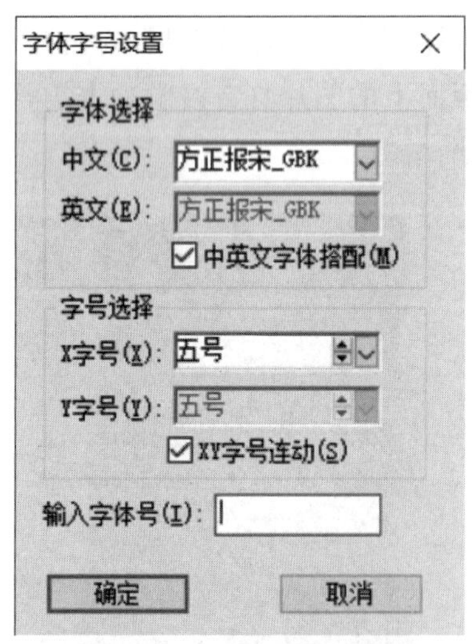

图 4－29　字体字号设置对话框

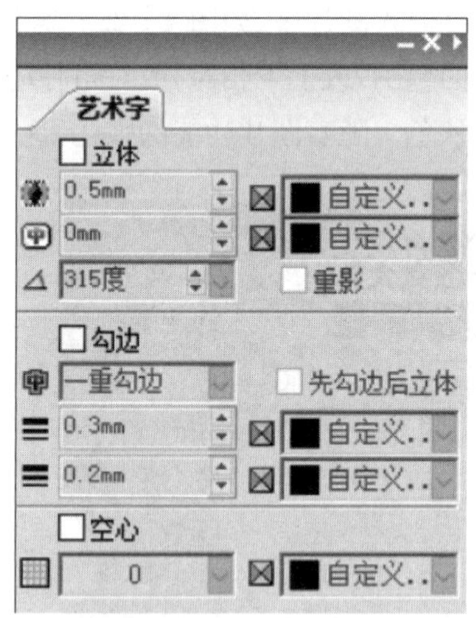

图 4－30　艺术字对话框

单击“艺术字”按钮，弹出艺术字对话框，可以制作出丰富多样的艺术字。对话框如图 4－30。

“装饰属性”是针对文字的外部装饰，可以在每个文字的四周加线、花边、底纹等。

单击“颜色”按钮，可以为选中的文字设置不同的颜色效果。

标题可以做得五颜六色，但花哨的形式会干扰读者的阅读。英国《卫报》前创意总监马克·波特指出，最好的版式设计是"隐形设计"，版面设计的目的是将读者引向内容，所以要避免那些纯美却不必要的装饰元素。一般来说，同一个版面上的标题字体变化不宜超过四种，颜色也不宜超过四种。

(2) 标题文字的特殊效果

标题文字也可以根据新闻内容的不同性质有灵活的形状变化。

广州日报

导读与索引

判断资不抵债有了标准

长假结束收心上班

心情好复杂

三地车祸死伤惨重

中网女单大牌退场

魅力雅尼乐动广州

暴打医生书记停职

如能穿越想回唐朝

"乔帮主"为苹果痴狂也为爱痴狂

本报记者寻找孙中山先生港澳台足迹

广州冶炼厂内将建设经适房

广州塔电梯恢复正常运营

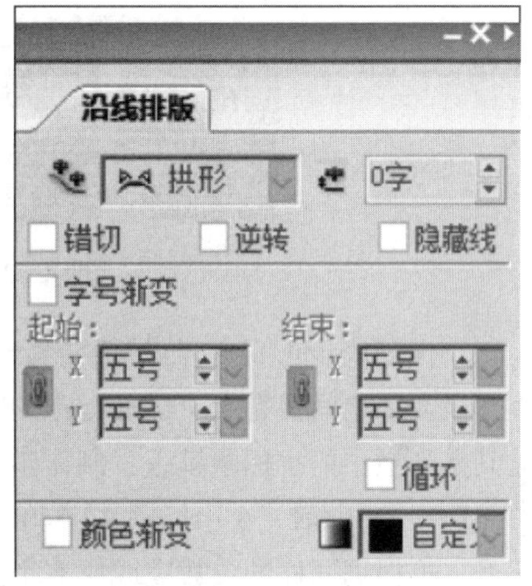

图 4-31　标题文字的特殊效果　　　　**图 4-32　沿线排版对话框**

图 4-31 所示版面中，"长假结束收心上班"为标题文字沿线排版的效果。步骤如下：

第一，设置标题文字字体字号。

第二，用工具箱中的圆形工具画一个正圆形待用。

第三，同时选中标题文字与圆形，单击"格式"或者"窗口"|"沿线排版"，弹出"沿线排版"对话框，如图 4-32 所示。注意：选中圆形等图元时，鼠标必须点在图元中的线上才有效。

第四，分别单击"设起点""设终点"按钮，设置标题文字在圆形上的起点与终点。同时可以按"改变字号""改变颜色"按钮，设置标题文字的字号与颜色。文字的沿线排版方向有自左向右、自右向左、自上向下和正立四种，这四种方向是针对沿线排版的文字与线的关系而言的。

第五，设置完成后，按"执行"按钮，选中的文字将沿着圆形的边缘排列。

2. 新闻稿中的标题

篇幅较长的新闻为了打破沉闷感，通常会有数个小标题。如图 4-33。

A6 关注

总统府景区有共享停车场了

今年南京已增3434个共享泊位

现状

已打造18处共享停车场景

盘活小微地块资源缓解停车难

探访

总统府景区有了共享停车场

浦口区利用小微地块增设停车场

图 4－33　正文中的小标题

小标题属于正文内容，与正文属于同一个文字块，但字体字号与正文不同，通常与上下段文字之间留有大于标准行距的间距。“纵向调整”特别适合于文章中的小标题，尤其是分栏中的小标题排版。制作步骤如下：

第一，选中第一个小标题文字，单击“文字”|“字体字号”命令，根据需要设置字体、字号。再根据同样的参数完成所有小标题的字体字号设置。

第二，选中第一个小标题文字，单击“格式”|“纵向调整”命令，弹出“纵向调整”对话框，如图 4－34 所示。图 4－33 所示版面中，第一个小标题共有 2 行文字，需同时选中进行设置。

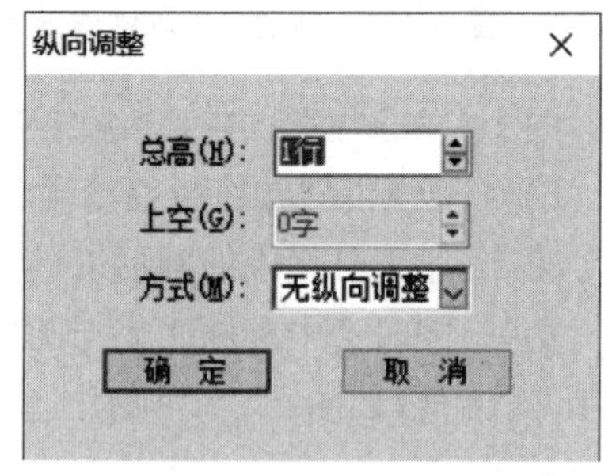

图 4－34　纵向调整对话框

第三，设定“总高”。“总高”指的是当前选中的文字计划占有的总高度。“上空”用来设定文字上面留出的空白距离，只有当“对齐方式”为“正常”时才有效。

第四，设定“对齐方式”。5 种对齐方式各有特色：“正常”，自上而下排版；“居中”，在总高范围内居中排版；“居下”，在总高范围内居下排版；“均匀”，在总高范围内等距排版；“撑满”，第一行排在最上面，最后一行排在最下面，中间部分均匀排。

第五，设置完成后，单击“确认”按钮即可。

第三节　音视频内容编辑

要点概述

本节将介绍运用 Adobe Audition 软件进行音频录制、编辑和特效控制的方式方法，以及运用剪映 App 软件对视频进行剪辑、合成、特效设置等基本操作方法。

实践目标

1. 熟练掌握社交媒体和网络传播技巧。
2. 掌握 Adobe Audition 制作音频的方法。
3. 掌握剪映 App 软件的制作方法。
4. 培养创意思维，将故事情节和视听效果融合，打造具有影响力的融媒作品。

现在掏出手机，点开任何一条新闻报道，我们会感受到文字、图片、音频、视频、直播等多种媒介元素聚合在一起所带来的集成体验。显然，融媒体时代的新闻学子需要掌握跨平台运营、音频和视频制作等多方面的实践技能。本节将从实践出发，讲解这方面的基本知识和运用方法。

一、全媒体人的技能

随着数字技术、互联网技术、通信技术等传播科技的飞速发展，报纸、杂志、广播、电视与互联网、通信网的融合正如火如荼，各类媒体之间原本泾渭分明的界限已被打破，壁垒已被消融，交叉聚合在了一起，人类进入了一个增长最快、创新最多的融合传播时代。

全世界的媒介组织都吹响了魔笛，以神速朝融合迈进，而媒介融合已绝非仅仅是主流新闻媒体创建“两微两端”，创建融媒体矩阵，运作新闻客户端，多开几个法人微博、微信公众号、视频号或抖音号那样简单。

从 2021 年开始，新华社、《人民日报》、澎湃新闻、《南方周末》、腾讯新闻、今日头条、梨视频、抖音等三大类媒体和平台媒体，争相加大了对各类媒体人才的需求。那么，一个新新闻生态系统中的全媒体人，到底需要什么样的能力呢？让我们看看这些媒体机构的招聘启事要求：

（一）新媒体编辑（团中央新媒体中心）

1. 岗位职责

（1）参与微信、微博等新媒体平台内容策划；

(2) 采写、编辑新媒体文章,策划网络话题,与网友交流互动,提高平台影响力;
(3) 策划组织线上线下活动;
(4) 跟踪平台运营效果,定期给出发展建议。

2. 岗位要求

(1) 熟悉新媒体平台和产品形态,对新媒体传播有热情;
(2) 理性、爱国,关注青年话题,关心时政热点;
(3) 思维活跃、富有创意,能够独立策划传播力强的图文或视频内容;
(5) 有良好的团队意识与沟通能力。

上述招聘信息由中国青年报—青年在线全媒体中心于 2021 年 3 月发布。

(二) 新媒体采编和运营

1. 岗位职责

(1) 负责项目官方新媒体平台(微信、微博、抖音、百家号、头条号、人民号等)的运维和内容创作发布;
(2) 负责该项目官方平台相关的策划、编辑工作;
(3) 需要良好的新闻采编能力和视频剪辑能力;
(4) 有新闻媒体工作经历者优先。

2. 岗位要求

(1) 本科及以上学历,新闻媒体相关专业优先;
(2) 具备较强的新闻敏感性和政治敏锐性;
(3) 具有较丰富的全媒体报道和运营经验,具备优秀的策划能力和创新能力,文字功底较好及视频剪辑能力较强,具有爆款作品者优先;
(4) 熟悉各新媒体平台运营特点和方法;
(5) 具备良好的团队协调能力,能承受一定的工作压力,认真负责。

上述招聘信息由澎湃新闻于 2023 年 6 月 5 日发布。

(三) 党委宣传部融媒体中心文员

1. 岗位职责

(1) 负责学校官方微信、微博、视频号等新媒体及短视频平台建设;
(2) 负责融媒体内容的策划和创作;
(3) 参与重要新闻的报道和摄影工作;
(4) 参与外宣、国际传播相关工作;
(5) 指导学生记者团的建设;
(6) 负责融媒体分中心的联络和建设;
(7) 完成领导交代的其他工作任务。

2. 岗位要求

(1) 熟悉新闻传播规律,具有较强的全媒体采编制作、新媒体选题策划、新闻写作能力；

（2）有团队精神，沟通协调能力强；

（3）有相关工作经验。

学习经历及工作经历满足以下条件：

（1）硕士学历；

（2）中共党员；

（3）所需专业：新闻传播、广播电视、语言文学、教育学、管理学、法学等。

上述招聘信息由上海交通大学党委宣传部融媒体中心2024年1月23日发布。

看完上面的招聘内容，我们发现，媒体机构想招聘那些了解全媒体平台并乐意为多个平台生产融合新闻的人，这就意味着我们要学会做出最好报道的融媒体方法和技术。

那些能捕捉社会热点，能策划新鲜选题，能实地采访与拍摄；能写出动人的文字报道，能剪辑出好看的短视频，能制作有穿透力的音频；能进行简洁优美的公众号排版，能实施多平台多渠道的运营；能脑洞大开上得了平台，又能真枪实弹下得了战场的超级记者(Super Journalist)，将是全媒体时代最受欢迎的人。

二、音频新闻的制作过程

（一）音频新闻的主体部分

音频新闻主体部分一般由口播文字和采访录音、同期声构成。

1. 对现场采访录音进行剪辑

记者完成采访后，要尽快对现场采访录音进行整理，挑选出能体现新闻主题的精彩话语，并加以剪辑，与撰写的口播文字一起交由主播来播报。

有经验的记者会考虑到口播文字和采访录音的穿插，有些饱含情感的内容适合出现场人声，有些描述性的内容适合由记者归纳梳理后撰写成口播文字。

聪明的记者还会将现场采访到的第三方信息源以出同期声的方式进行发布，一来可以补充、拓展新闻内容，增强可信度与丰富性，二来采用不同的人声可以避免由主播一人口播的单调性，增强声音的来源丰富性和节奏感。

2. 梳理口播文字

记者在把相关采访对象做了人声处理、剪辑后，在口播文字部分的写作，则是将这些采访录音内容串联起来，要考虑到各个精彩片段之间如何过渡和衔接。因此，口播文字的组织，其实就是我们通常所说的串词，就像串联一粒粒大珠小珠的链条一样，它其实就是一条叙事线。最好按照时间顺序来叙述事件的发展过程，这样逻辑性强，故事的来龙去脉也梳理得清清楚楚，能把各种有代表性的人声内容有机地排列出来。

同时，串词还要起到旁白、解释、提示、归纳、总结的作用，一步步深化内容和情绪，最后升华主题和情感，而这也是最符合用户收听习惯的方式。

3. 垫乐处理需有高低起伏变化

新闻主体部分通常会切换轻柔的垫乐，但音量小，凸显的是现场人声与环境声。在结尾，垫乐会强烈起来，以升华情绪，最后的版尾语部分垫乐会淡出。

(二) 把控录播风格与 BGM 节奏

音频新闻的文字稿拟好后，就要做第二件事情——录制文字稿，简称录播。

新闻初学者可能会认为，音频制作是从录音开始的，这其实是对录音的一种误解。在录音之前我们得做一些必要的准备工作，把设备搞干净一些，把文字稿吃透，而恰恰就是这些容易被忽视的平平无奇的小步骤，往往决定着录播质量的好坏。

1. 找准口播风格

在录制文字稿之前，我们首先要做的是认识文字稿，摸准文字稿的主要情绪与客观事实，以此确定播音风格。

(1) 用直接经验或间接经验认识文字稿

直接经验。指的是现场体会，即记者在现场采访时最直观的感受和体验，记住这感觉，在录音的时候将自己代入其中就好了，直接经验对于录播文字稿的效果是最好的，但对记者的要求很高，往往需要兼任主播的记者自身的条件过硬，比如普通话标准，音色优美等，能在多个角色之间进行转换。

间接经验。如果没去现场采访就不能正确理解文字稿了吗？当然不是，我们还有间接经验，也就是边读边想边体会，争取在文字稿的蛛丝马迹中重建现场，完成音频新闻的有声创作。实际上，大多数音频新闻的制作都属于后期创作，没能去现场采访的情况会更常见。因此主播在录播时，会用心找出感觉。

(2) 吃透主观情绪，捕捉客观事实，播出不同风格

吃透主观情绪，是指要从作者撰写的文字稿的精神内核出发，故首要任务就是通读整篇稿件，对稿件内容有大致的认识。

捕捉客观事实，是指我们还需要通过网络搜集相关资料来补充和构建自己的观感。

① 硬新闻类的消息、简讯、综合新闻。

这是音频新闻中最为常见的一种稿件，也是我们在日常生活中接触最多的一种稿件类型。比如《人民日报》的“新闻早班车”“全天热点梳理”“时政新闻”等栏目，因此口播风格重在陈述新闻事实，语言表达上力求精确、简练，故在录音过程中会选择语调平缓、语速适中且少有情绪起伏的处理方式，所谓字正腔圆、吐字清晰、不掺杂个人感情色彩等播音风格最适合。

② 轻松活泼的文化生活类录播新闻。

这类音频用轻快亲切、睿智和谐的口播方式呈现出来易受到欢迎。在录音时，音质清透并带有个人风格，可以通过生动活泼、真实自然的语调向听众讲述一个个生动具体的事件。还可以根据稿件的地方特色，适当加入方言进行播读，或通过技巧让不同人物的对话具有区分度且更加贴近生活，比如《人民日报》的“美食美地”“健康侦探”栏目，新华社的“夜读”栏目等。

③ 原创性深度报道类音频新闻。

此类音频新闻以纪实新闻和故事讲述的人物通讯、深度报道为主，就文字表达而

言，是以简洁、通俗、质朴的语言叙述现实生活中的各种故事，这就需要主播有一定的生活阅历和媒体从业经历以及对日常生活细致的观察。由于录制时会插入大量的现场采访同期声等，这就需要主播吐字，发声接近日常口语状态，以朴实、亲切、自然的口播风格串联起每个片段，以充分体现有声语言中独有的人文关怀意识，让听众更有贴近感与沉浸感。

2. 考虑平台风格

录播时还要考虑音频新闻播放的平台问题。

融媒体的音频新闻，用户群体通常是在客户端或公众号收听的，这就需要在播音过程中更注重文字本身特有的韵律节奏，还要考虑播出的时长问题，以 10 分钟以内的中短作品为主，不能像广播节目那样做到几十分钟长。同时垫乐、音效的选择也需要贴切、精短，这样才能更好地贴近、留住移动用户。

3. 把控 BGM 节奏和音效

非语言符号是指去除有声语言符号之外的具有表达功能的其他各种声音符号，主要指音乐、音响。在音频新闻中，非语言符号既包括录制音频时的现场环境声，也包含后期插入的垫乐、音响声音。

（1）加上固定的音响段落

在每条音频新闻的开头和结尾加上固定的音响段落，固定的版头版尾音响，能让听众脑海里浮现出对应的画面，形成媒介印象，加深记忆。

将同一声音符号加入音频新闻中，日复一日能形成一种仪式，不仅能使音频更加生动、鲜活，使栏目更有特色、吸引力，还能使单则音频新闻具有可听性，同时又能使一档音频新闻栏目具有统一性与持续性，让听众形成心理定式需求和行为偏好，每天收听。

比如，新华社的“夜读”栏目，栏目标志语为“每天夜里，读给你听”，如图 4－35，每晚固定时间播出，有固定的版头版尾语，只是每天的主播有所不同。

图 4－35　“夜读”栏目标志语为“每天夜里，读给你听”

（2）加入基调垫乐

音频新闻中作为背景音乐的垫乐，运用得好可以起到渲染气氛和情绪、确定基调等作用。因此，根据文本内容来挑选垫乐的风格、垫乐的快慢节奏尤其重要。

(3) 加入写实音效

对采访人声、环境声的写实音效的运用，十分有利于营造现场感和亲切感，使音频新闻"像广播剧和有声小说一样"，有人物对话，有场景，有情节起伏，能创设出某种收听"场景"，给人以娓娓道来的收听体验。

因此，记者编辑要学会按照谈话的主题、内容进行切割，加入转场的音效、垫乐等，一来能保证文本中有价值的信息不被遗漏，二来也符合收听的间歇感、节奏感。

在一些 BGM 素材网，比如"爱给"网(www. aigei. com)，可以找到数百种音效，如风声、雨声、汽车声、鸟鸣声等，还包括一些用于栏目的音效，比如新闻类的版头、生活类的版头等，都能起到更好吸引听众沉浸其中的效果。

图 4-36 新华社客户端"夜读"栏目音频新闻案例

(三) 开麦录制干音

确定完口播风格后，主播与文字稿之间已开始产生微妙的联系，下一步就是通过声音的传递将这份主观感受表现出来。

无论从哪个角度而言，声音录制在整个音频制作中都是至关重要的步骤，它既是播音风格的外在表现形式，也是剪辑制作的基础，可以说，是连接主播与听众的一座桥梁。这就要求我们录制的声音是清晰的、流畅的，并且具有一定的剪辑创作空间，为后续的制作提供最基本的要素和更多的可能性。

融合新闻报道中的音频录制与专业的新闻主播不同，所服务的用户群体和呈现标准也有所差异，所以接下来将从什么是干音以及准备、录制和检查三个阶段（见图4－37）入手，用最便捷的方法带你一起攻克录播这道关卡。

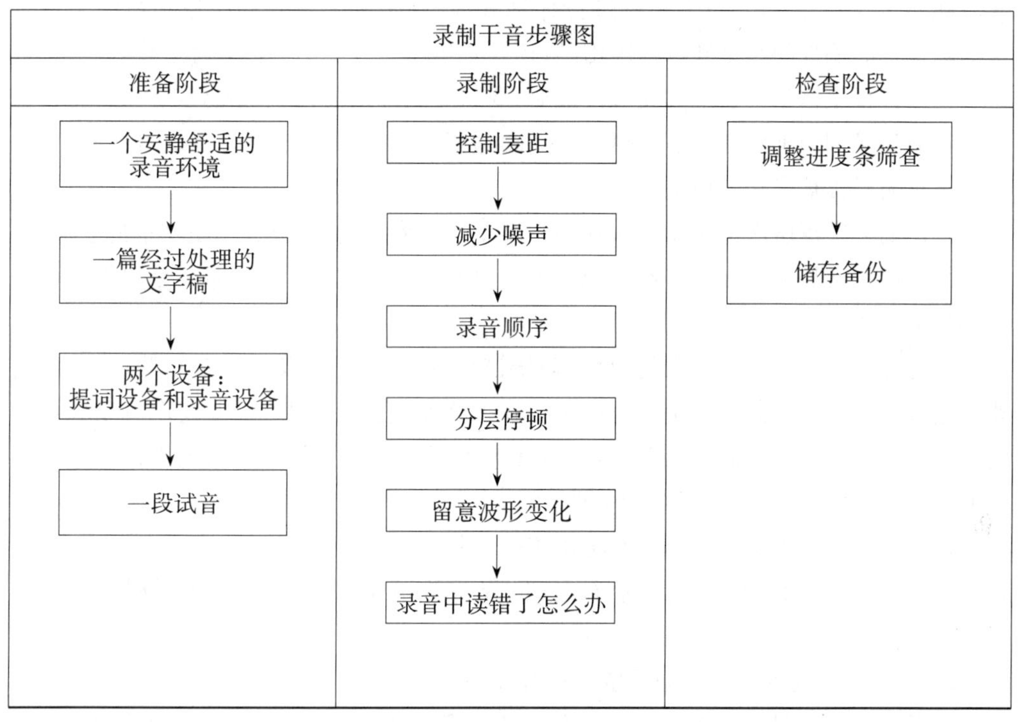

图4－37　录制干音步骤图

1. 什么是干音

干音来源于录音软件中干音与湿音之分，指的是没有任何处理的原始录音，也就是麦克风收录到的声音。

这种声音由于没有进行任何调整，很容易暴露录音时的缺陷，因此需要后期对其进行一定的处理。同时，因为干音只有人声，无法确定录制出来的声音是否能够和垫乐或画面有比较好的配合，所以需要对干音进行一定的后期处理。而经过后期处理的人声录音就可以成为湿音。

我们通过手机、电脑等录音软件直接录入的声音就可被称为干音。通过外部技巧熟练运用录音软件，提高干音的纯净度和使用率，避免出现多次返音和修改的情况，是有效提高音频制作效率的手段之一。

2. 准备阶段

Step 1：一个安静舒适的录音环境

录音环境是保证干音质量的重要客观因素之一，一个舒适、安静的录音环境能使我们更加放松地进行录制。

一般情况下，专业的录音室所提供的环境音是最好的；如果是在家里，可通过铺设隔音棉、关闭门窗或在夜深人静时录音来减少噪声对整个过程的干扰。避免在热闹、嘈杂的环境中录音，也是为了增强音频的降噪处理的效果。

Step 2：一篇经过处理的文字稿

在正式开麦之前，要对文字稿进行详细处理，这决定了录音的质量和最终呈现效果。除了找准稿件的类型和口播风格外，还要具体做三方面的稿件处理工作：

一是查找生僻字。在通读完稿件之后，要将无法确定读音、易错易混和不符合自身语音习惯的字词勾画出来，统一查找并标注，最好在正式录音之前反复练习这些字词，避免在录播中出现卡壳的情况。

二是划分文章层次。文章层次指的是文章思想内容的表现次序，是文章的意义段，通常用小标题来划分。如果写作的记者本身已经做了注解和标示，那么沿用作者本身所划分的段落即可。

三是寻找细节亮点。如人物对话、动作描写、声音描写以及环境描写等，这些都需要通过外部技巧在录制过程中进行展示。在人物塑造上，我们可以改变声音质感使之更贴近人物形象，甚至加入方言元素。这样的表现方式是为了与主播的串词产生明显区分，使音频新闻的整体效果更加生动。

由于文字稿本身存在差异，因此在实操过程中除了上述提到的这三个方面，我们还可以根据自己的习惯对稿件进行处理，做好充分准备争取一次性顺利完成录音过程。

Step 3：两个设备——提词设备和录音设备

在录制过程中最好准备一个与录音设备不同的提词设备，可以是打印的纸质稿、手机、平板或电脑，呈现方式可以是手握、点按、投影等多种类型，以自己舒适为主，放置高度最好与双眼平行，避免低头或仰头影响声音状态。

设置专门的提词器主要是为了录播中更好地进行播读。同时，若使用同一设备往往会出现看词而导致的收音不均问题，通过这种方式也能够对此类失误进行规避。

Step 4：一段试音

如果与上次使用设备存在间隔时间，那么在正式开录之前，最好进行试音，试音内容不限，可根据音频调整录音设备，如麦距、卡顿，声音清晰程度、混响效果等，避免在正式录制过程中出现此类设备失误。

3. 录制阶段

Step 1：控制麦距

麦距，是使用者与话筒的距离，一般情况下 3～5 cm 即可，距离过近会导致声音爆破，也就是常说的“炸麦”；距离过远则会导致收音不清晰、音频传输率较低等问题。此外，在录音过程中，一定要控制主播与话筒之间的距离，确保稳定且统一，不要经常变化距离，忽远忽近，这会影响最终的音频呈现。

Step 2：减少噪声

虽然在正式录制前已经准备了相对安静的录播环境，但仍会存在一定程度的环境噪声，这就需要我们通过一些方法进行预处理。

实际上，无论是哪种录音软件都有简易的降噪功能，有经验的主播在录音开始后会

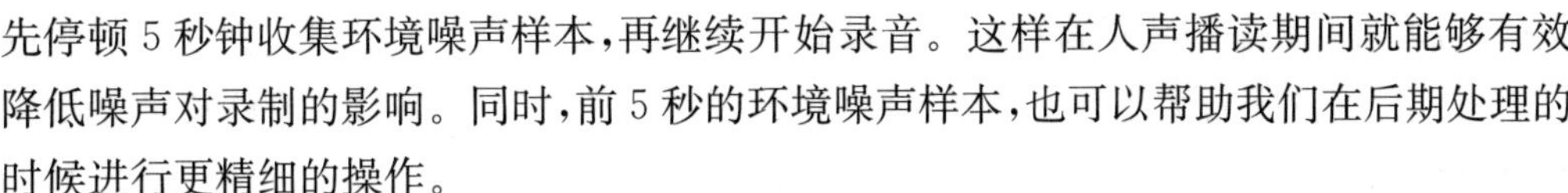

先停顿 5 秒钟收集环境噪声样本，再继续开始录音。这样在人声播读期间就能够有效降低噪声对录制的影响。同时，前 5 秒的环境噪声样本，也可以帮助我们在后期处理的时候进行更精细的操作。

Step 3：录音顺序

一般的录音顺序为版头、版尾和正文，其中正文按照撰写好的文字稿行文顺序录制。

版头和版尾作为媒体固定的板块，主要起到解释说明和加深媒介印象的作用，所以它的播读方式往往会更加清晰和客观，需要运用的情感技巧较少，基本上会放在整个录制过程的开端。如果放在正文后面进行录制，就难以和正文内容产生明显区分。实际上，录音顺序没有刻板的硬性规定，以上说到的均为一般情况，实际操作还需以主播个人的感受和喜好为主。

Step 4：分层停顿

按照之前准备阶段的文字稿处理对意义段的层次划分，主播在正式录制中应该在不同层次之间进行停顿处理。

一个层次为一组音频，深度报道类的文章通常都有几个小标题，因此一篇稿件一般会出现 3～4 组音频，这主要是为了在后期音频制作中能够更好地在不同组音频之间调整 BGM 的音量大小和变换 BGM。

每组音频的时长可为 2～5 分钟不等，最好不要超过 8 分钟，过于冗长且不停顿的音频，会降低听众的听感质量，让听众感到疲惫。

Step 5：留意波形变化

在录音过程中应该时刻留意录音波形变化，及时调整主播的声音变化、身体移动引起的音量过大或过小的现象，保证录音电平在有效的范围之内。

如果波形图突然出现异常情况，往往是录音设备自身出现问题，一定要即刻停止录音，对录音设备进行检查。

Step 6：录音中读错了怎么办

最常见的有两种解决方式。

第一种，即刻暂停录音，将读错的句子或段落选中直接进行音频置换，在原有的音频上直接录制新的音频。

第二种，不暂停录音，在读错后以轻咳或“对不起”“错误”等约定语标注，以此为界限在后面将读错的句子或段落重新录制，全程不对读错内容进行删改，待到后期音频处理时直接按照标记对读错的内容进行剪除。

4. 检查阶段

Step 1：调整进度条筛查

干音录制结束后，应养成对所有音频进行检查的习惯，出现问题及时进行调整或者重新录制。如果在音频制作期间发现干音问题再进行返工，此时由于主播已脱离播读状态，重新录制的音频质量和效果将会大打折扣。

录制过程中留意的波形图，在结束之后仍需要进行二次检查，确保波形图在正常的电平范围之内，没有异常的高频波峰和波谷出现。在调整进度条筛查的过程中，我们应该着重观察音频声音大小、吐字清晰、混响效果等方面，一旦出现问题应该及时补救或重新录制。

Step 2：储存备份

干音作为完整的音频文件中的主体部分，对整个音频制作的流程而言至关重要，而且由于其均为人声录制，一旦出现丢失或者遗漏，往往会给后期的音频处理带来很大的麻烦，延长制作周期。

所以，主播在录制完成后应对所有干音进行备份储存，统一保管。这样即使源文件丢失仍能够用备份文件进行后期处理，可以避免出现反复录制的情况。

（四）剪辑软件 Au 的上手与使用

Adobe Audition，简称 Au，是一款专业音频编辑和制作软件，可提供先进的音频录音、混音、编辑和效果处理功能，能够很好地处理日常中的录音或是音频文件等，为我们制作出音质饱满、拥有细微细节的高品质音频。

由于音频的呈现形式是非常特殊的，缺少画面的冲击，仅凭声音来传播信息、联系听众，因此在吸引力上想要将音频做出彩是存在一定难度的。那么，如何让一段人声干音完成向音频作品的华丽蜕变呢？这就需要利用 Au 软件为文本录音，为音频进行后期制作，增加 BGM 和音效，使之用丰富的表现形式贴合文本作者的创作意图，获得听者喜爱。

以下是 Adobe Audition 的基本操作：

• 设置音频输入/输出设备：在菜单栏中选择“编辑”>“首选项”>“音频输入/输出”，进行设备设置。

• 开始录音：点击菜单栏中的“录音”，选择“开始录音”。

• 结束录音：按下键盘上的“停止”按钮或使用快捷键 Ctrl+R。

• 打开软件：在计算机上安装并启动 Adobe Audition。

• 创建一个新的多轨会话：在菜单栏中选择“File”，然后选择“New”，再选择“Multitrack Session”。在弹出窗口中选择你想要的设置，例如采样率、每个轨道的格式等。

• 录音准备：选择轨道 1，拖入伴奏。选择轨道 2，录人声。

• 降噪：对人声进行处理，第一步是降噪。

• 添加一些效果：例如图形均衡。

• 导出：点击菜单栏文件→导出→多轨混音→整个会话。

三、剪映 App 剪辑过程

剪映是字节跳动旗下的一款视频剪辑工具，于 2019 年 5 月上线，于 2021 年 2 月 1 日起，支持在手机移动端、Pad 端、Mac 电脑、Windows 电脑全终端使用，适用于 Windows、macOS、Android、iOS 操作系统，此外，还有网页版、企业版。

剪映具有简单易用的特点，拥有音频、表情包、贴纸、花字、特效、滤镜等多种素材，支持 AI 识别字幕或歌词、智能抠图、绿幕抠图、AI 文本朗读、同步抖音收藏音乐、多视频轨和音频轨编辑等功能，可以一键添加专业变速效果，拥有多类型蒙版，可以丰富多视频轨道创作；用户可根据需要设置分辨率、帧率、码率等参数；最高支持 4K 视频分辨率、60fps 视频帧率，支持 3 档码率调整。

以下是剪映手机端的基本操作方法：

（一）添加视频片段

剪映 App 可自动识别手机中存放的各类视频和照片文件，用户可以快速准确地导入所需视频片段，其具体操作如下。

步骤一：在手机中启动剪映 App，进入主界面后，按“＋”号点击“开始创作”，如图 4－38 所示。

步骤二：进入“选择片段”界面，导入手机中存放的视频和照片等文件，可以看到每个视频素材的时长，如图 4－39 所示。

图 4－38　点击“开始创作”按钮

图 4－39　“选择片段”界面

步骤三:在打开的界面选择需要的素材,可以同步添加视频及照片等,通过即时的序号标识看到选择的素材数量,然后点击“添加”按钮,如图 4-40 所示。

步骤四:添加视频、照片素材后,在编辑页面中可查看添加的素材,如图 4-41 所示。点击右下角的“+”按钮,按照之前相同的方法,可进一步添加多个视频片段。下方的“所有片段”面板中显示所有添加的视频或照片等素材。

图 4-40　添加视频

图 4-41　添加照片

(二) 剪辑视频片段

步骤一:选中视频片段或者点击“剪辑”就会进入视频剪辑界面,如图 4-42 所示。在该界面可完成视频分割、变速、改变音量、添加动画等。

步骤二:如果是删减一段视频的头和尾,则拖动首尾选择想要截取的部分即可;若是需要删减视频中间部分,则需要在合适的位置点击下方功能键“分割”,如图 4-43 所示,再进行上一步的操作,把不要的片段删掉。

图 4-42　编辑页面

图 4-43　剪辑页面

(三) 添加背景音乐

剪映为用户提供了热门音乐和 VLOG 配乐等，各种风格的音乐可以挑选，插入配乐后可以调整音量，根据旋律踩点制作视频。在编辑页面，点击“音频”按钮，进入音频编辑页面，如图 4-44 所示。在该界面可完成添加背景音乐、添加音效、提取音乐、录音等。

步骤一：点击“音乐”，在音乐页面内，直接点击音乐头像可以实时听到配乐，以此寻找适合的背景音乐，如图 4-45 和图 4-46 所示。

步骤二：确定音乐后，点击右侧“下载”按钮或者“使用”按钮，就会跳转回音乐编辑页面，在该页面可完成改变音量、淡化音乐开头和结尾、分割音乐、踩节拍、变速等，如图 4-47 所示。

图 4－44　音频编辑页面

图 4－45　“音乐”页面

图 4－46　试听音乐页面

图 4－47　音乐编辑页面

(四) 添加字幕

视频、配乐都添加好之后，下一步就是添加字幕。剪映支持手动添加字幕，和自动语音转字幕。文字可以设置样式、动画，比同类软件的选择更多。文字层也支持叠加，退出文字选项后这些文字层就会隐藏，不会和视频音频抢位置。

首先，手动添加字幕的方法如下：

步骤一：选中视频片段，点击下方工具条“文本”工具就会进入字幕编辑界面，如图 4－48 所示。点击界面中的“新建文本”选项，即可进入手动添加字幕的页面，如图 4－49 所示。

图 4－48　选择文本页面

图 4－49　新建文本页面

步骤二：如图 4－50，可在对应文本输入框中输入需要在视频上呈现的字幕内容。

步骤三：当完成字幕添加返回上一页，即如图 4－51 所示，在该页可以对字幕进行细节调整，拖动文字条的头和尾，可以更改显示时长，也可对字幕进行分割、复制、修改样式、文本朗读或是花式字体等效果设置。

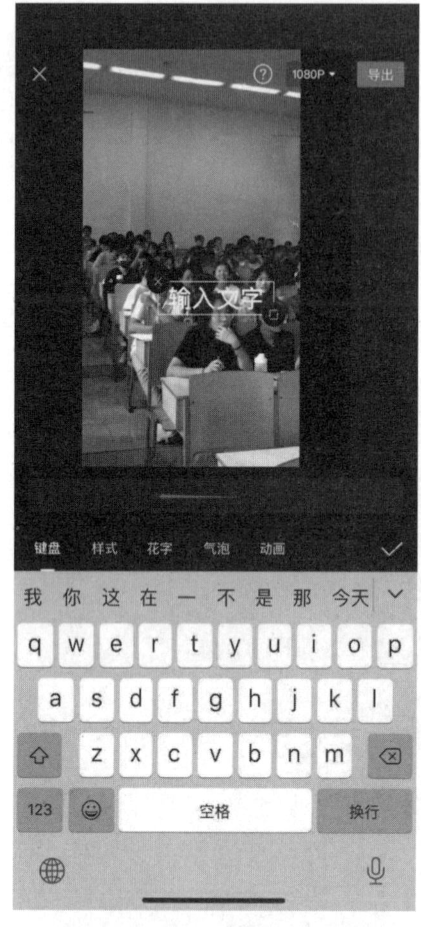

图 4-50　手动输入文本页面

图 4-51　文本编辑页面

其次，自动语音转字幕的方法如下：

步骤一：选中视频片段，依旧是点击下方工具条“文本”工具就会进入字幕编辑界面，然后选择的则是“识别字幕”选项，如图 4-52。随即会跳转至图 4-53，对应选择是需要识别全部字幕，还是仅视频或者是录音，之所以有“仅视频”选项，是因为在视频素材选择上还可以选择图片等素材，此外该界面还提供是否清空已有字幕的选项，编辑者根据需要自行选择即可。

步骤二：选择图 4-53 中的“开始识别”选项，系统会自动为视频添加字幕，但需注意的是，编辑者要做好检查工作，包括字幕对应的画面，以及字幕中是否存在错别字，需要对其进行纠正。

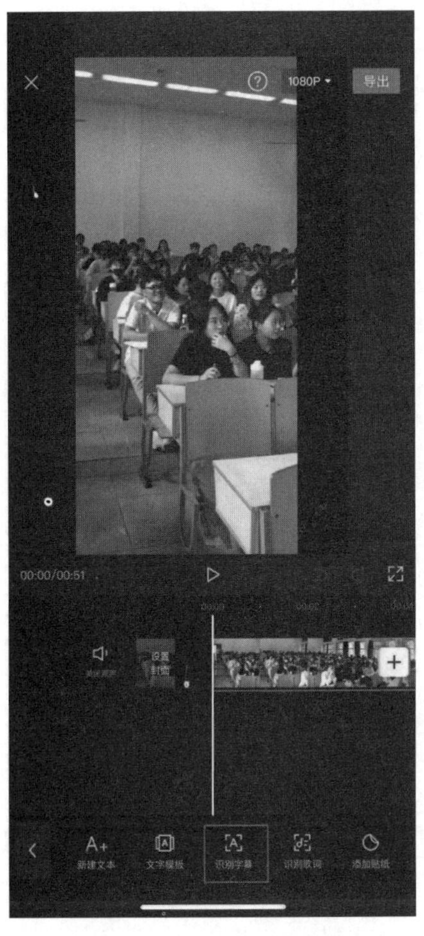

图 4－52 选择“识别字幕”

图 4－53 识别字幕页面

(五) 导出视频

通过剪映 App 编辑视频的最后一步是导出视频。

步骤一：视频导出只需要在操作页点击右上角“导出”选项即可，如图 4－54 所示。

步骤二：需要注意的是，点击“导出”前，应根据所需视频的分辨率及帧率进行对应选择，点击导出左侧选项“1080P”即可进行设置，如图 4－55。当一切设置无误之后，再对视频进行导出操作。

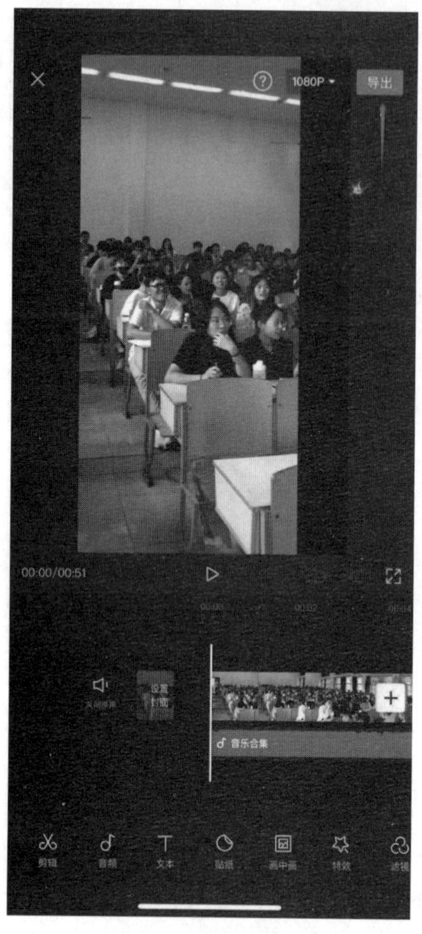

图 4－54　选择“导出”

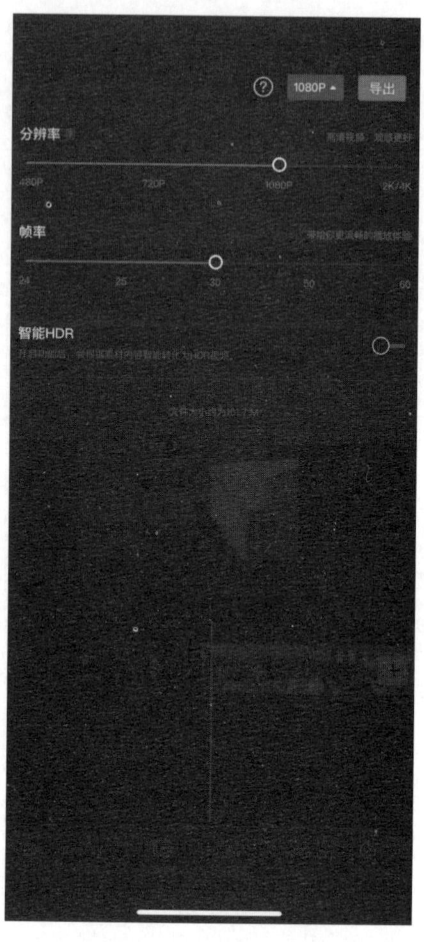

图 4－55　识别字幕页面

第四节　全媒体新闻的发布与呈现

要点概述

本节主要介绍全媒体新闻作品在微信公众号、哔哩哔哩(B站)、抖音等全媒体平台进行发布的方式方法，了解不同媒介平台内容呈现的要求和特点。

实践目标

1. 掌握微信公众号文章编辑的方式方法。
2. 掌握哔哩哔哩(B站)发布视频的方法。
3. 掌握抖音视频的发布方法，明确视频号和抖音号的区别。

有了文字报道，有了图片新闻，有了音频新闻与视频新闻，我们应怎样把不同媒介元素的新闻作品组合、包装在一起，通过各种平台进行有效发布呢？

从内容角度而言，媒体融合作品表现出对传统叙事、表达、呈现、传播的突破，这一方面基于技术提供的可能，另一方面也在于媒体人根据用户的体验和观感而对技术的深度挖掘。一切的创意表达都建立在技术基础之上，一切的创意表达也都是为信息的呈现和体验的友好性服务，本节将细致介绍微信公众号平台和抖音及视频号三个平台内容呈现和发布的方式方法。

一、微信公众号

微信公众号是一种应用账号，是广大开发者、个人以及商家企业在微信公众号平台上注册的，用于跟自己特定的客户群体进行沟通交流的一个账号。

（一）微信公众号概述

微信公众号拥有者在跟自己特定的客户群体进行沟通交流的时候可以采用多种方式，包括文字、语音、图片、视频等。这种交流方式更加生动、全面，极大程度上增加了个人、群体或是商家与用户之间的互动，从而得到更好的传播效果。当前，微信公众号已成为个人及企业进行微信营销的一个重要平台。

微信公众号有服务号、订阅号、企业微信三种类型。微信运营者在选择公众号类型时，要明确自身需求，找准方向，清楚想要传递信息的对象是谁，从基础开始，充分发挥所选择公众号的最大价值，以提供给客户最佳使用体验，争取他们的长期跟随。

注册微信公众号需要准备邮箱、手机号、注册人身份证资料等材料，企业主体还需要提供营业执照信息。按照步骤完成注册程序后，还需要对微信公众号进行认证，这一点对于品牌企业来说尤为重要。通过认证，可以让公众号更具公信度，提高权威性，还可以让公众号更靠前，获得更多的功能，为平台订阅者提供更优质的服务。

（二）微信公众号文章编辑

拥有几亿月活跃用户的微信，早已成为国内企业、媒体和自媒体信息传播的重点社交渠道之一。但是，不同的用户每天阅读的文章数存在很大差异。

有关数据表明，23%的用户平均每天只阅读1篇文章，但也有20%的用户每天阅读6～10篇。什么样的微信公众号文章最受大众欢迎？情感、养生和政法新闻阅读人数和分享人数是最多的。尤其是情感资讯和养生内容，远超过其他类内容，用户既爱阅读也爱分享。通过总结分析以往案例，可得出三点结论：

一是已有大量用户的微信公众号同样面临运营压力。不能完全依赖用户从订阅号里找内容阅读，要生产更多用户愿意分享和转发的优质内容。

二是用户阅读量呈现两极分化趋势，文章分享的马太效应突出。设想一下，如果一篇文章在朋友圈里被转发次数多，那些阅读量较少的用户，可能会更倾向于阅读这篇大家都在转发的文章，从而助长文章阅读数的指数级递增。

三是吸引用户订阅一个账号的难度越来越大。当用户发现自己很少从订阅号里找内容阅读时，他们订阅的动力也会减弱，因为朋友圈里好友转发的内容就是主要的信息来源。

由此可见，好的内容在微信公众号平台上将变得越来越重要。文章主题积极，让读者感到兴奋，实用且容易记住的内容，以及有价值的故事，会有很多读者追捧。落脚到具体的文字排版规则，可以遵循以下几点：

1. 字体

字如其人，美在形体，美在风骨，优美的字体可以给移动用户留下好的第一印象。不同的字体可以呈现出不同的气韵，我们要根据新闻内容及平台特色来选择字体，贴切地传达内容信息。

宋体庄重典雅、清正秀丽，在大众传媒时代是运用最为广泛的字体，在媒体的两微两端也是最为常见的字体，通常排版时正文会采用宋体。黑体方正粗犷、朴素简洁，在小标题或重点段落上常被采用，以此显得突出与醒目。

为了版面整齐、简洁，在界面上的字体类型越少越好，建议最多使用两种字体。用同一种字体，可通过字级、加粗、颜色来区分阅读的重要性，同时也让整个界面显得精致、干净，切忌在巴掌大的界面上搞得花里胡哨。

2. 字号

定了字体的样式，还要选择字号的大小。对于文字内容较多的文章，一开始就要选定正文使用的字号，毕竟正文在阅读中的占比最大。可以先将正文刷一个标准字号出来，比如统一为15px，这是最快捷的排版方法。

由于界面是小屏，所有段落的排版都以两端对齐为准则，这样界面显示才会匀称、整齐。通常每个段落不用退格两字的形式排版，直接顶格排。

在一篇融合新闻报道中，通常会有大标题、题记(或导读)、署名栏、小标题、正文、图说、摘要等元素，这就需要我们排版时通过不同的字级加以区别，以便于用户阅读时知道重点和精彩之处，版面也不会显得太呆板。整个界面最小的字级不应小于12px。具体可以按下列标准进行操作。

(1) 大标题

在微信公众号中，大标题的字体、字号、颜色有固定的格式，不能修改，可排64个字。但在发布时，大标题能够显示出来的只有27个字，因此做大标题是最考验人的，也是最花时间的，必须精练、有卖点，最好能一眼就吸引用户点击。

大标题的字数不能太多，否则看起来太显累赘，且标题显示不完全，会影响意义的传达，影响用户的理解。

(2) 题记(或导读)

文章开头的题记或导读文字，可选择文章中最精彩的一两句话，字号可加粗或加大，跟正文字号要有所区别，比正文大--字级的16px为好。颜色也要有所区别，可用深灰色或其他颜色，也可根据正文文字的色调来决定。

(3) 署名栏

署名栏也是版权页，包括媒体名称、logo、记者/编辑/摄影师名字等，可放在文章开头或结尾处，字号通常为最小级的 12px，颜色以深灰色为好。

(4) 小标题

小标题的字体通常要加粗，字号比正文大一级为好，即 16～17px，颜色可用深灰色或换用另一种颜色，能起到醒目、快速识读的作用。

小标题可居中或左对齐排版。为了把界面做得更精细，更有设计感，可在第三方编辑器中把小标题加上题花做成图片放进公众号里，这样可以设计的空间大，更有美感。注意小标题与正文文字之间要空一行的距离，这样才显得疏密得当。具体可参考下图。

图 4－56　识别字幕页面

(5) 正文

正文字体一般用宋体或仿宋体，或微软雅黑，这几种字体简洁、清爽，颜色以常态的黑色或深灰色为宜。

通常让人阅读起来感觉最舒服的字级是 15px，大小适中，便于长时间阅读。手机是小屏界面，正文字级如果是 16px，会在界面上显得粗大，文字内容占版太多，滑屏时间也会变长。如果字级是 14px，小字号对年长的人来说阅读起来会很吃力，易导致用户流失。

(6) 图说

图说字级通常为最小级的 12px，颜色最好用深灰色以区别于正文，放在图片左下方或右下方，与图片的行间距设置为 1，小行距以靠近图片，看起来会有海报的感觉，可以让图片与图说在视觉上形成一个整体，显得更有节奏感。

由于有了正文的文字报道，因此图说要尽量简短，前面可加一个三角形符号(▲)，文字与符号之间可空一格。此外图说与正文之间要空一行的距离。这样与正文有所区别，也不致干扰整体内容的阅读。

(7) 摘要

界面末端的摘要，字号是固定的，可排 120 字，但发布时只能显示出 36 字。因此，既然叫摘要，一定是最精彩的一句话，字数的长短也需要仔细斟酌，要简洁，最好是有意思的金句。

摘要是与大标题同时显示在推文的封面上的。因此，要考虑与大标题的配合，可用一虚一实、一长一短的方式来处理。这样疏密得当、好看，也突出了重点。切忌满打满实，在小屏的摘要上写密密麻麻一堆文字，这样用户看起来会很累，从而适得其反。

3. 字距

排版时，选好字体、定好字号，还需要考虑字距。字距是指文字之间的距离，在微信公众号编辑器里，字距一般都是默认的，有特殊需求可手动拉开距离。排版时，用两端对齐的方式，可让界面上的字间排列均衡，显得美观。

4. 行距

行距是指一行文字的底部到另一行文字顶部的间距。在编辑器的工具条上，有 1、1.5、1.75、2、3、4、5 七个倍值。在小屏界面上，通过多次实验，正文 14～15px 大小的字行距一般用 1.75 倍为宜，如下图。

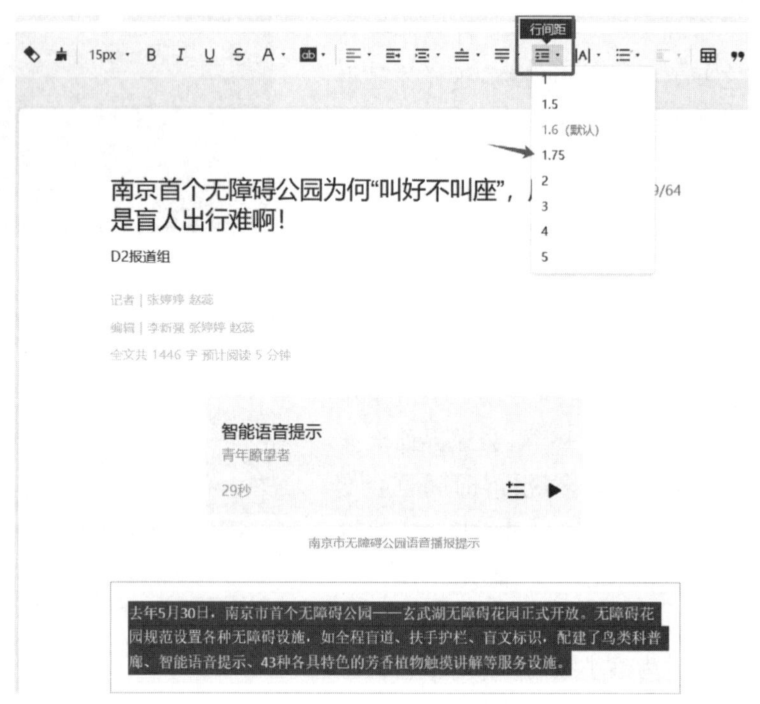

图 4－57　识别字幕页面

如果行距过大，比如 2 倍，文字块会显得松散。行距过小，比如 1.5 倍，会让文字看起来过于密集，用户阅读起来会很费力。1.75 倍行距可以让版面紧凑，条理清晰，用户阅读速度适中，阅读感觉舒服。

此外，标题与图片的距离、图片与图说的距离、图说与正文的距离，以及小标题与正文上段和下段的距离，都是有讲究的，最好以同隔一行为标准，这样会让阅读有节奏感。

5. 页边距

页边距是指页面的边线到文字的距离。在编辑器的工具条上，有取消、8、16、32、48 等五个参数的设置。如果新闻的文字量大，页边距可小一些。通常选用 8 或 16，在界面呈现上是最合适的位置，不太靠边也不太居中，用户阅读的舒适感也会更强。

如果选用"取消",文字在界面上会显得太满;选用 32 或 48,则文字太靠中间,能够承载的文字量会少。

6. 分段

分段是为了让文字内容得以清楚地传达。由于界面的宽度有限,美编会用插入空行、插入符号或题花,或用不同颜色、字号和字体穿插段落间等方式来进行分段。

通常运用插入空行分段法最多,可将整段同主题的内容分成数个短小的容易读的段落。美工有时会排 2～3 行文字就插入一个空行来间隔一次,这样用户就会有长一点的时间来思考文章中所包含的信息。

7. "话题""头部关注""阅读原文""在看"

许多媒体机构的微信公众号都会做"话题"设置,这是将同类型的文章以栏目和热点形式归类,便于用户点击阅读相关的文章。编辑器支持创建图文、视频和音频类型话题。

微信公众号功能强大,可设置 10 个类型的话题,每个话题最多可容纳 1 000 篇文章。话题标签＃会显示在推文界面的顶部,同时在文末可以链接到同一话题下的上一篇文章和下一篇文章,方便用户连续浏览,具有引流和延伸阅读的作用。

正文头部制作 logo,以强调媒介印象,引导用户关注。结尾处设计要简洁精致,可将一句有趣的话设计成醒目的图标,或用微信公众号惯用的视觉符号强化媒介品牌的烙印。

设计一个箭头或几个有趣的字指向左下侧的"阅读原文",这是互动链接与延伸阅读的关键。

右下侧的"点赞"与"在看"也很重要,特别是"在看",只要用户点击,就可将文章推送到微信公共平台的"看一看"里,这是增加阅读量最有效的方法。

总之,在编辑微信公众号推文的过程中,如果能将这些相对不重要的信息元素处理得当,会给界面设计增色,让界面更具整体上的协调感和美感。

二、哔哩哔哩(B 站)

视频平台如此之多,为什么我们一定要选择 B 站？B 站与其他视频平台有什么区别？

(一)"出圈"的 B 站,多样文化兴起

过去的 B 站,以亚文化为代表。随着"Z 世代"的不断成长,B 站的用户需求差异也在变大,呈百花齐放之势。B 站文化主要分为 6 个类别,这 6 类文化在 B 站沉淀多年且不断发展、壮大,是 B 站之"魂"。

一是二次元文化。二次元是 ACGN[①] 亚文化圈的专用语,意为"二维",是指呈现

① ACGN 为英文 Animation(动画)、Comic(漫画)、Game(游戏)、Novel(轻小说/ACGN 图内接受程度较高的文学作品)的合并缩写,是从 ACG 扩展而来的新词语。

在屏幕或纸面等平面上的动漫、游戏等作品中的角色，具有架空、幻想、虚构等属性。在很长一段时间里，二次元文化是“另类”的存在，不被主流文化所理解。如今，二次元已突破“次元壁”来到“三次元”，与各类用户同欢。越来越多的漫展，街边随处可见的制服裙，以及品牌投放的二次元霸屏广告，无不展示着二次元文化“破圈”之路的成功。

二是弹幕文化。弹幕是观看视频时弹出的评论性字幕。B站的弹幕文化主要有两大特点：一是能打破时空，提升用户互动率；二是有严格的弹幕管理机制，人工智能系统可以及时拦截言辞不当的弹幕。弹幕文化是B站社区的“黏合剂”，它能让用户在使用弹幕语言的过程中增强群体归属感。

三是社区文化。在B站，社区的构建依靠B站、UP主、用户三方力量的共同努力：B站为UP主提供施展才华的平台和良好的社区氛围；UP主创作优质内容，以此连接用户，吸引更多的用户加入社区；用户参与互动，维系社区。当前，靠社区“出圈”的B站，必须关注和引导社区文化氛围朝着正向发展。

四是“鬼畜”文化。“鬼畜”视频是指以快速重复、高度同步的素材配合BGM（背景音乐），从而制造出喜剧效果的视频。2015年后，B站的“鬼畜”文化迎来大爆发，不只个人UP主，就连知名企业也加入进来。“鬼畜”区视频虽然数量不多，但受欢迎程度较高，许多优质作品的播放量能够突破百万甚至千万。与过去相比，如今的“鬼畜”视频不再只有简单的重复、断帧与调音，其制作更为复杂，扣帧、特效、连续剧集式的制作方式开始涌现。

五是“梗”文化。“梗”的生成与传播，通常源于各种奇闻趣事。B站用户自发对这些奇闻趣事进行提炼，最终在网上传播开来，形成约定俗成、引发共鸣的衍生符号。“梗”文化的更新速度很快，其背后可能是单纯的趣味调侃，也可能是一种情绪的发泄与自我安慰。我们应积极引导并给予包容，使其正向发展。

六是包容文化。在B站社区，有两条十分重要的价值观——公正与包容。公正代表了真实与自律，而包容则表现了B站“出圈”之后的百花齐放。越来越多的新用户涌入B站，使其发展为拥有几千个类别的内容社区，一定程度上降低了小众文化在B站的“地位”，但另一方面，包容更多文化、融入主流社会的B站，正促使包括小众文化在内的各类文化朝着受众多样化的未来发展。

（二）B站 vs 传统视频网站：“短打”vs“长胜”

网络时代，在手机、电脑等客户端观看电影、电视剧是一件再寻常不过的事情。在所有视频网站中，爱奇艺、腾讯、优酷被称为“三巨头”，根据QuestMobile发布的2024年3月在线视频行业月活跃用户规模数据，排名前十的App中，爱奇艺和腾讯视频的月活跃用户均达到了4亿级别。

事实上，B站也属于视频网站，但又与传统视频网站大有不同。此处以腾讯视频为例，B站与腾讯视频的区别如表4-1所示。

表 4－1　B 站和腾讯视频的区别

区别项	B 站	腾讯视频
标语	你感兴趣的视频都在 B 站	不负好时光
用户偏好	偏实用性	偏娱乐性
热播剧储备量与播放量	略低	高
热剧题材	多元化	"头部"效应明显
热播影片类型	日本影片	国产影片
内容形态	中长视频(10～15 分钟)、短视频(5 分钟以下)	长视频为主(30 分钟以上)
视频展现尺寸	9∶16(竖屏)、16∶9(横屏)	原始比例、16∶9、4∶3、铺满窗口
创作者生态	粉丝分布相对均衡	粉丝分布较为集中
用户画像	ACG 爱好者，年轻用户	25～35 岁的用户群体比重较大，用户年龄分布较为均衡
变现方式	平台提供(花火平台、充电计划等)；个人变现(商务合作、自营店铺引流)	通过平台认证，获得平台奖励
用户黏性	基于兴趣，黏性高	基于影视，黏性低
竞争格局	"一枝独秀"	"三分天下"(爱奇艺、腾讯、优酷)
广告形式	信息流广告	贴片广告

与传统视频网站相比，B 站走的是"小而美"的路线，其视频内容多为自制或由 UP 主提供；以腾讯视频为代表的传统视频网站内容多源自外购。与此同时，传统视频网站在吸引用户时，采取的是"广撒网"的方式，B 站却十分有针对性，针对"Z 世代"的喜好，对网站的内容和服务进行规划，形成"短而精致"的内容生态和良性循环。

(三) B 站 vs 抖音：文化社区 vs 音乐短视频社区

被称为"装机必备"的 App 抖音，在 2016 年 9 月正式上线后一路突围，成为当下最热门的营销平台。然而，当 B 站频频"出圈"，存在感越来越强时，不少人开始思考这样一个问题：B 站和抖音谁更有前景？

在回答这个问题之前，我们先来看看两款 App 的区别，如表 4－2 所示。

表 4－2　B 站和抖音的区别

区别项	B 站	抖音
标语	你感兴趣的视频都在 B 站	记录美好生活
内容形态	中长视频(10～15 分钟)、短视频(5 分钟以下)	短视频(15 秒、60 秒)、直播、图片、影集
推荐机制	去中心化，关注订阅＋算法推荐	中心化思想、注重培养 KOL，鼓励用户不断创造优质内容

（续表）

区别项	B站	抖音
视频展现形式	竖屏半屏式、横屏沉浸式	单列全屏沉浸式
视频展现尺寸	9∶16(竖屏)、16∶9(横屏)	9∶16(竖屏)
创作者生态	粉丝分布相对均衡	头部KOL粉丝集中度高
用户画像	ACG爱好者，年轻用户	用户男女比例均衡，以年轻人群为主
变现方式	平台提供(花火平台、充电计划等)；个人变现(商务合作、自营店铺引流)	平台主导的变现方式，如抖音小店、信息流广告
引导关注	点赞、投币、收藏(一键三连)	点赞、评论、转发

如果说抖音像互联网“电视”，那么B站就像是青年生活的娱乐学习刊物。前者以娱乐导向为主，音乐短视频居多；后者内容更多元，是内容丰富的文化社区。如今，抖音已是国民流量平台，B站还处于发展的过程中。

(四) B站 vs 微信视频号：学习场景 vs 工作场景

2020年1月22日，微信视频号正式启动内测，一个腾讯旗下人人都可以创作的短视频内容平台诞生。身为腾讯副总裁张小龙的“亲生血脉”，微信视频号从推出之时便备受关注。因为背靠微信，视频号不到两年便日活4亿，“杀出”短视频行业重围。

在过去，市场上一直缺乏适合品牌持续进行内容生产和社交关系沉淀的视频平台，视频号和B站的出现，填补了这个空缺。那么这两者之间究竟有什么区别呢？两者的不同如表4-3所示。

表4-3　B站和微信视频号的区别

区别项	B站	微信视频号
标语	你感兴趣的视频都在B站	记录真实生活
内容形态	中长视频(10～15分钟)、短视频(5分钟以下)	短视频(3秒～60秒)、中长视频(15～30分钟)、图片
推荐机制	去中心化，关注订阅+算法推荐	去中心化，社交推荐+个性化推荐
视频展现形式	竖屏半屏式、横屏沉浸式	单列半屏沉浸式、单列全屏沉浸式
视频展现尺寸	9∶16(竖屏)、16∶9(横屏)	6∶7、9∶16
创作者生态	粉丝分布相对均衡	公众号作者、抖音快手KOL
用户画像	ACG爱好者，年轻用户	微信用户
变现方式	平台提供(花火平台、充电计划等)；个人变现(商务合作、自营店铺引流)	公众号、朋友圈、直播等多种变现方式相结合的商业生态圈
引导关注	点赞、投币、收藏(一键三连)	更鼓励关注
消费场景	泛娱乐+学习场景	泛娱乐+工作场景

B站拥有全网最年轻的优质用户，稳定的变现结构与超强的用户黏性使B站流量收益十分可观，能为UP主带来很高的商业价值。与视频号相比，B站最大的“撒手锏”

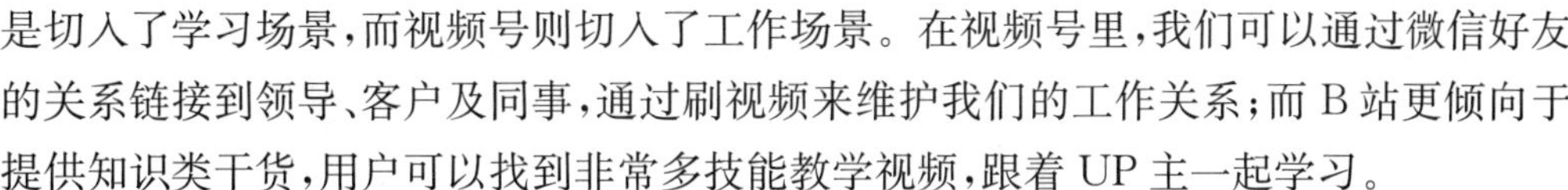

是切入了学习场景，而视频号则切入了工作场景。在视频号里，我们可以通过微信好友的关系链接到领导、客户及同事，通过刷视频来维护我们的工作关系；而B站更倾向于提供知识类干货，用户可以找到非常多技能教学视频，跟着UP主一起学习。

三、抖音

当前，短视频赛道已发展成为抖音、快手与视频号"三足鼎立"的局面。虽然当前短视频新闻的生产日趋专业化、成熟化与规模化，但对于媒体机构来说，怎样才能将现有的短视频新闻内容重新包装、制作与分发，分别适配抖音号与视频号的娱乐性与社交性风格，做出有流量、有用户、有媒介影响力的大V号呢？

（一）视频号与抖音号的区别

我们都刷过视频号与抖音号，两者看似相同，实则区别很大。下表中的两者对比，有助于我们解决短视频新闻内容的二次创作与分发的实际问题。

表4-4　视频号与抖音号的对比

对比项	抖音号	视频号
标语	记录美好生活	记录真实的生活
平台属性	娱乐性短视频平台	社交+媒体短视频平台
展现形式	全屏式滑动视频	瀑布流形式的滑动视频
视频时长	15秒/60秒/5分钟，10～20秒作品获赞最多	60秒视频/9张图片，或完整视频1～30分钟，有长短视频分发
视频尺寸	全屏展示	全屏展示
标题长度	55字以内	超3行折叠
热点话题	有	有
功能组件	有素材编辑插件，带滤镜、特效、音乐模板库	没有任何组件和音效，用真实方式记录生活
微信支持	不能加微信号	可加微信号、公众号与文章链接
微信转播支持	微信生态内传播受限	微信全生态转播
内容运营	重人工运营	内容未干预，系统和规则会比运营的效率高
分发机制	1. 流量分布相对中心化，内容质量权重高，头部2%～3%的内容占据平台80%以上的流量，有利于头部优质内容生产者 2. 社交关系权重低，社交属性较弱，偏向于某一群体的"娱乐消遣平台"，有本地发现 3. 运营干预相对大，重人工运营 4. 完播率>点赞率>留言率>分享量	1. 全量的用户，流量分布更加去中心化，社交推荐+算法推荐+同城推荐 2. 社交关系权重高，用户第一眼看到的不单基于视频内容，还有好友看过、点赞、标题、地理位置、标签等信息，社交属性更强 3. 运营干预小 4. 点赞率>评论率>转发率>完播率

（续表）

对比项	抖音号	视频号
创作者生态	流量分发以公域为主，对优质内容生产者友好，粉丝头部集中率高	社交推荐分发机制以私域为主，个人 IP 从私域流量走向公域流量，粉丝分布相对均衡，放在朋友圈下方，相当于给大家一个出圈机会
创作者体验	不管是滤镜、选曲、特效、镜头还是拍摄，都有比较强的专业属性；调性更大、更快、更爽，有花里胡哨的爽快感	产品更简洁，没有多余的剪辑、滤镜、美颜、特效等功能，高效便捷记录个人真实生活，强调分享的重要性；调性更小、更慢、更稳，普通人也有机会
用户生态	1. 一、二线用户比例高，用户增速快，被动接受内容推送 2. 粉丝互动性弱，看到优质内容的概率高，但不利于长尾内容分发	1. 朋友圈用户，地域分布均衡，被动接受内容推送 2. 粉丝互动性适中，看到具备社交关系内容的概率高，朋友圈用户点赞评论数据越好，就越会被推荐给更多用户，有利于长尾内容分发，长尾效应也会更明显
商业化变现	1. 适合平台主导的变现方式，比如信息流广告、直播带货 2. 兴趣电商，在流量、内容和推荐算法上加强电商属性 3. 本地发现，基于兴趣推荐和地理位置推荐的地推拓展业务，布局本地生活	1. 适合私域流量变现，包括广告、直播带货等 2. 作为短内容工具，和微信公众号图文长内容形成内容闭环，视频号与公众号双向联动，给微信公众号从业者提供了商业变现的空间 3. 结合直播、小程序、微信支付、微信公众号、社群、微信号等产品矩阵，会快速实现商业闭环

（二）抖音号的运营思路

抖音自定义为“专注年轻人的 15 秒音乐短视频社区”，是娱乐性、社交性超强的短视频平台，倡导分享你的生活与感受，了解更多奇闻趣事。

在抖音号中，获赞作品最多的是时长为 10～20 秒的短视频。碎片化的短内容降低了表达成本，增强了多样化、个性化的内容趣味，让低成本内容变得极易扩散。那么作为主流媒体，怎样才能增加新闻内容的用户群，提高用户的喜爱度，以正能量、高影响及大流量使得短视频新闻实现跨圈层传播呢？《人民日报》抖音号无疑可以作为一个很好的借鉴样本。

1. 碎片化场景＋冲突式传播

截至 2024 年 3 月，《人民日报》抖音号坐拥 1.7 亿粉丝，累计获赞 125.1 亿，成为抖音平台真正的头部创作者，其作品具有正能量、吸新闻、重情感、求共鸣、去文本化、碎片化、口语化、年轻化、趣味性等特征，以 1 分钟内的短内容视频居多。

（1）碎片化场景

抖音从本质上为刷屏者提供的是基于场景的碎片化、快闪性娱乐休闲服务，不单面向年轻人，还面向少年儿童和中老年人。用户在吃饭时、睡觉前、上厕所时、通勤路上、工作学习间隙，到处都可刷刷刷。

秒传的内容，能瞬间抓住人们那稀缺、分散的注意力，非常符合当下的碎片式阅读场景，任何人都可以看，也乐于去看，使人不自觉地一条接着一条地刷，以为只过了十分钟，抬起头，发现一两个小时没了，抖音随时随地、随意随性的场景消费，早已成为巨大流量池的新入口。人民网抖音发布的短视频新闻，往往不是整个事件的介绍，但善用细节来叙事：如在特战队员训练的视频中，没有对训练项目种类、强度、训练时长的介绍，而是通过“特战队员这样练成！1分钟吃完2个馒头，喝完1瓶水，在6摄氏度的江水中训练，7天负重30公斤奔袭201公里……魔鬼周，练他！”这种细节描写来体现其训练的紧张与强度；在送别凉山森林火灾中牺牲的消防员战士“‘儿子，你最爱的球衣，给你带来了！’……”的短视频中，没有对排长、送别队伍以及送别现场的介绍，而是用代旭排长最喜欢的球衣来表达对其牺牲的悲痛之情。这种以细节代替宏大叙事，更符合短视频“碎片化”传播的特点，使叙事更形象真切，令人印象深刻。

（2）冲突式传播

对于处于新闻信息传播链条顶端的专业媒体来说，要善于把一条完整具备新闻六要素的短视频新闻剪短，对素材进行二次加工。通常，在两微两端上，任何一条短视频新闻，都会对一个新闻事件进行有组织、有叙事结构的呈现，要交代清楚事件的来龙去脉，包括原因、经过、高潮、结局、意义等。

而《人民日报》在抖音号上的创作是基于反逻辑化思维、爆点思维的，在视频开头便直接切入主题，注重选择一个事件中的关键画面，一般都是在高潮部分或精彩部分选几帧，或某一感染力强、让人震动的片段，或容易引发用户共情共鸣的一个非常微观、具体和细节化的场景，通过幽默表达或软化的网感表达，加上调性垫乐来营造一种戏剧化的情绪冲突。在电影、戏剧、广告策划领域里，冲突式传播最能有效提升传播的效率与感染力，而这样的法则同样也适用于抖音上的短平快视觉新闻传播。

2. 短内容弱化同期声重BGM

短视频剪辑注重视频、字幕、图片、BGM、音效的融合，在两微两端上主要以“视频画面＋字幕＋同期声＋BGM”的生产模式呈现的短视频，通常采访对象的同期声是新闻叙事的关键部分。但在抖音号上，《人民日报》则以弱化同期声而注重BGM的使用为其短内容剪辑的一大亮点。

BGM(Background Music)也称垫乐、环境音乐，既可掩盖环境噪声，更可营造情绪氛围。抖音平台提供了海量的音乐模板库供创作者选用。为了契合抖音的秒传风格，《人民日报》抖音号将带有鲜明节奏感的垫乐，配上一段冲击力较强、情感鲜明的文字同步发布，起着补充交代视频内容、调动情绪的重要作用。在字体方面，统一用白色或黄色重磅字放在画面居中位置，《人民日报》logo放在界面右边便于用户点击关注，从而形成媒介品牌特色。

比如，图4－58到图4－62展示的这条《人民日报》的暖新闻，发生在四川雅江森林火灾一号火场明火被扑灭时。连续鏖战3个昼夜的消防员们，终于能安心地休整片刻。

他们带着“烟熏妆”的笑看得心疼也感动。

图 4－58 《人民日报》抖音号短视频画面一

图 4－59 《人民日报》抖音号短视频画面二

图 4－60 《人民日报》抖音号短视频画面三

图 4－61 《人民日报》抖音号短视频画面四

图4－62　《人民日报》抖音号短视频画面五

时间:2024 年 3 月 19 日

标题:鏖战三个昼夜,他们终于能安心地休整片刻。带着“烟熏妆”的笑容,看得心疼也感动。辛苦了,致敬! @四川森林消防

时长:22 秒

字幕条 1:18 日四川雅江　连续鏖战三个昼夜,一号火场明火扑灭

字幕条 2:逆行的他们　终于能安心地休整片刻

字幕条 3:致敬! 你们辛苦了

BGM:盛哲——《在你的身边》

点赞:111.8 万

评论:4.7 万

这条视频仅 22 秒,选取了几个最精彩的特写镜头:下车、走路、立正、扣衣,仅有一句消防员的同期声,配合温暖的垫乐,加上 3 条简短、直接、带有强烈情感的字幕,仅用 42 个字,就对画面进行了补充与渲染,既契合了用户轻松娱乐的心理诉求,也传达了消防员工作的艰辛,让观看者的心也跟着热了起来。

此外，这些采取外视角的精彩片段的截取，对四川森林消防员怎样出警、救援情况等信息都略去，叙事并不完整，由此也与两微两端发布的短视频新闻形成差异化传播，很好地体现出了《人民日报》抖音号在短内容叙事上去文本化，强调碎片化、冲突感、情绪化、共鸣感的特点。

思考与练习

1. 新闻稿件的选择、改正和优化包括哪些方法？
2. 短视频成为新闻发布的主要方式，原因有哪些？
3. 10W+阅读量的公众号推文内容有什么特点？
4. B站视频的封面制作需要注意什么？

【学生习作点评 1】

“青年瞭望者”微信公众号作品

你想美出天际吗？容易！从扎染丝巾开始吧！

C2报道组 青年瞭望者 2024-03-20 08:00 江苏

听全文

记者|卢玉鑫 陆妍旭

编辑|孙淑彤 张睿 蔡昱雨

全文共1742字，预计阅读12分钟

面对高奢工艺品而产生迷茫？
对于海外大牌而产生文化底蕴稀缺的焦虑？
也想穿戴传统工艺品而艳惊四座？
它们，一定是现代青年人心中工艺品的不二之选。

蓝染店内实景|受访者供图

01 小编带你识扎染

扎染是什么？
扎染是织物在染色时部分扎结起来使之不能着色的一种染色方法，是中国传统！传统！传统！手工染色技术之一。

怎么去扎染？
扎染是通过纱、线、绳等工具，对织物进行扎、缝、缚、缀、夹等多种形式组合后由植物染料反复浸染而成。（植物染料皆属于纯天然无公害类别，保值保质）

扎染有什么特殊功效？
产品不仅色彩鲜艳、永不褪色，而且对皮肤有消炎保健作用，克服了现代化学染料有害人体健康的副作用。（好看且有益身体健康，服装界的保健品）

扎结出的每种图案，都具有独一无二的效果，染出的成品不会有相同纹样的出现。这种独特的艺术效果，是机械印染工艺难以达到的。（自己制作的商品只专属于自己，独一无二，绝无仅有）

大标题：固定字体字号，一问一答
署名栏：宋体，12px，深灰色
导读：宋体，16px，加粗，居中
图说：宋体，12px，深灰色

小标题：宋体，16px，加粗，黑色
正文：宋体，15px，黑色
页边距 8，行间距 1.75

图 4-63 “青年瞭望者”微信公众号作品(一)

上图为全媒体新闻实践流程课程实训平台“青年瞭望者”微信公众号于 2024 年 3 月 20 日刊登的一篇文章的排版界面，其字体、字号、版式都有相应设计要求。下面我们再选择两个具有代表性的推文作品，从正反两方面对其排版、编辑的做法与效果进行详细点评。

扎根沃土，民富增收有胜“蒜”

青年瞭望者 2024-05-23 11:16 江苏

听全文

全文共2006字 预计阅读8分钟

一部三国史，半部在下邳
在江苏省徐州市睢宁县域的东北部边陲
宿迁市和邳州市毗邻之处
有一个历史文化底蕴丰厚的古镇
是谓“古邳镇”

在村里，记者团队遇到了留守老人刘爷爷。

古邳镇留守老人刘爷爷

“我的儿子女儿都在市区里工作，自己喜欢清净，所以常年一个人住，没事的时候就来看看田里的作物。”

刘爷爷在检查作物

“这几年村里不少中老年人和我一样，响应号召，搞起了大蒜种植。我家里的大部分地现在都承包出去了，每年比起以

记者近日探访了古邳镇，这个位于江苏省北部的小镇，凭借其独特的地理位置和优越的水土环境，为大蒜的生长提供了得天独厚的条件。

记者团队拍摄制作的纪录片《蒜田中的守望》

村民们世代相传的种植经验，使得古邳镇的大蒜品质上乘，口感独特。多年来，当地人民依托这片丰饶的土地，将大蒜种植发扬光大。

//出品：三江学院“全媒体新闻实践流程”课程
【省级产教融合一流课程】

图 4－64　“青年瞭望者”微信公众号作品(二)

教师点评：

这篇题为《扎根沃土，民富增收有胜“蒜”》的公众号文章发表于 2024 年 5 月 23 日，除了题材深刻、内容丰富及采访扎实的优点之外，其排版设计与整体效果也是比较理想的，主要表现在三个方面：

一是文章的开头和结尾统一且规范地排列了这条推文的制作信息，有助于读者快速理解文章的结构且增强信任感。

二是文字、图片与视频结合得比较好，图片布局合理且都做了图示说明，文中插入的视频内容具有一定的专业性，增强了视觉效果和阅读体验。

三是编辑的排版手段丰富而灵活，精心设置字体大小、颜色、段落格式等方式，使得文章内容更具层次感和可读性。

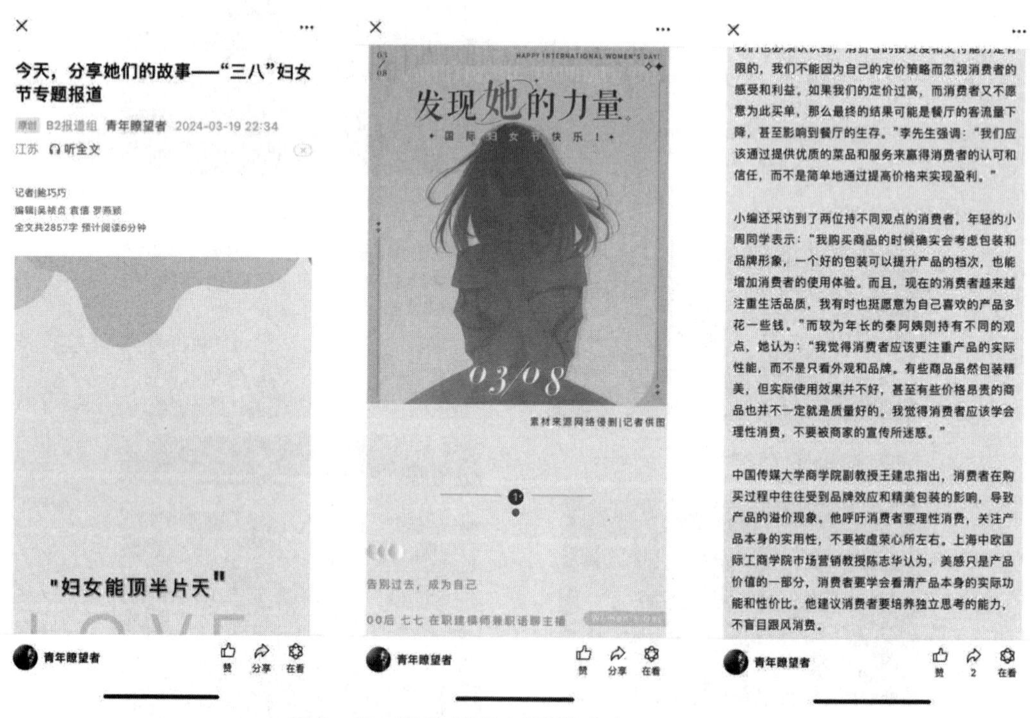

图 4－65 “青年瞭望者”微信公众号作品(三)

教师点评：

上面三张图片是发表于“青年瞭望者”微信公众号上的推文截图，前两张是关于“三八”妇女节的专题报道，后一张是关于商品过度包装现象的深度报道。两篇文章在内容上都可圈可点，但排版设计却存在着一些较明显的缺陷。

第一篇文章的问题主要在开篇设计上。作为推文点击标题进入的第一个画幅，应展现重点，帮助读者快速获取关键信息，而实际出现的却是第一张图片上的大面积空白，只有一句“妇女能顶半边天”的文案，有效信息过少，影响读者观感。此外，在新闻类推文中，图片应尽量做到原创，而第二张图片借用了网图，并且画幅设计得比较大，导致

界面只剩下下方两行文字，比例明显失衡。在有背景色的情况下，文字的排版设计应该两端缩进，参数通常设为 8px 或者 16px。

第二篇文章以深度调查为主，但文字段落大段大段地连续出现，导致信息过于密集，容易使读者产生疲劳感，影响阅读体验。可使用小标题分段或者加粗、加色、斜体等方式来强调重点内容，从而增强画面元素的丰富性、生动性，帮助读者快速理解文章的结构。

【学生习作点评 2】

视频作品：《走南闯北的“放炮人”——传统古法爆米花》

图 4-66 《走南闯北的“放炮人”——传统古法爆米花》视频截图

教师点评：

《走南闯北的“放炮人”——传统古法爆米花》是“全媒体新闻实践流程”课程实训作品，于 2024 年 3 月 26 日在课程 B 站平台“三江瞭望眼”上发布。该作品共计 2 分 41 秒，被评为当期“好视频”，我们以此为案例，点评其在后期制作与剪辑设计方面的成功之处。

1. 视频节奏

视频的前 5～10 秒非常关键，应该用震撼的画面或引人入胜的场景吸引观众。该作品开场用了爆米花爆开瞬间的画面，立刻捕捉到观众的注意力，非常吸睛。

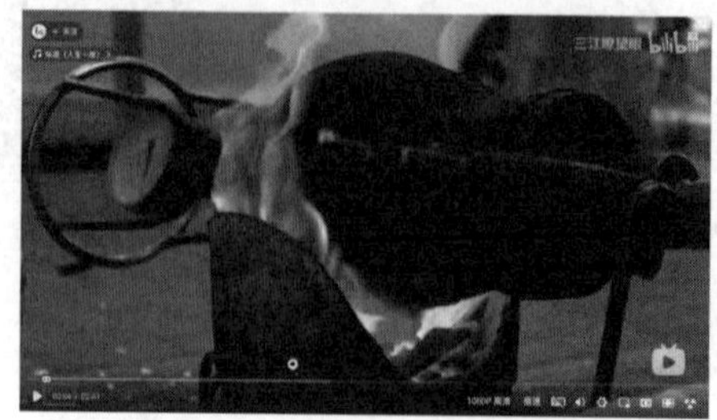

图 4-67　该作品第 4 秒画面

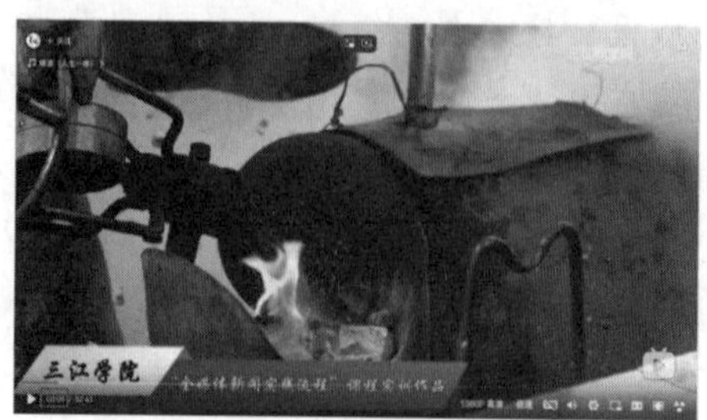

图 4-68　该作品第 9 秒画面

2. 画面构图

画面采用了多角度拍摄，使用俯拍、近景、远景、特写等不同的角度来展示制作的每一个细节，特别是加入原料、爆米花爆开等重要步骤。画面还通过特写镜头展现了放炮人的面部表情和工作细节，增强了作品的亲和力和互动感。

图 4-69　远景画面

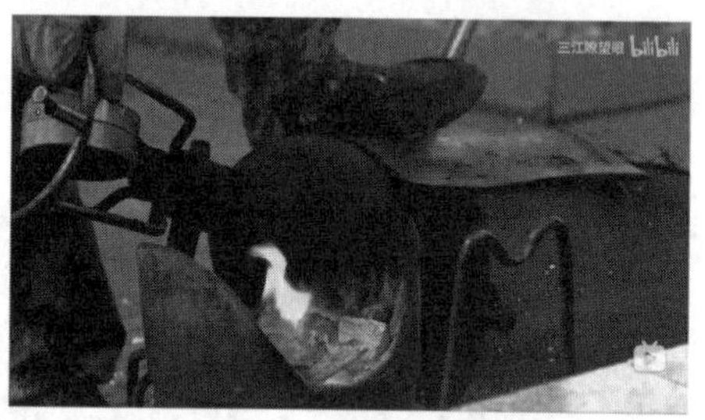

图 4-70　近景画面

图 4-71　人物正面

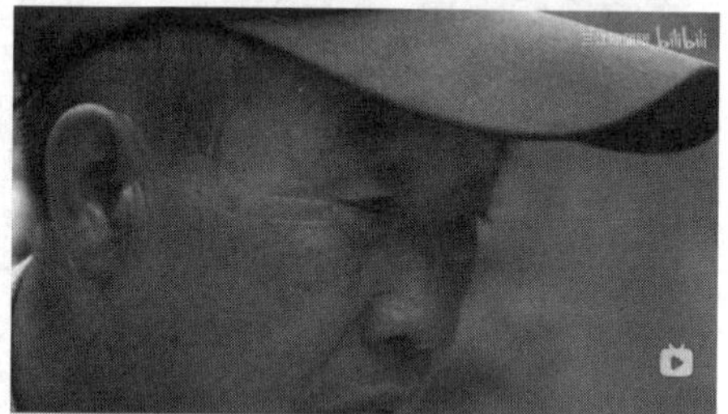

图 4-72　人物特写

3. 背景音乐(BGM)

音乐的节奏要与画面的切换和故事的发展相协调。本作品选择了与视频主题相契合的音乐，重要场景还用现场声加强了表现力，音乐选择与节奏都与内容相匹配。作品还合理运用了放炮声、环境音等细节音效，增强了真实感和代入感。

4. 细节展示

本作品特别注意捕捉了一些关键细节的特写镜头，如放入玉米粒、盖上锅盖、加热过程中的火焰等。在爆米花爆开的瞬间，使用了慢动作拍摄，更加突出了爆开过程的视觉冲击力。

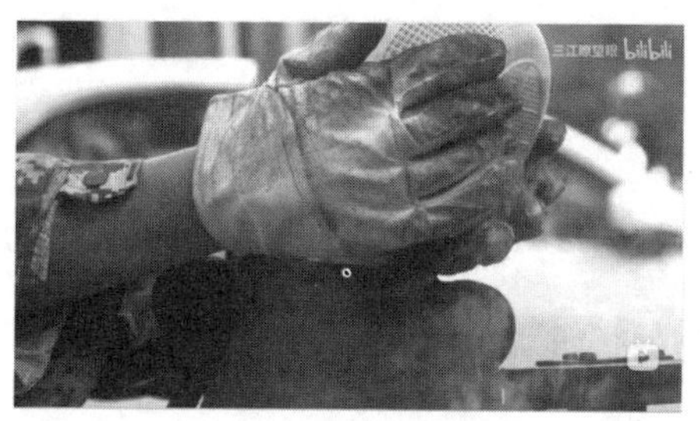

图 4-73　放入玉米粒

图 4-74　加热过程中炉子上的燃烧纹路

5. 文案和字幕

本视频的文字内容简洁明了，突出重点，用一两句话引出每个章节。字幕也清晰易读，颜色和大小与画面相协调。

6. 结束有力

视频通过拍摄购买者与制作人互动的场景，展示了真实的交流过程，增强了视频的可信度。购买者的加入，既丰富了视频的故事情节，使视频不仅仅是一个制作过程，还增加了人与人之间的互动。采访者还注意拍到了不同类型的购买者（孩子、年轻人、老人），从侧面说明了古法爆米花的受欢迎程度。视频最后还用简短的字幕点出了这一传统手艺带给人们的儿时回忆和复杂感受，升华了作品主题。

图 4-75　受访的购买者

图 4-76　受访的亲子购买者

图 4-77　结尾自述“干到干不动”

图 4-78　作品最后画面的文案

综合上述内容，可以说该组同学拍摄出了一个内容丰富、画面优美的“古法爆米花制作”短视频。

第五章

关于“全媒体新闻实践流程”

本书既是高校新闻传播专业学生及传媒行业从业人员的指导用书，同时也是“全媒体新闻实践流程”这门产教融合型课程的专用教材。基于当前“新文科”背景下高校新闻教育培养全媒体记者与“全媒型”人才的现实目标，在此专门对“全媒体新闻实践流程”课程作一详细介绍。

一、课程概况

三江学院“全媒体新闻实践流程”是一门建构于全媒体新闻制作平台之上，以校媒(企)合作、模拟实训为基本模式，通过实战化、项目化教学方法，将采访、写作、编辑、评论、摄影以及新媒体操作等业务技能集于一身并融会贯通的产教融合型新闻实践课程。2022 年，“全媒体新闻实践流程”被评为江苏省省级产教融合型一流课程。

课程所属三江学院新闻学专业为国家级一流本科专业、国家级特色专业、江苏省品牌专业，以及江苏高校省级优秀基层教学组织，其开创的“校媒联盟”是江苏省人才培养模式创新实验基地，下设的“影视传播实验中心”是江苏省实验教学示范中心。在中国校友会发布的《中国大学学科专业评价报告》中，三江学院新闻学专业自 2020 年起连续多年名列“中国民办大学一流专业排行榜”六星级(最高级)专业第一名。上述各种高质量、有特色的学科与专业平台，为“全媒体新闻实践流程”课程的教学实施与改革创新打下了坚实的基础。

在专业打造“企业新闻与传播”特色、培养“全媒型”人才的目标指引下，“全媒体新闻实践流程”课程大力推进“政产学研”深度融合，校媒、校企共同开展课程建设，对标行业及市场需求，以企业党建宣传项目为平台，以“全媒体双融合(媒体融合 & 产教融合)”为特色，把媒体搬进课堂，将课堂对接社会，基于真实场景实施项目化教学，以具有一定显示度的实训作品或项目成果为考核依据，促进学生全面、可持续发展，推动人才培养与行业企业发展共赢。

课程开设于 2011 年，是面向新闻学专业本科三年级学生的核心必修课程，共计 3 学分 64 课时。截至 2024 年 6 月，历届学生在课程学习过程中累计采写制作各类新闻作品 3 500 余篇，覆盖报纸、微信公众号、视频网站、企业内刊、抖音等全媒体平台，服务地方经济社会发展成效显著，在新闻学专业及学科建设过程中发挥了重要作用。

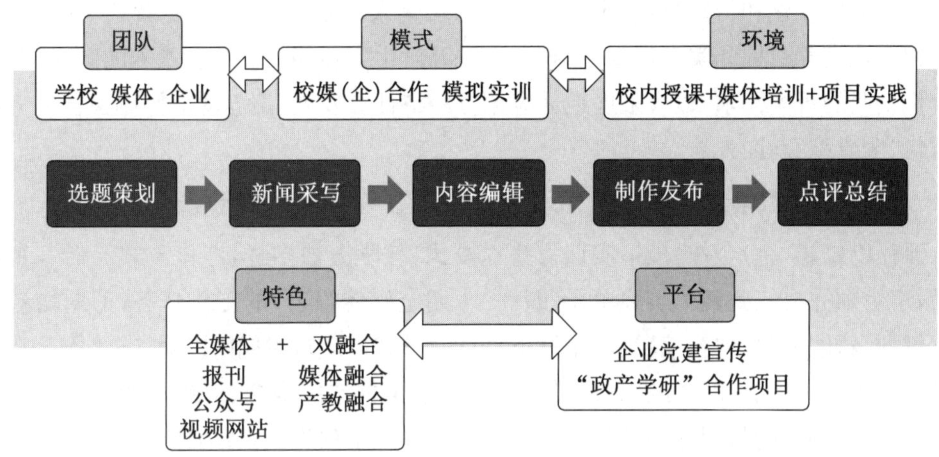

图 5－1　产教融合课程——"全媒体新闻实践流程"运行体系示意图

（注：1 实践单元）

二、课程开设背景及建设情况

"全媒体新闻实践流程"课程的建设目标是在国家推行"新文科"建设背景下及新时代"卓越新闻传播人才"培养理念的指引下，打造产教融合型一流课程。

长期以来，中国高等新闻教育以课堂教学、知识传授为主，较为忽视学生实践能力的培养，对接行业及产业需求的实战化、项目化学习机会更是稀缺，人才培养质量屡受业界诟病和质疑。在此背景下，"全媒体新闻实践流程"课程开设之初（原名称为"办报实践流程"，2018 年改为现名），教学团队就以实践性为第一宗旨，指导和组织学生走出课堂、步入社会报道新闻，在模拟媒体业务流程的实践中锻炼和培养学生的采、写、编、评、摄等新闻业务能力，以解决传统新闻教育理论与实践脱节、"理论实践两张皮"的问题。

近年来，随着媒体融合趋势的加深，课程顺应互联网时代新闻生产流程的最新变化，及时更新理念和教学设计，以校媒（企）合作、产教融合为新平台，在抓好学生采写编评摄等基本功训练的同时，将课程思政、创新创业、劳动教育与专业教育相结合，通过实战化、项目化教学方法和全媒体实践运作流程，在产学合作协同育人项目实训中形塑和提高学生的全媒体新闻业务水平、创新思考能力及团队协作精神，以有效适应新时代新闻事业融合发展的需要。

经过持续探索和多轮教学检验，"全媒体新闻实践流程"课程在专业教育、资源建设与考核评价等方面进行了诸多有益尝试。

（一）专业教育

1. 根据时代变化和行业需求更新教学内容，打造"全媒体双融合"特色

课程打破知识传授主导的传统课程模式，突出对学生新闻实践能力的培养，注重教学内容的前沿性和应用性，全力打造"全媒体双融合"特色。课程将全媒体时代传播环

境的最新发展变化和传媒行业、企业的现实需求融入课堂教学，及时更新教学内容，与课程的人才培养目标和实训计划相结合，在提升学生实践能力和综合素养的同时，服务于合作企业的现实需求，最大限度地适应地方经济社会发展，培养适应媒体融合大势的新时代“全媒型”新闻人才。

2. 精心设置教学计划和方案，教学方法多样化、考核方式多元化

课程以校媒（企）合作、模拟实训为基本模式，教学方法多样，考核方式灵活。每轮教学，学生须完成三到四个实践单元（即 3～4 期全媒体报道）的工作任务，每期均包括选题策划、新闻采写、内容编辑、制作发布、点评总结等环节，时间跨度为 3～4 周。在具体教学设计上，每期作品需经历教师集中授课、学生推选编委会、讨论选题、课外采拍、课堂编辑、电脑排版与制作、教师点评、好稿评选等一系列流程，着力体现教学内容的实践性和学生学习的主体性。

课程教学环境覆盖校内校外，包括教室、采访现场、合作媒体、实验室机房、合作企业项目实施场所等多个场景，分别在各教学环节承担着不同任务，相应采用线上线下相结合、理论讲解与实践指导相结合的多样化教学方法。此外，课程以全媒体业务能力和产学研综合素质评价为考核导向，设计了以学生实践作品及过程性评价为主的多主体、多维度考核方案，学校、媒体和企业共同对学生的产学研综合素质进行考查和评价，实现考核方式多元化。

3. 推动项目化教学，建立校媒（企）合作协同育人的常态化长效化机制

为适应全媒体时代传播生态对新闻人才的需求变化，提升实践教学的质量和层次，课程大力深化校媒（企）合作，充分利用合作媒体和企业等产业资源，推动项目化教学。课程所在学校和多家媒体、企业签订了产学研合作协议，将课程教学与项目建设相结合，根据行业企业现实需求，在真实场景下对学生进行业务实训。项目化任务驱动式的产教深度融合教学模式，使得本课程建立和形成了校媒（企）合作协同育人的常态化长效化机制，实践教学的质量和层次得到极大提升，育人效果显著提升。

（二）资源建设

1. 制订了产教融合型课程大纲与行业企业实训计划

课程制定有成熟、完善的教学大纲与媒体（企业）实训计划，对课程定位与目标、教学内容与方法、学习要求与评价，以及媒体（企业）项目教学与实训计划等作了全面细致的设计与安排，为保障教学质量奠定了基础。

2. 教师团队横跨学校、媒体和企业，分工协作联合授课

课程教学团队构成丰富，专任教师与媒体导师、企业导师分工协作联合授课，共同开展课程建设。校内教学由四名专任教师联合授课，统一负责全媒体新闻实践教学与指导工作，集体讲解又各有侧重；四名教师长年从事一线教学工作，且拥有媒体从业经验，在各自专业领域内具有深厚的知识储备与经验积累。校外教学一是由新闻机构的记者、编辑担任媒体导师，通过媒体观摩、业务讲座、岗位指导等形式，对学生进行一线

新闻业务培训；二是在校企合作项目中，企业导师从自身需求的角度，就如何做好企业报道进行现场讲解和指导，在真实场景下对学生进行项目实训。横跨校媒(企)的“双师”结构师资团队，体现了鲜明的“产教融合”特色，为课程教学与改革提供了充分的智力支持。

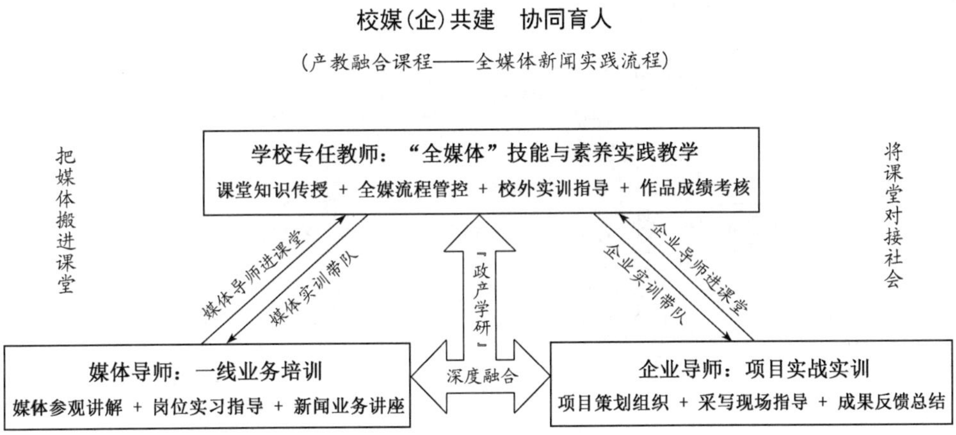

校媒(企)共建　协同育人

(产教融合课程——全媒体新闻实践流程)

把媒体搬进课堂

学校专任教师：“全媒体”技能与素养实践教学

课堂知识传授 + 全媒流程管控 + 校外实训指导 + 作品成绩考核

将课堂对接社会

媒体导师进课堂

媒体实训带队

『政产学研』

企业导师进课堂

企业实训带队

媒体导师：一线业务培训

媒体参观讲解 + 岗位实习指导 + 新闻业务讲座

深度融合

企业导师：项目实战实训

项目策划组织 + 采写现场指导 + 成果反馈总结

图 5-2　“学校＋媒体＋企业”三方教学团队任务分解示意图

3. 建成了完整、规范的项目实训平台和开放式数字化资源

课程构建了覆盖课堂、校园、校外的多种实训资源，并与合作单位共建项目实训平台，为人才培养提供充分的行业一线锻炼机会。历届教学成果被统一收录至课程案例库，建成了完整、规范的开放式数字化资源，通过“青年瞭望者”(公众号)、“三江瞭望眼”(“哔哩哔哩”视频网站[B 站])、《风华报》(报纸)、“媒界潮玩社”(抖音)以及产教融合项目专刊等多种全媒体平台予以呈现，为学生学习提供示范和借鉴，产生了良好的社会反响。

(三) 考核评价

1. 确立以全媒体业务能力和产学研综合素质评价为导向的课程考核理念

课程定位于模拟实训和产教融合的高度实践化，致力于锻炼和培养学生的全媒体业务技能和实践能力，注重在实训过程中考查和衡量学生表现并进行考核评价。同时，在产学合作协同育人理念的指导下，本课程对接行业需求，开展项目化实训，校媒、校企共同对学生的产学研综合素质进行考查和评价。

2. 设计和贯彻以学生实践作品(项目成果)为主的多主体、多维度考核方案

课程考核设计和贯彻了以学生实践作品(项目成果)为主的多主体、多维度考核方案，以过程性评价为主，学校、媒体和企业共同对学生表现进行全方位考查。学生成绩由三部分组成：采编实践(70％)＋绩效考评(20％)＋学期总结(10％)。其中，采编实践包括学生 3～4 期报道任务采编得分与编委会工作职务分；绩效考评根据学生个人表现评定，涉及考勤、实践态度、团队贡献等内容；学期总结由学生在期末根据本课程学习心得和体会，写一篇不少于 2 000 字的总结报告。

课程成绩评定遵循“按劳计分，按质奖励”的原则。学生的每篇作品、所承担的每项职务、获得的每个奖励分别对应一定分值，奖优罚劣，奖勤罚懒。每期作品设学生专职计分员，各报道团队成员得分向全班公布并接受监督，保证考核过程合理、公平、公正。为使考核评价更科学、更具可操作性，课程专门制订了考核规则和评分细则，使得成绩评定有据可依，学生学习有目标、有动力。

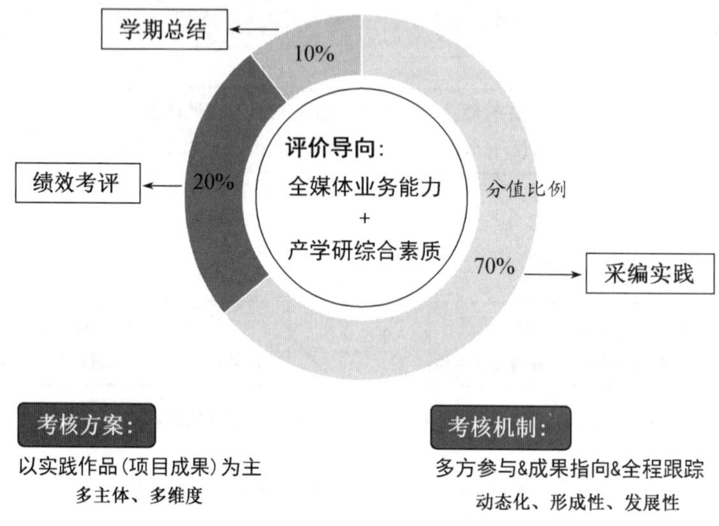

图 5-3 “全媒体新闻实践流程”课程考核方案示意图

3. 构建持续跟踪完善、师生良性互动的形成性、发展性评价考核机制

课程教学以教师为主导，以学生为主体，在教学过程中重视学生反馈，加强师生互动，持续跟踪和完善教学效果和活动计划，构建了动态化的形成性、发展性评价考核机制。教师团队随时了解学生学习进展情况，及时作出考核评价，并激励和帮助学生查漏补缺，有效调控自己的学习过程，促使学生快速成长。同时，在师生良性互动的过程中，使学生获得成就感，增强自信心，从被动接受评价转变为评价过程的积极参与者。

三、课程特色与成效

“全媒体新闻实践流程”课程以校媒(企)合作、模拟实训为主要形态，融课堂教学、课外采写、云端讨论、点评总结于一体，校内授课和校外实训相结合。学生在校媒(企)教师团队的组织和指导下，以社会热点和行业、企业宣传需求为报道内容，全面经历选题与策划、采写与制作、编辑与发布等全媒体新闻业务实训，出品全媒体报道若干期，覆盖公众号、报刊、视频网站、企业内刊等全媒体平台。先进的教学理念、多样化的教学方法以及持续的改革创新，有效保障了课程教学质量，达到了育人效果。

(一) 课程特色

1. 融合性

课程包括媒体融合与产教融合两大要素：媒体融合指授课内容融采访、写作、编辑、评论、摄影及新媒体操作等专业技能于一体，集文字、图片、视频等融媒报道形式于一身；产教融合指教学模式对标行业及市场需求，校媒、校企共同开展课程建设，学生实训作品与项目目标成果一体化，“政产学研”深度融合。

2. 实践性

课程以学生社会实践与媒体、企业实训为主要内容，以产学合作协同育人项目为重要平台，兼顾知识传授，具有很强的实践性与应用性，实践课时占总学时的比例为75%以上。学生深入社会采写新闻，并通过校企合作项目进行实战化训练，提高新闻业务水平和实践能力。

3. 前沿性

课程鼓励和引导学生利用互联网平台进行采编工作，着力培养全媒体新闻业务能力。在项目运行过程中不断吸收行业发展成果和经验，更新和完善教学方法，保证教学理念及内容的前沿性。

（二）育人成效

“全媒体新闻实践流程”至今已历经十余轮教学，学生成果丰硕，多部作品在专业媒体刊登发表，在产教协同育人、服务社会及行业方面成效显著。

在课程教学中，传统的“老师讲学生听”的教学模式被彻底改变，学生的主体性得到充分体现。从教学效果及学生反馈来看，这种实战化、项目化的教学模式可以使学生很快熟悉和进入“新闻人”角色，对提高学生新闻业务能力帮助很大。尤其是近年来教学团队在校媒（企）合作及“全媒体双融合”特色上的持续创新与改革，使得人才培养对接行业需求的适配性、前沿性得到进一步提升。历届学生在教学检查和评教过程中都对课程给予了很高评价。

课程的育人成效还得到了同行专家和兄弟院校的认可和肯定，教学团队先后在多次教学研讨活动中介绍和交流经验。2023年，以课程建设为重点内容的“新文科背景下的‘三协同双融合’新闻传播实践教学改革研究”课题被评为江苏省高等教育教学改革研究课题。此外，课程还是专业开展校企合作的重要平台，师生报道团队在产学研项目中为企业采写党建宣传报道多期，拍摄制作专题片多部，并联合开办校企合作项目专刊，相关作品在多家媒体平台发表，并在各类竞赛活动中获得多个奖项，取得了良好的社会效益。

附：

“全媒体新闻实践流程”课程设计 & 评分指南

一、学期成绩评定说明

1. 个人学期成绩＝采编实践（70%）＋绩效考评（20%）＋学期总结（10%）

2. 采编实践分（满分100分）：为个人各期报道成果累积分参照全班整体得分情况

按百分制换算后的分数。

3. 绩效考评分(满分 100 分):根据开课学期内个人表现评定,考评项目包括考勤、实践态度、团队贡献等内容。

4. 学期总结分(满分 100 分):每人期末写 1 篇关于课程学习心得体会的总结报告,字数不少于 2 000 字。

二、实践类型及流程说明

1.【分组说明】

每个班按学号单双号分为两个小组,每个小组承担“青年瞭望者”公众号内各班栏目下内容的撰写、更新与维护,学期内不再变动。

每学期授课时间为 16 周(4 课时/周),设 4 个实践单元(1 期报道为 1 个实践单元):1～4 周为第 1 个实践单元(含单独采写周),5～8 周为第 2 个实践单元(含单独采写周),9～11 周为第 3 个实践单元(无单独采写周),12～14 周为第 4 个实践单元(无单独采写周),15～16 周制作《风华报》专刊、教师点评与学期总结。

注:如有校企实训或学科竞赛任务,则减去一个实践单元,增加媒体(企业)参访、项目化教学、参赛培训等环节,并适当延长教师指导、学生打磨作品的时间。《风华报》内容由各期公众号发表稿件集合而成。

2.【每期报道流程】

第 1 次课:教师介绍课程、点评已发表稿件,全体同学参加(教室);

第 2 次课(仅第 1、2 期):学生外出采写,编委会和教师保持沟通(微信群或电话);

第 3 次课:主编汇报当期本小组采写情况,说明入围稿件选用理由,教师组确定推送稿件,全体同学参会讨论(教室,课后改稿编辑修改、完善稿件内容);

第 4 次课:排版编辑排版、制作拟推送稿件,通过公众号临时链接提交教师组审核后发布,编委会成员(第 4 期含《风华报》稿件排版人员)参加(机房)。

学期总结:全体同学提交学期总结报告,优秀学生代表(2 人/班)发言介绍经验,教师组总结。

3.【岗位设置】

A. 每个小组设主编 1 人,组内推选,任期满 1 个单元后可改选。负责统筹小组公众号运作,制作 1 条抖音视频,任期内不参与记者采写工作。

B. 每期设改稿编辑 2 人,组内推选,负责修改拟推送的稿件及视频新闻,可兼任记者采写工作。

C. 每期设排版编辑 1 人,组内推选,负责公众号排版+图片制作+视频新闻制作,可兼任记者采写工作。

D. 每期设记者若干名,负责报选题、采写(或拍摄)稿件。

4.【规定要求】

A. 每个小组每期推送 2 篇图文报道上公众号,1 条视频新闻上 B 站,每期推送时间为稿件排版及制作完成日。

B. 全班每人每期自报选题1～2个，采写新闻报道1篇，可合组报道团队。

C. 每人学期内参与采写稿件总数不少于4篇(做过主编职务者不少于3篇)，其中独立采写不少于1篇，至少参与视频新闻采拍与制作1次。

5.【各环节工作要求】

[1 选题]A. 组员自报选题；B. 主编汇集、记录全组所有选题；C. 编委会(主编+改稿编辑+排版编辑)讨论确定拟采用选题(含2条视频新闻)，并提交教师组审核。审核通过的选题才能进入采写环节。

[2 采写]A. 编委会根据当期选题计划，合理分配采访任务；B. 约定采访计划及交稿时间；C. 记者根据选题内容，提前做好采访前准备；D. 记者与编委会保持密切沟通，及时根据采访进展调整选题计划，确保采写品质。

[3 编辑]A. 记者在约定交稿时间前向编委会提交稿件；B. 编委会对稿件进行汇总和筛选，择优推荐4篇公众号入围稿件和2条视频新闻；C. 教师组讨论并确定2篇拟推送稿件和1条B站视频新闻，对其内容进行预审；D. 拟推送稿件及视频新闻交改稿编辑与排版编辑，改稿编辑在约定时间内完成稿件的修改完善工作，之后排版编辑开始排版制作；E. 修改后的拟推送稿件通过公众号临时链接，以及视频新闻提交教师组审核。

[4 发布]A. 排版编辑核对拟推送稿件及视频新闻的规范与格式，及时修改差错并保存正确版本；B. 稿件正式发布前，提交编委会、教师组审核。

以上4个环节的具体安排与执行过程，由各小组内部协商确定。

三、计分说明

1. 主编计分：由教师组评定

每个小组每期设主编1人，任期内不参与稿件采写(参与申报选题)。一个实践单元结束后，主编及编委会成员重新改选。

主编完成规定工作后，得基本分15分，另有绩效分1～5分。

2. 改稿编辑计分：由主编评定

每个小组每期设改稿编辑2人，每人每期修改稿件1篇以上，任期内可参与稿件采写，必须参与申报选题。

每个改稿编辑完成规定工作后，得基本分5分，另有绩效分1～5分。

3. 排版编辑计分：由主编评定

每个小组每期设排版编辑1人，每期推送2篇稿件及1条视频新闻，同时根据推送内容需要制作相关图片，任期内可参与稿件采写，必须参与申报选题。

排版编辑完成规定工作后，得基本分5分，另有绩效分1～5分。

4. 记者计分：由主编评定

[1] 独立提出选题：2分/个，每期每人限报1～2个，超过上限不计分。

[2] 选题被采用奖励：3分/个。

[3] 采写稿件：独立完成，10分/篇；多人合写，20分/篇，根据合写者贡献情况分配

(含视频新闻)。合写稿件若质量较高被采用,可经教师组裁定按 10 分/人计分。

* 组内采写分工,同期同选题尽量不要重复。

* 稿件体裁必须是报道类,鼓励合作采写和制作文字、图片、视频相结合的融合新闻报道。

* 记者必须参与采写,每人每期独立(或合作)采写不超过 1 篇稿件。

[4] 稿件被采用奖励:5 分/篇。若为合稿,采写者每人加 5 分。

[5] 绩效分:根据每期工作表现评定(保留小数点后一位)。分级标准:一级,4.1～5.0;二级,3.1～4.0;三级,2.1～3.0;四级,1.0～2.0。

注:以上计分说明未涵盖的特殊情况,由教师组裁定。

5. 个人计分补充说明

个人每期得分=选题分+稿件分+绩效分+岗位分。每期计 1 次,1 学期合计 4 次。

[1] 选题分,每人必须参加,按时提交选题即得分。所提交选题被编委会采用,进入采写环节,即得采用奖励分。

[2] 稿件分,每人必须参加(主编除外),包括稿件采写分和稿件采用分。组员所采写稿件经教师组审核确定发表,可获稿件采用分。

[3] 绩效分,每期计 1 次,由主编根据每人每期所承担岗位任务的完成情况分级评定。如未完成基本任务,绩效分不超过 1 分。主编绩效分由教师组评定。

[4] 岗位分,即职务分,每期所承担岗位工作的基本分,含主编、改稿编辑、排版编辑以及教师组临时安排的其他岗位。

注:另每期报道完成后设好稿奖励分(原则上每班不超过 1 篇,可空缺),由教师组评定,获奖作品所在小组的编委会成员和作者每人加 3 分。学期末在所有好稿中再度评选"终评好稿"(原则上每期选 1 篇文字新闻+1 部视频新闻),奖励创作者 3 分/人。

以上条文内容根据每轮教学实际授课情况,经教师团队讨论后可适当调整。

附　录

"全媒体新闻实践流程"课程实训成果

——"青年瞭望者"微信公众号

中国科学院单藩圻院士专访丨新青年科学探索热潮

报道组A2　青年瞭望者　2022-05-30 14:26

江苏　听全文

记者| 赵大为
编辑| 仲珂莹 宋珏润 郑淑琴
本文共3803字 预计阅读8分钟

人物：中国科学院单藩圻院士

单藩圻院士在讲解南京地质的特点
单院士供图

江苏无锡人，1955年毕业于浙江大学，先后赴苏联、英国、德国学习深造。获博士学位，1990年获首批中华人民共和国国务院政府特殊津贴。中国科学院技术科学部院士，原中国科学院南京分院院长，原江苏省政协常委、科技委常务主任，现任省政协科技委顾问。

"不啻微茫，造炬成阳。老头子我能做的事情不多，但一定要干啊！现在是年轻人的时代啊！"电话那头的单藩圻院士虽然身体抱恙，但声音依旧洪亮有力，即使每周都要去医院接受化疗,还是那么的精神矍铄。

正值五四青年节，为弘扬传承"爱国、进步、民主、科学"的五四核心精神。本人有幸得到了采访国家科学功臣——单藩圻院士的机会。得知我的来意之后，单院士在百忙之中欣然接受了我的采访。由于学校疫情防控需要，无法出校亲自上门拜访并采访单藩圻院士，因此采取了电话采访的方式。

快递为何变"慢递"——记者调查：二次消杀惹的"祸"

原创　报道组B1　青年瞭望者

2022-05-21 20:35　江苏　听全文

"我的快递怎么派送一天了还不到？"

"怎么这么晚才发取件短信？"

"你的快递什么时候发的短信？"

……

连日来，同学们对于快递站工作人员的工作效率抱怨连天。原本早上显示正在派送的快递，同学们在午饭时间就会收到取件码，而现在，几乎所有站点的快递取件码都要在晚上才会发送，有些甚至要到第二天才会发送，投递效率大大降低。

今天，你的快递派送了多久呢？

记者丨季姿蕙
编辑丨柏嘉睿 杨佳佳
本文共1050个字，阅读3分钟

1　快递送取 为何一拖再拖

3月以来，长三角地区疫情形势不断严峻，4月7日，国家卫生健康委办公厅和教育部办公厅联合发文，在《高等学校新冠肺炎疫情防控技术方案（第五版）》中明确规定：合理设置快递收发点；加强对外卖配送和快

童年旅程——关于"六一"的年代记忆

报道组D2　青年瞭望者　2022-05-31 07:30

江苏　听全文

70后的童年，
是镇上人围坐在一起看"坝坝电影"。
80后的童年，
是去河边上逮螃蟹、去沙地上扔沙包。
90后的童年，
是弹弹珠赢魔法卡片、做木枪玩烽火筒筒。
00后的童年，
是玩五步猫、4399小游戏、qq农场。
10后的童年，
是组队玩"丧尸工程"、约伴自制乒乓球台。

Chirdren's Day
踏上六一旅程

转眼又要到六一节，那些珍贵的童年回忆再次被唤醒。
踏上"六一"的时光机，一起来看看不同年代人的童年记忆吧。

记者|潘麒如
编辑|张刘畅 何佩航 张蓓蓓
全文共1560字，预计阅读6分钟。

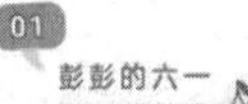

左图，红圈里的是读六年级时的彭彭 /受访者供图

彭彭，1977年出生，45岁，现居乐山市，个体工商户。
70后的彭彭：我在我家村子里读的小学，"六一"的时候排练广播体操，排练好后到乡镇上去参加表演比赛，当时有各个村的学校到乡镇里比赛，有东胜小学、高塘小学、石果小学和农乐小学。我们是东胜小学，比赛得了第二名，镇上发了一大把糖给我们。下午学校组织看电影，好几个学校的

"全媒体新闻实践流程"课程实训成果

——"青年瞭望者"微信公众号

人物专访丨南京红山森林动物园园长沈志军：动物园属于动物

报道组F2 青年瞭望者 2022-06-06 07:30
江苏 听全文

理想的动物园
应该以公益性为主
以服务动物为中心
动物是动物园的'主人'
游客则是动物园的'客人'

记者丨郑媛媛
编辑丨郑媛媛 周赛娅 贺中豪
全文共2584字 预计阅读8分钟

人物简介

沈志军，现任中国动物园协会副会长、科普教育委员会主任，南京红山森林动物园园长。

2008年，37岁的沈志军加入了南京红山森林动物园（以下简称"红山动物园"），成为了全国最年轻的动物园园长。

2020年7月，沈志军在"一席"中的"求报复"演讲，让当时因受疫情影响而举步维艰的红山动物园瞬间成为网络的关注焦点，也让公众看到了红山动物园的追求。

《一个动物园的追求》片段

记者因多次参加红山动物园组织的

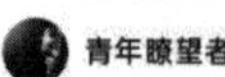

青年瞭望者

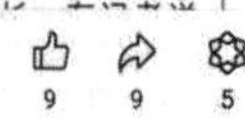

9 9 5

金陵曲艺之花：南京白局——秦淮区举办"三八"妇女节文艺专场

原创 A1报道组 青年瞭望者
2023-03-17 08:00 江苏 听全文

记者丨左芳源
编辑丨栩轩 陈也子
本文共2413字 阅读时长7分钟

为迎接"三八"妇女节的到来，同时宣传南京特色非遗文化，秦淮区非遗文化馆举行了"FM05.8非遗系列雅集"首场活动——说唱白局。

说唱白局活动现场合照/拍摄：左芳源

白局是一种发祥于南京、蕴含浓厚地方特色的说唱艺术，属于联曲体说唱艺术，即用纯正南京方言进行念白，同时配以极具特色的曲牌填词演唱，曲牌大多来自明清俗曲和江南民调，富有江南特色。白局说唱内容十分丰富，题材多样，反映了当时社会的重大新闻和社会焦点事件、当地人的生活主题。以明清俗曲曲调进行填词演唱的坐唱形式，演唱者多数情况下手拿箸碟或酒盅敲打碰击出节奏，并和着丝竹乐器的音响进行演唱。

说唱白局现场演出照片片/拍摄：左芳源

复试再出发，我们一"研"为定

原创 A1报道组 青年瞭望者
2023-03-17 08:00 江苏 听全文

记者丨肖甜甜
编辑丨吴乐乐 陈也子
本文共2943字 阅读时间8分钟

星光不问赶路人，岁月不负有心人。2023考研初试成绩已公布，进入3月，各高校将陆续开展复试。与初试相比，占考研成绩30%—40%的复试也不容小觑。近日，我们有幸采访到几位已经上岸的学长和有相关经验的老师及硕导，整理出了这一份"复试指南"。

高静，三江学院2018级英语专业学生，2022年考研成功上岸南京信息工程大学的马克思主义理论专业。

左右滑动查看更多

/受访者供图

陈雷铭，三江学院2018级英语专业学生，2022年考研成功上岸南京师范大学的英语笔译专业，目前研一。

左右滑动查看更多

/受访者供图

韩艺君，三江学院2018级新闻学专业学生，通过调剂上岸，目前就读于中华女子学院的社会工作专业。

“全媒体新闻实践流程”课程实训成果

——“青年瞭望者”微信公众号

此处可心安：书香里的老城南，仓巷里的旧书店

原创　报道组D2　青年瞭望者

2023-03-20 08:00　江苏　听全文

记者 | 赖思涵

编辑 | 赖思涵 张涵斐 张航航

共2201字　预计阅读15分钟

南京仓巷老街/赖思涵摄

城南的记忆，镶嵌在南京人的脑海中，如果你没有特别地留意，在经过南京仓巷老街的时候，很有可能会错过它。

一条幽深的街巷，两行郁郁葱葱的香樟树，几家写着“旧书”、“古玩”的街边小店，寥寥

5·12十五年|地震亲历者专访记

原创　E1报道组　青年瞭望者

2023-05-18 11:35　江苏　听全文

记者 | 陈雨希

编辑 | 时伍仪 姚雯静 任益

全文共2186字 预计阅读5分钟

大地震周年祭

5.12汶川大地震15周年祭

2008年5月12日
14时28分04秒
中国 四川 阿坝州 汶川
山崩地裂，满目疮痍
巴蜀大地被撕裂
69227人遇难
374643人受伤
17923人失踪
……

汶川大地震/图源网络

从那一刻起，我们的生命中便多了一道疤。如今，距离汶川地震已经过去了15年，我们心里的伤口仍然隐隐作痛。在汶川地震中，有太多的苦难。逝者已逝，生者承受着更大的心灵创伤。生者继承逝去的人，延续对世界的眷恋。

在5.12大地震十五周年之际，三江学院年度榜样人物，地震亲历者：来自四川省南充市的同学邓智奇，向我们分享了5.12地震的回忆以及对他成长的影响。

采访者介绍 PROFILE

- 邓智奇
- 男，汉族
- 中共预备党员
- 中国红十字会救护员、四川省无线电协会会员、江苏蓝

我们都是历史的观众---访南京民间抗日博物馆解说员陈刚

报道组B1　青年瞭望者　2023-04-07 12:30

江苏　听全文

记者|张凯铭

编辑|张凯铭 付倩蓉

本文共2413字 阅读时长7分钟

“我是博物馆的一名志愿者，也是这些历史的观众。通过方方面面的原因，我就成为了我们南京民间抗日战争博物馆的一名正式的解说员。”每每提及自己的职业，陈刚的语气总是很平静，话里行间无不洋溢着自豪欣慰之感，向来到博物馆的游客参观者们介绍着自己、这座夹杂在楼宇之间的小展馆，还有隐匿在每一件展品里的那些个人，那些个事……

南京市安德门大街48号

| 记者供图

“全媒体新闻实践流程”课程实训成果

——“青年瞭望者”微信公众号

“我们能做的就是坚持！”——对话南京云锦非遗传承人陈林

G2报道组 青年瞭望者 2023-06-08 13:16
江苏 听全文

记者丨杨永琪
编辑丨陈子安 李永惠子 曾颖
全文2145字 预计阅读8分钟

“既棉华而稠彩，亦密照而疏朗”，南京云锦与四川蜀锦、杭州宋锦并称为我国的三大名锦，其中云锦因用料考究，锦文优美典雅，色彩绚丽宛如云霞而被誉为“锦中之冠”，代表了中国丝织工艺的最高成就，浓缩了中国丝织技艺的精华，是中国丝绸文化的璀璨结晶，但云锦的传承之路却步履维艰。

南京云锦非遗传承人陈林编织云锦丨受访者供图

手艺传承细腻难，云锦绸缪织岂易

“北京故宫慈禧太后的灵堂内有一些云锦织造的布匹，因时间较长而氧化了，就拿给我们进行修复，可所有的云锦织品都是无法修复的，我们就必须要根据原物一比一还原着重做，因为故宫是不可能把实物给你，只有我们团队前去拍照带回来图片，要根据图片来进行修复，而且以前的图片的像素相对较低，我们修复起来十分费力，整个复刻云锦的过程持续了一年多的时间。”陈林说道。

千年古镇谱亲情——探访非遗美食“孝子糕”

原创 H2报道组 青年瞭望者
2023-06-09 14:00 江苏 听全文

记者 丨 邓智奇
编辑 丨 陈鑫 邓智奇 刘雨婷
本文2821字 预计阅读7分钟

近日，上海的“阿小弟桶蒸糕”入选上海市非物质文化遗产名录，但传承人却称，可能再做三年就不做了，且因为制作桶蒸糕很吃力，赚得不多，所以没年轻人愿意学。像桶蒸糕或“失传”是不少“非遗”等传统工艺面临的困境，谁来继承？如何推广？情怀与生计怎么选？而这些问题似乎仅靠个人力量是无法解答的。

上海阿小弟桶蒸糕 / 图源网络

和上海“阿小弟桶蒸糕”情况类似，孝丰镇孝子糕目前也遭遇了面临“失传”的问题，但和在上海市区中生意火爆的“阿小弟桶蒸糕”失传问题引发众多网友关注相比，身处乡村小镇的孝子糕失传困境却很少有人知道。为了帮助承载着孝文化的孝子糕得到外界更多的关注，5月20日，记者来到了浙江省安吉县孝丰镇。

历史——因“孝”闻名的孝丰镇

孝丰镇，因“孝”得名、因“孝”闻名。二十四孝中的“郭巨埋儿天赐金”、“孟宗哭竹冬出笋”均出于此，孝丰镇因此被誉为千年古镇、孝子之乡。如今，在孝丰，

“布鞋首富”宗庆后，别人眼里的他是这样的……

D1报道组 青年瞭望者 2024-03-19 22:09
江苏 听全文

记者丨钱婧之
编辑丨叶瑾虹 曹寒尺 李雨昕
本文1403字 预计阅读6分钟

2月28日是个雨天，天空雾蒙蒙的。

黑色的、格纹的、刻字的……一把把雨伞像是一朵朵蘑菇，在杭州市钱塘区10号大街的马路上萌发生长，雨水打落在菌盖上，发出淅淅沥沥的声音，是悲鸣也是送别。

白色乒乓菊的花语是纯洁无暇，九朵圆滚滚的花被艾绿色的欧雅纸包裹着静静躺在清泰街娃哈哈总部的大门口。一束束鲜花，一板板AD钙奶、一瓶瓶纯净水寄托着人们对宗庆后先生的敬意与缅怀。

这栋位于清泰街仅有六层高的娃哈哈大楼是宗庆后先生长久以来的办公场所。早些年，他就住在楼后面的小区，上班时就步行从大楼后面的小门进入。今天，这里熙熙攘攘，人流穿梭，有的静静在这儿站着，有的着照片，还有一些外卖骑手替他的顾客送上祭奠的鲜花。

左右滑动查看更多

钱婧之摄

大楼隔壁的小巷里，有一家充满岁月感的理发店——阿唐发屋。店面的门是暗沉的铁锈色，上

“全媒体新闻实践流程”课程实训成果

——“青年瞭望者”微信公众号

古都趣景——爱“劈叉”的南京梧桐树

原创 D2报道组 青年瞭望者

2024-05-22 16:45 江苏 听全文

记者 | 葛雨琪 何姿姿

编辑 | 曹婧 葛雨琪 袁林

全文2370字 预计阅读8分钟

南 京 · 你 好 吖

--HELLO,NANJING!

陵园路梧桐树

| 图源网络 侵删

因为一棵树，爱上一座城。作为浪漫南京的灵魂内核，了解南京，从梧桐开始。

若论南京最好的梧桐景观非中山陵莫属了。生长于陵园路的梧桐树，四季皆景，诉说着独一无二的浪漫，吸引了无数游客前来打卡。

“劈叉”的梧桐树

| 葛雨琪摄

南京梧桐美，美的让人震撼。但回过神来仔细观察，嘿！这梧桐树怎么还劈着叉呢？真是有趣的很呐！

南京梧桐的前世今生

南京的第一棵梧桐树是何时栽下的呢？

记者来到梧桐大道，采访了游客与

一芽一页一抹香，一人一篓采茶忙

原创 A1报道组 青年瞭望者

2024-05-23 01:18 江苏 听全文

记者 | 徐琪 李奇桐

编辑 | 曾姝旗 李奇桐

全文共1851字 预计阅读5分钟

5月21日，是国际茶日。茶叶作为重要的经济作物，已经成为很多国家特别是发展中国家的农业支柱产业和农民收入的重要来源。中国的茶叶品种主要以绿茶红茶为主，在五月中下旬大部分茶叶都已经上市。于做茶人而言，“国际茶日”更是茶农们的节日。

茶，可以说是中华民族孕育出的一个宠儿。上至夏商西周，下至蒸蒸今日，纵向山川百河，横向泱泱大洋，茶，以它独有的气韵，高雅的清香，峥然的脊骨傲然屹立在这黄河长江孕育的巍巍华夏之中。

| 记者拍摄

传承与坚守：茶农的匠心独运

“人间至味是清欢”，每一片茶叶都弥足珍贵，采茶辛苦，做好茶更艰辛。

采茶是一件辛苦的细活，并非我们想象的那般诗意美好。在远离城市喧嚣的茶山里，茶农们起早贪黑，天微亮就要背起茶篓爬过高山去采茶。他们腰挎茶篓，分布在青绿的茶山间。采摘时要使芽叶完整，在手中不可紧捏；放置茶篮中不可紧压，以免芽叶破碎；且指甲不能碰到嫩芽，以免影响茶叶的品相，集中精力，摘好每个芽头。烈日当空时，头戴草帽；起雾时，身披蓑衣；下雨时，他们只能暂避山间陋舍。每天踩着朝露出发，伴着月光归来，一篓篓的鲜叶，是他们对辛苦最好的诠释。

我的支教丨用一朵云去推动另一朵云

B1报道组 青年瞭望者 2024-05-23 11:22

江苏 听全文

记者|王诗悦

编辑|李奕鑫 屈佳怡 蒋雅婷

全文共3122 预计阅读15分钟

数小时的车程，我闭着眼，脑海里想了一遍又一遍，孩子们喜欢什么样的艺术呢？那里的音乐课是什么内容呢？我又要以何种形式去授课呢……随着孩子们的歌唱声响起，她的思绪渐止。“那个夏天的蝉鸣比哪一年的都要聒噪，教室窗外枝丫疯长，却总也挡不住烈阳。”朱思羽是这样形容她的第一次支教生活。

支教之种，向下扎根

高二暑假那一年在大凉山做助教的经历，为她埋下了走上支教这条路的种子。“做公益、去支教”，这样的雄心壮志或多或少都在我们心底发出过声响，但往往像“曾经梦想仗剑走天涯”一样，只在长长的愿望清单里闪烁着遥不可及的光芒。可朱思羽不一样，她真正走上了支教这条路，展现青年担当，以小我融入大我，将青春献给祖国。

因为一次偶然的经历，朱思羽参加了中英人寿举办的“星星点灯”公益活动，去了四川省凉山州美姑县支教。美姑县地处大凉山的心脏地带，这里的彝族村落保留着最原生态的生活方式，一砖一瓦都诉说着彝族的历史与文化。

大凉山支教

|记者供图

朱思羽是以一名音乐助教的身份去凉山“点灯”，从拼装桌椅到修补教室，到购买物

“全媒体新闻实践流程”课程实训成果

——“三江瞭望眼”(哔哩哔哩[B站])

红眼航班

——为生活起飞的“夜旅人”(2023年3月16日)

莺飞草长纸鸢情
——南京风筝的非遗故事(2023 年 4 月 6 日)

岛上飞虎队

（2023 年 4 月 13 日）

这些南京城里的奇葩路名　您知道吗?
(2023 年 6 月 9 日)

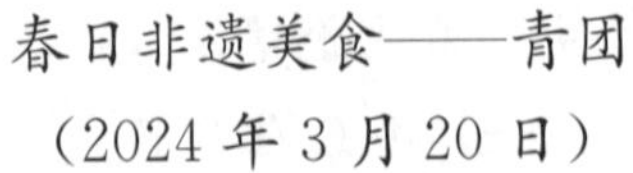

春日非遗美食——青团

（2024 年 3 月 20 日）

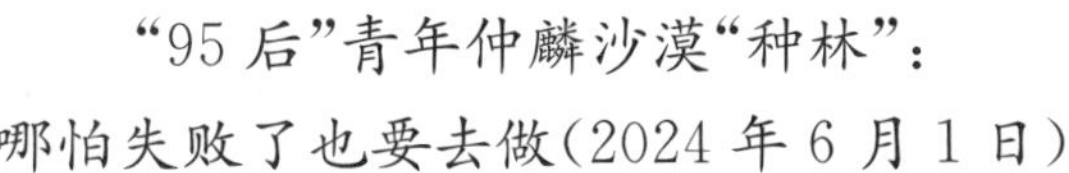

“95后”青年仲麟沙漠“种林”：
哪怕失败了也要去做（2024年6月1日）

南京记忆
——“我还是喜欢南京”短视频大赛参赛作品（二等奖）
2024年4月23日

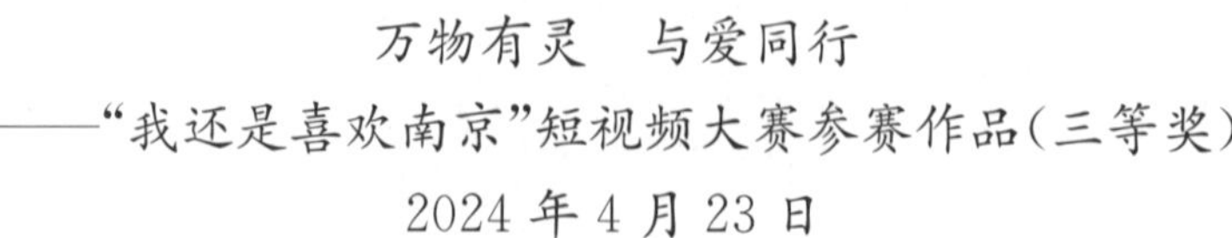

万物有灵　与爱同行

——"我还是喜欢南京"短视频大赛参赛作品(三等奖)

2024 年 4 月 23 日

"全媒体新闻实践流程"课程实训成果

——《风华报》

总编：王益

"全媒体新闻实践流程"课程实训成果 | 二〇二二年六月 星期四 | 9 | 农历 壬寅虎年 丙午月 癸巳日 | 2019级新闻学专业出品 | 指导教师：周必勇 毕春富 刘娴 王琦 石莹

"科学家要胸怀祖国和人民！"

——单蕃圻院士专访 A4

南京红山森林动物园园长沈志军：

动物园属于动物 F3

三江学院图书馆入选"世界文学之都地标网络"并正式挂牌 B2

童年旅程——关于"六一"的年代记忆 D4

一切都好！我们在上海的这两个月 B1

以凡人之躯，行神明之事——中国民间救援队 H1

核酸检测样本的漫漫实验室之旅 F2

经典怀旧 or 饥饿营销？——可达鸭的出圈之路 G1

疫情无法阻挡热爱 今天你健身了吗？三江学院首届健身健美大赛圆满落幕 G3

A3 校园 "全媒体新闻实践流程"课程实训成果

吃的放心 疫情期间校园食堂卫生情况走访记

期末临近，如何正确对待期末焦虑？

不输谷爱凌，三江"冲浪"少年御风飞行

H1 人物 "全媒体新闻实践流程"课程实训成果

以凡人之躯，行神明之事

——中国民间救援队

为心灵寻找一个栖息的港湾——我在寺庙当义工

勤学苦练，万念归一，方能进取建学力

江苏省产教融合型一流课程 | "全媒体新闻实践流程"课程实训成果 | 2023年4月6日 星期四 | 农历 癸卯年 闰二月十六 | 2020级新闻学专业出品 | 指导教师：周必勇 毕春富 刘娴 王琦 洪涛

消逝的报刊亭：城市的孤独守望者 B1

金陵曲艺之花：南京白局

——秦淮区举办"三八"妇女节文艺专场 A1

后备箱变出鲜花摊 南京出现"移动"夜市 A3

常州"爱心融创项目"帮扶听障少年成长 B4

玩偶修复师 治愈都市人 C2

我们都是历史的观众

——访南京民间抗日战争博物馆解说员陈刚 B2

明码标价陪看病，陪诊服务减轻就医负担 B2

"嘿！来喝茶吗？"——围炉煮茶闻暖香，且喜人间好时节 D3

书香里的老城南，仓巷里的旧书店

——拂去旧书的灰尘，看见过去的南京 D3

“全媒体新闻实践流程”课程实训成果

——《风华报》

B1 社会 “全媒体新闻实践流程”课程实训成果

风华报

消逝的报刊亭：城市的孤独守望者

停下脚步在路边看一本书

取一份报纸再聊聊天

在时代里等待老人家

聆听乡村老人的心声｜赵奶奶：意外与苦难也是生活的一部分

D2 生活 “全媒体新闻实践流程”课程实训成果

风华报

书香里的老城南，仓巷里的旧书店

——拂去旧书的灰尘，看见过去的南京

01 从读书人到贩书人

02 每天都在和书相遇

03 风雨飘摇的实体书店

“嘿！来喝茶吗？”——围炉煮茶闻暖香，且喜人间好时节

【关于定位】

【关于未来】

【小编寄语】

风华报

江苏省产教融合型一流课程 | “全媒体新闻实践流程”课程实训成果 | 2023年6月8日 星期四 | 农历 癸卯年 四月廿一 | 2020级新闻学专业出品 | 指导教师：周必勇 毕春富 刘锋 王琛 汤玲

“5·12”十五年｜地震亲历者专访记 E2

旅美大熊猫“丫丫”，欢迎回家！ F1

“我们能做的就是坚持！”

——对话南京云锦非遗传承人陈林 G4

流浪的夜市 “三江夜市”重回人间烟火 E1

平凡亦不凡 宜兴紫砂工艺匠走上时装舞台 F3

CCD为何成为年轻人的香饽饽 G2

城市缩影的翻旧——南京纸面畫意指南 H1

初心不改，你就是小孩——“儿童原创绘本展览”现场侧记 E3

小修小补——回归的城市烟火气 F2

“剩菜盲盒”近期爆火 记者带你亲身体验 G1

黑暗中的光芒：盲人按摩师的温暖之旅 G3

千年古镇谱新篇 H4

E2 关注 “全媒体新闻实践流程”课程实训成果

风华报

“5·12”十五年｜地震亲历者专访记

来自大学生留学的“预告函”

"全媒体新闻实践流程"课程实训成果

——《风华报》

F3 生活 "全媒体新闻实践流程"课程实训成果 风华报

"择一事，终一生"不为繁华易匠心，匠心永恒不负光阴不负卿

平凡亦不凡｜宜兴紫砂工艺师走上转型路

拜师学艺 练就真功

疫情影响 开发线上新业态

代代相传 大学生宣讲紫砂

徒步：去远山，找回自己

关于徒步

稻城，徒步之始

雨崩，挑战之地

徒步，心灵之旅

风华报
江苏省产教融合型一流课程
"全媒体新闻实践流程"课程实训成果
2024年5月21日 星期二
农历 甲辰年 四月十四
2021级新闻学专业出品
指导教师：周必勇 毕春富 刘娅 汤淬 郭之文

"草莓马拉松"：农文旅融出乡村振兴新篇章 A1

野猪哥，南京真正的City Walker F2

岁月流光百年情——访舞龙灯民俗传承人陶邦政 B2

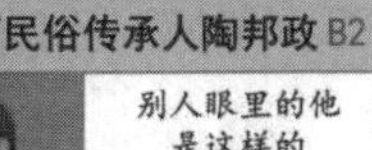

别人眼里的他是这样的 走近"布鞋首富"宗庆后 D1

我的支教 用一朵云去推动另一朵云 B1

爱『劈叉』的南京梧桐树 古都趣景 D2

记秦淮彩灯传承人曹真荣 灯寄团圆情 彩托情人思 C1

用跨越血缘的母爱点亮希望之光——母亲节特别报道 F1

B1 城事 "全媒体新闻实践流程"课程实训成果 风华报

金陵烟花绚烂的背后：集中燃放点的"年味"

新年新规定

新规新说法

新规新面貌

女性主义的文化空间——探访墙里书局

创立初衷——实现与女性共情的双向奔赴

打破沉默——构建为女性发声的栖息场所

南湖街角——潮流文学与戏剧交融的空间氛围

F1 社会 "全媒体新闻实践流程"课程实训成果 风华报

汉服风华录——穿越千年的美丽传说

惊蛰：春雷一震百虫起，病虫害防治要及时

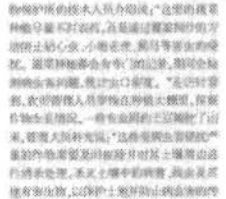
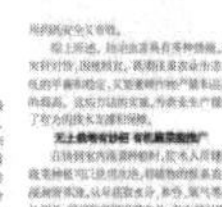

“全媒体新闻实践流程”项目化教学成果

——产学研合作项目专刊《蜂采》

编委会

2021·3 第1期 总第1期

《蜂采》

主办：国网宜兴市供电公司
承办：三江学院文学与新闻传播学院
编辑：国网宜兴市供电公司党委党建部
三江学院“蜜蜂行动”师生报道团队

产教融合型课程——“全媒体新闻实践流程”实践教学项目化成果

目录

编委会

2021·6 | 第2期 总第2期

《蜂采》

主办：国网宜兴市供电公司
承办：三江学院文学与新闻传播学院
编辑：国网宜兴市供电公司党委党建部
　　　三江学院“蜜蜂行动”师生报道团队

产教融合型课程——“全媒体新闻实践流程”实践教学项目化成果

目录

“全媒体新闻实践流程”项目化教学成果

——风华特刊

風華報

“全媒体新闻实践流程”课程实训成果 | 二〇二一年四月九日 星期五 | 9 | 二〇一八级全体 第一刊 | 指导教师：石坚 刘桂 江玮 周必勇 毕春富

A1 南京雨花功德园推出5G“云祭扫”服务

三江学子考研路上的“奇葩”经历 B1

B2 南林樱花祭：春樱陌上，冬尽春来

风雨助學

蒋群林

“宜”路筑梦

开篇的话：

[详见特刊版]

初心萌发拳拳意

薪火相传殷殷情

废弃砖窑变网红书店 D2

口罩忘带不用急，地铁配备售卖机 C1

風華報

“全媒体新闻实践流程”课程实训成果 | 二〇二一年六月十八日 星期五 | 18 | 二〇一八级全体 第三刊 | 指导教师：石坚 刘桂 江玮 周必勇 毕春富

D1 百年向党，童心向党

“众乐乐不如独乐乐”悦己消费：我更在乎生活品质 D2

岱山新市集，家门口的盛会 E2

宜電

铁军风采

详见特刊版

工程巡礼

巍然屹立的“输电塔”

电缆安全的“防火包”

安如磐石的“灌注桩”

闪闪发光的“螺丝钉”

六朝雨花凝神韵 一部青史铸圣台——雨花台活动纪实 B2

T1 2021.03.14 “全媒体新闻实践流程”课程实训成果 风华特刊：宜电人物

酿蜜传香皆是情

——国网宜兴市供电公司采写有感

T2 2021.06.18 “全媒体新闻实践流程”实践教学项目化成果 风华特刊：宜电工程巡礼

沈忱：安如磐石的“灌注桩”

刘华平：闪闪发光的“螺丝钉”

“全媒体新闻实践流程”项目化教学成果

——专题片视频

蜜蜂行动 点亮生活——国网宜兴市供电公司党建专题片

宜电工程巡礼专题片

2021年/第1期

详见 https://mp.weixin.qq.com/s/fbpXw3TAIKEVmi4GbFUcOw

参考文献

1. 窦锋昌:《全媒体新闻生产:案例与方法》,上海:复旦大学出版社,2018

2. 张统宣、张王梅:《全媒体时代下的新闻生产》,沈阳:东北大学出版社,2019

3. 马二伟:《全媒体新闻报道》,重庆:西南师范大学出版社,2018

4. 吴飞、黄超:《全媒体新闻编辑案例教学》,北京:中国传媒大学出版社,2015

5. 张从明:《全媒体新闻采写教程》,北京:北京大学出版社,2010

6. 刘晶:《移动新媒体写作》,武汉:武汉大学出版社,2018

7. 刘冰:《融合新闻》(第2版),北京:清华大学出版社,2021

8. 何芳、罗跃姝:《融合新闻学》,成都:西南交通大学出版社,2021

9. 方艳、胡亚婷:《融合新闻编辑实训教程》,武汉:华中科技大学出版社,2022

10. 陈伟军:《融合新闻学》,广州:南方日报出版社,2021

11. 韩姝、严亚:《融合新闻创作》,北京:中国人民大学出版社,2022

12. 李沁:《融合新闻学概论:理念、实务、操作解析》,北京:中国人民大学出版社,2021

13. 马少华:《新闻评论教程》(第3版),北京:高等教育出版社,2021

14. 艾丰:《新闻采访方法论》,北京:人民日报出版社,2020

15. 刘海贵:《当代新闻采访》(第2版),上海:复旦大学出版社,1997

16. 蓝鸿文:《新闻采访学》(第2版),北京:中国人民大学出版社,2000

17. 邱沛篁:《新闻传播手册》,成都:四川大学出版社,2004

18. 戚鸣:《新闻采访学》,北京:新华出版社,2004

19. [美]杰克·海敦著,伍任译:《怎样当好新闻记者》,北京:新华出版社,1980

20. [美]卡罗尔·里奇著,钟新主译:《新闻写作与报道训练教程》(第3版),北京:中国人民大学出版社,2004

21. [美]杰里·施瓦茨著,曹俊、王蕊译:《如何成为顶级记者——美联社新闻报道手册》,北京:中央编译出版社,2003

22. [美]麦尔文·曼切尔著,艾丰等编译:《新闻报道与写作》,北京:中国广播电视出版社,1981

23. [美]沃尔特·福克斯著,李彬译:《新闻写作——报刊记者指南》,北京:新华出版社,1999

24. [美]谢丽尔·吉布斯、汤姆·瓦霍沃著,姚清江、刘肇熙译:《新闻采写教程——如何挖掘完整的故事》,北京:新华出版社,2004

25. 李天道:《普利策新闻奖名篇快读》,成都:四川文艺出版社,2005

26. 薛中军:《中美新闻传媒比较:生态·产业·实务》,上海:复旦大学出版社,2005

27. 张威:《比较新闻学:方法与考证》,广州:南方日报出版社,2003

28. 刘其中:《诤语良言——与青年记者谈新闻写作》,北京:新华出版社,2003

29. 宋兆宽:《新闻采写研究》,北京:中国广播电视出版社,2002

30. 程道才:《西方新闻写作概论》,北京:新华出版社,2004

31. 刘明华等:《新闻写作教程》,北京:中国人民大学出版社,2002

32. 高钢:《新闻写作精要》,北京:首都经济贸易大学出版社,2005

33. 孙发友:《新闻报道写作通论》,北京:人民出版社,2005

34. 李法宝:《新闻写作的艺术与技巧》,广州:中山大学出版社,2005

35. 姚里军:《中西新闻写作比较》,北京:中国广播电视出版社,2002

36. 刘志宣:《新闻写作技艺:新思维·新方法》,上海:复旦大学出版社,2005

37. 林晖:《新闻报道新教程:视角·范式与案例解析》,上海:复旦大学出版社,2005

38. 薛国林:《当代新闻写作》,广州:暨南大学出版社,2005

39. 欧阳霞:《报纸编辑》,北京:北京大学出版社,2010

40. 王正鹏:《报纸突围——数字时代传统媒体变身记》,广州:中山大学出版社,2010

41. 刘建明:《当代新闻学原理》,北京:清华大学出版社,2003

42. 肖伟、罗映纯、邬心云:《当代新闻编辑学教程》,广州:暨南大学出版社,2008

43. [美]蒂姆·哈罗尔著,展江、曾彦译:《报刊装帧设计手册》(插图修订第6版),北京:世界图书出版公司北京公司,2011

44. 蔡军剑、张晋升:《准记者培训教程——南方周末采编精英演讲录》,广州:南方日报出版社,2007

45. [美]约翰·V. 帕夫利克著,张军芳译:《新闻业与新媒介》,北京:新华出版社,2005

46. 许正林:《新闻编辑》,上海:上海大学出版社,2002

47. 丁法章:《当代新闻评论教程》(第5版),上海:复旦大学出版社,2012

48. 金岳霖:《知识论》,北京:商务印书馆,1983

49. [美]康拉德·芬克著,柳珊等译:《冲击力:新闻评论写作教程》,北京:新华出版社,2002

50. [古希腊]亚里士多德著,颜一、崔延强译:《修辞术·亚历山大修辞学·论诗》,北京:中国人民大学出版社,2003

后 记

从 2011 年至 2024 年，三江学院新闻学专业连续十余年开设了新闻实训课程“全媒体新闻实践流程”（原名“办报实践流程”，2018 年改为现名），通过报纸、微信公众号、视频网站、企业内刊、抖音等全媒体平台共出版或发布 60 余期报道，累计采写制作各类新闻作品 3 500 余篇。学生普遍反映良好，认为本课程实践性强、锻炼价值大，显著提升了其在新闻采访、写作、编辑、评论、摄影以及新媒体操作等方面的业务能力，并且深入社会一线的实训过程有助于加深其对新闻工作及传媒行业的认知和了解，为今后走向社会、从事新闻工作奠定了较为扎实的基础。

中国新闻传播高等教育长期以来局限于人文社科领域，侧重于理论讲解与基本新闻技能的训练，与其他学科及当代信息技术的结合度不足。教师知识结构与课程所授内容相对固化，滞后于全媒时代媒体深度融合发展的形势需求，对接行业及产业前沿的实战化、项目化学习机会更是稀缺，人才培养质量屡受业界诟病和质疑。

正是在这种情形下，三江学院新闻学专业以“学用结合、服务社会”为理念指引，确立了培养应用型、全媒型人才的办学目标，以“三协同双融合”（三协同：高校＋媒体＋企业；双融合：媒体融合＋产教融合）为特色，改革并创新新闻传播实践教学的理念、主体与方法，着力提升实践教学的层次与水平。“全媒体新闻实践流程”就是在这一背景下开设并运作至今。课程通过实战化、项目化教学方法和全媒体实训流程，培养学生的理论应用与融媒实践能力；在教学中以立德树人为根本宗旨，将技能训练与价值引领相结合，有效适应中国当代新闻事业融合发展的需要。历经十余轮教学，课程育人效果突出，学生成果丰硕，在服务社会及行业方面成绩显著，2022 年被评为江苏省省级产教融合型一流课程。

三江学院新闻学本科专业创办于 2002 年，二十多年来办学成果突出，社会声誉卓著，现为国家级一流本科专业建设点（全国民办高校中唯一），并拥有国家级特色专业、教育部专业综合改革试点、江苏省重点建设学科、江苏省重点专业、江苏省品牌专业、中国校友会“中国顶尖民办大学专业”六星级（最高级）专业等多项荣誉。本书作为“全媒体新闻实践流程”课程专用教材，以及新闻学专业在建设国家级一流本科专业过程中的重要成果，是教师团队在积累和总结多年教学经验的基础上，通过充分酝酿、集体创作、反复修订而完成的一本较为成熟的教材，其中当然也吸收了很多同行学者的新闻实践教学成果和经验。

在编写过程中，本书充分考虑了学生的接受能力与学习效果，集合了理论、业务及一线案例等多方面内容，具有很强的前沿性与实践指导性。在本书问世之际，我们由衷地感谢所在工作单位三江学院的领导,感谢他们为我们新闻实践教学营造了良好的环境和氛围。我们也真诚地感谢文学与新闻传播学院的历任领导、老师和同学们,感谢他们的鼓励和帮助,这本书是大家大力支持和参与的结果。

本书策划、统稿:周必勇;前言、第一章、第三章第五节、第四章第一节、第五章、附录及后记由周必勇撰写;第二章、第三章第一节由毕春富撰写;第三章第二、四节由石坚撰写;第三章第三节由汤泠撰写;第四章第二、三、四节由刘娅撰写。

本书的策划与创作过程耗时数年,几经反复,如今终于付梓出版,实属不易。衷心期望本书能成为广大新闻学子及业界人士的挚友。由于水平有限,书中难免有疏漏偏颇之处,还望读者不吝指教。

周必勇、毕春富、刘娅、汤泠、石坚

2024 年 7 月于三江学院